Heimat und Welt

Erdkunde für Hessen
Band 3

Moderatoren:
Friedrich Pauly, Wiesbaden
Claus Caspritz, Kassel

Autorinnen und Autoren:
Peter Gaffga
Kerstin Gerlach
Peter Kirch
Jürgen Nebel
Friedrich Pauly

westermann

© 2004 Bildungshaus Schulbuchverlage
Westermann Schroedel Diesterweg Schöningh Winklers GmbH, Braunschweig
www.westermann.de

Druck A^5 / Jahr 2009
Alle Drucke der Serie A sind im Unterricht parallel verwendbar.

Lektorat: Brigitte Mazzega, Dirk Fochler
Herstellung: Gisela Halstenbach
Druck und Bindung: westermann druck GmbH, Braunschweig

ISBN 978-3-14-**114615**-8

Inhalt

Der Globus ist so aufgenommen wie das Satellitenbild.

Unsere Erde – gesehen vom Wettersatellit METEOSAT aus einer Entfernung von 36 000 Kilometern. Er umkreist die Erde auf einer Umlaufbahn mit einer Geschwindigkeit von rund 11 000 Kilometern pro Stunde. Damit hält er Schritt mit der Erdumdrehung und „steht" immer an der gleichen Stelle über dem Äquator.
Alle 30 Minuten funkt er ein Bild zur Erde.

Abenteuer überall auf der Erde

Es gibt Menschen, die die Herausforderung, das einzigartige Erlebnis suchen. Dazu zählen zum Beispiel die folgenden Unternehmungen:

Hundeschlittenfahrt in Alaska, Tauchen am Großen Barriereriff, Trekking im Himalaya, Triathlon auf Hawaii, Segelturn um Tasmanien, Polo mit den Gauchos in der Pampa, Mitfahren auf dem Schaufelraddampfer auf dem Mississippi, Höhentraining in den Anden, Skilanglauf in Skandinavien, Surfen an den Atlantikküsten ...

1: Motocross in der Wüste bei Laghouat

2: Mountainbiking in den Niederen Tauern

3: Reiten in der Umgebung von Cork

4: Carving in der Westlichen Sierra Madre

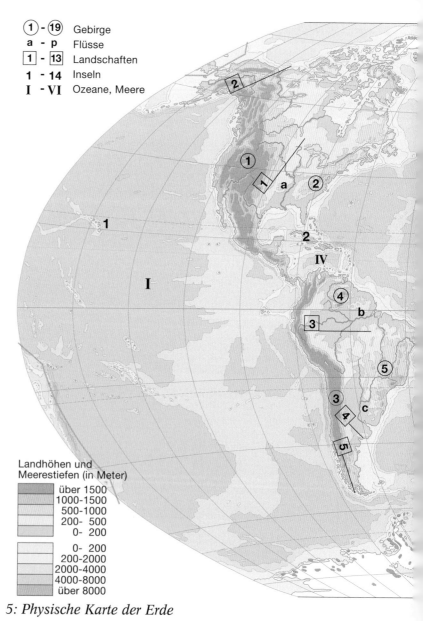

① - ⑲	Gebirge
a - p	Flüsse
1 - 13	Landschaften
1 - 14	Inseln
I - VI	Ozeane, Meere

Landhöhen und Meerestiefen (in Meter)

	über 1500
	1000-1500
	500-1000
	200- 500
	0- 200
	0- 200
	200-2000
	2000-4000
	4000-8000
	über 8000

5: Physische Karte der Erde

Abbildung 5 ist eine **physische Karte** der Erde. Physische Karten verdeutlichen durch Farbstufen Landhöhen und Meerestiefen. Die Linien zwischen zwei Farben kennzeichnen eine bestimmte Höhe, zum Beispiel 200 Meter über dem Meeresspiegel (Linie zwischen Grün und Gelb). Wir überblicken auf physischen Karten, wo Hochgebirge, Mittelgebirge und Tiefländer liegen und wir erkennen, wie tief die Meere sind.

Mehr als zwei Drittel der Oberfläche der Erde sind die Wasserflächen der drei großen Ozeane und ihrer Randmeere. Nur nahezu ein Drittel der Erdoberfläche bedecken die Landmassen. Sie sind gegliedert in sieben Kontinente.

Aufgaben

1. Welche Kontinente sind auf dem Weltraumbild auf den Seiten 6/7 erkennbar?

2. Suche die Standorte der Fotos (Abb. 1 – 4) im Atlas mithilfe des Registers. In welcher Wüste (Abb. 1), in welchem Gebirge (Abb. 2) und in welchen beiden Ländern (Abb. 3 und 4) wurden sie aufgenommen?

3. Ordne die im Text genannten zehn Erlebnisse Kontinenten zu (Atlas).

4. Ermittle die Namen in der Karte (Abb. 5).

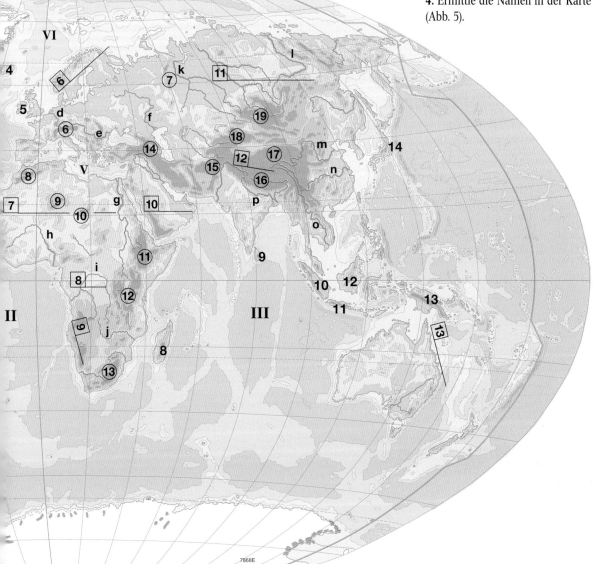

7868E

Signaturen und Flächenfarben

●■ „Punkte":
Diese Zeichen geben zum Beispiel die Lage von Städten sowie von bestimmten Industrie- und Bergbaustandorten an.

〜 Linien:
Sie zeigen unter anderem den Verlauf von Flüssen, Straßen, Eisenbahnstrecken und Grenzen.

▮ Bildhafte Zeichen:
Sie beschreiben zum Beispiel Schlösser/Burgen, Pässe und auch Industrien.

▭ Flächen:
Diese vermitteln einen Überblick über Landhöhen, Wasserflächen, Wälder, Bodennutzung, die Flächen von Staaten und vieles andere.

Orientierung auf der Erde

Karten stellen stark verkleinert die ganze Erdoberfläche oder einen Ausschnitt von ihr dar. Sie vermitteln einen Überblick über ein Gebiet und helfen dem Betrachter sich in einem unbekannten Raum zurechtzufinden.

Das Maß der Verkleinerung einer Karte gegenüber der Natur gibt der Maßstab an. Erdübersichten finden sich zum Beispiel in kleinmaßstäbigen Karten. Für Abmessungen von Längen in der Karte nutzt man die Maßstabsleiste. Diese gibt es allerdings bei Erdübersichten nicht.

Grundsätzlich lassen sich zwei verschiedene Kartenarten unterscheiden:

Physische Karten (siehe Seiten 8/9 Abb. 5) enthalten neben den Landhöhen und Meerestiefen viele andere Informationen wie zum Beispiel Orte, Verkehrslinien, Flüsse, Seen usw.

Aus **thematischen Karten** können Informationen zu einem bestimmten Thema entnommen werden. Sie geben zum Beispiel einen Überblick über die Vegetation, die landwirtschaftliche Nutzung oder die Bevölkerungsdichte. Es können aber auch Warenströme oder politische Gemeinschaften in thematischen Karten dargestellt werden.

Karten haben eine Legende. Hier sind die Flächenfarben und die Signaturen erklärt. Die Kartenlegende dient daher der Entschlüsselung der Aussagen der Karte.

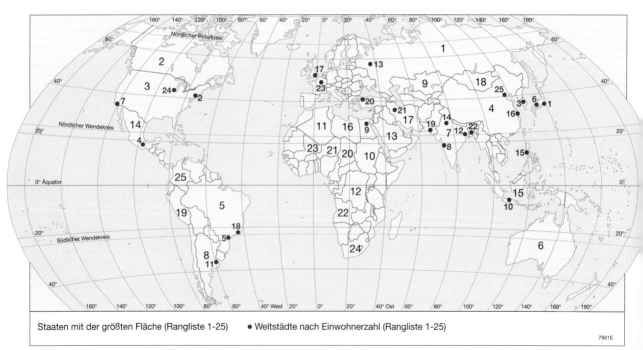

Staaten mit der größten Fläche (Rangliste 1-25)   ● Weltstädte nach Einwohnerzahl (Rangliste 1-25)

7861E

1: Thematische Karte: Die Erde politisch

Der Aufbau des Atlas

Der Atlas ist das wichtigste Hilfsmittel im Erdkundeunterricht. Er ist in verschiedene Teile gegliedert:

Das Kartenverzeichnis

Auf den ersten Seiten des Atlas findest du ein übersichtliches Verzeichnis aller Karten und der Angabe der Seiten, auf denen sie zu finden sind. Die Karten sind nach Regionen geordnet. Nach den Karten aus Deutschland findest du Karten zu den Ländern Europas und den anderen Kontinenten. Innerhalb der Regionen sind die Karten nach Themen geordnet.

Der Kartenteil

Hier befinden sich alle Karten, geordnet nach Regionen. Die Überschriften geben Auskunft über das Thema der Karte.

Das Register

Das Register ist ein alphabetisch geordnetes Verzeichnis aller auf den Karten vorkommenden Namen von Ländern, Städten, Flüssen, Seen, Gebirgen, Bergen usw.

So findest du einen Ort im Atlas:

Schlage den gesuchten Ort im Register des Atlas nach. Merke dir die Angaben hinter dem Namen. Sie verweisen 1. auf die Seite(n) im Atlas, 2. manchmal auf eine Kartennummer, 3. auf das Planquadrat, in dem sich der gesuchte Ort auf der Karte befindet.

Aufgaben

1. Ermittle die Namen der 25 flächengrößten Staaten der Welt (Abb. 1 und Atlas).

2. Finde die Namen der 25 nach ihrer Einwohnerzahl größten Städte der Welt (Abb.1 und Atlas).

3. Nenne weitere thematische Karten als die hier genannten aus dem Atlas.

✿ Schreibe auf, an welchen Orten/in welchen Landschaften Erholungseinrichtungen sind.

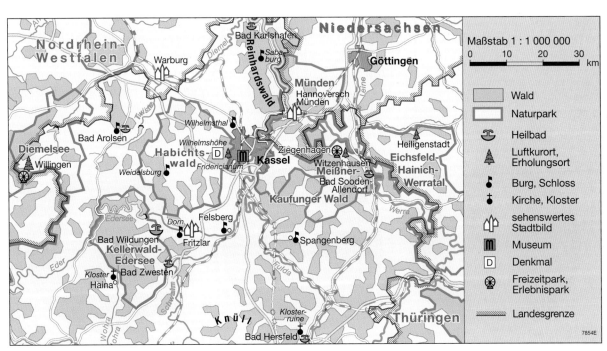

2: Thematische Karte: Hessen – Erholung (Ausschnitt)

1: Das Display eines GPS-Gerätes, das die geographische Lage eines Standortes mit sehr hoher Genauigkeit bestimmt

GPS

GPS steht für **G**lobal **P**ositioning **S**ystem. Das ist ein modernes technisches Navigationssystem. Es ermöglicht die exakte Festlegung des eigenen geographischen Standortes.

Die Lagebestimmung erfolgt mithilfe eines erdumspannenden Netzes von Satelliten. Mit deren Signalen kann der Rechner im GPS seine Lage auf der Erde bis auf wenige Meter genau berechnen.

Die deutsche Geländewagenfahrerin Jutta Kleinschmidt will bei der Rallye Dakar wieder siegen. Während der Fahrt durch die nordafrikanische Wüste Sahara bemerkt sie plötzlich ein lautes Klappern im Motorraum. Sie stoppt und öffnet die Motorhaube. Jutta Kleinschmidt erkennt sofort, dass die Ölpumpe defekt ist und ausgewechselt werden muss. Aber wie soll ihr Serviceteam sie finden, da sie alle Begleitfahrzeuge durch ihre Fahrweise weit hinter sich gelassen hat?

Jutta Kleinschmidt in der Sahara

Vor einigen Jahren hätte Jutta Kleinschmidt mitten in der Wüste lange auf Hilfe warten müssen. Heute aber kann sie an dem GPS-gesteuerten Navigationsgerät am Armaturenbrett ihres Fahrzeuges ihre genaue Position ablesen und diese per Mobiltelefon an das Hilfsfahrzeug melden: 20° n. B., 10° w. L. Welche Information verbirgt sich hinter dieser Angabe?

2: Rallye Dakar – der richtige Weg durch die Wüste

Breitenkreise und Längenhalbkreise

Damit man die Lage eines Ortes auf der Erdoberfläche eindeutig bestimmen kann, ist auf jedem Globus ein Netz von Linien in Nord-Süd-Richtung und in West-Ost-Richtung gezeichnet. Dieses Netz nennt man das **Gradnetz** der Erde. Es ist auch auf vielen Karten eingetragen.

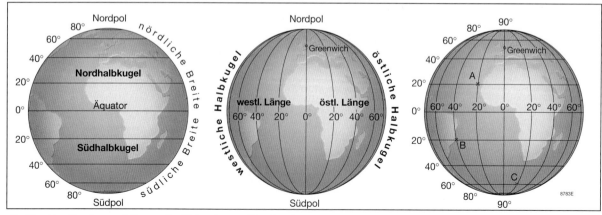

3: Breitenkreise – Längenhalbkreise – Gradnetz

Die **Breitenkreise** sind Linien, welche die Erde in West-Ost-Richtung umspannen. Der wichtigste Breitenkreis ist der Äquator (Breitenkreis Null Grad: 0°). Er teilt die Erde in eine Nord- und eine Südhalbkugel. Vom Äquator aus zählt man bis zum Nordpol und zum Südpol jeweils 90 Breitenkreise. Befindet sich ein Ort auf der nördlichen Halbkugel, so liegt dieser auf einem Breitenkreis nördlicher Breite, abgekürzt n.B. Ein Ort auf der Südhalbkugel liegt auf einem Breitenkreis südlicher Breite, abgekürzt s.B.

Zur genauen Bestimmung eines Ortes ist aber auch die Angabe des **Längenhalbkreises (Meridians)** notwendig, der vom Nordpol zum Südpol verläuft. Der Meridian 0°, auch Nullmeridian genannt, läuft durch die Kuppel der Sternwarte von Greenwich in London. Von diesem Nullmeridian aus werden 180 Längenhalbkreise nach Westen, abgekürzt w.L., und 180 Längenhalbkreise nach Osten, abgekürzt ö.L., gezählt.

So bestimmst du auf einer Atlaskarte die Lage eines Ortes im Gradnetz (Beispiel: Kassel):

1. Suche die Stadt Kassel auf einer Atlaskarte von Deutschland.
2. Kassel liegt zwischen zwei Breitenkreisen. Suche diese auf der Karte.
3. Verfolge die beiden Linien bis zum Kartenrand und lies die zugehörigen Zahlen ab: Kassel liegt zwischen 51° und 52° n. B.
Den Raum zwischen zwei Breitenkreisen, auch Breitengrade genannt, unterteilt man in 60 Minuten. Gibt man die Lage ganz genau an, so liegt Kassel auf 51°19' n. B.
4. Verfahre in gleicher Weise bei der Bestimmung der Längenhalbkreise oder Längengrade. Die Stadt Kassel liegt auf … 29' ö.L.

Aufgaben

1. Benenne in Abb. 3 die Position der Orte A, B und C im Gradnetz der Erde.

2. Bestimme auf einer Deutschland-Karte im Atlas die ungefähre Lage der Städte Hamburg, Leverkusen und Fürth im Gradnetz.

3. Suche mithilfe einer Atlaskarte die Städte, die folgende Lage im Gradnetz besitzen:
a) 52°28' n. B., 13°18' ö. L.
b) 50°7' n. B., 8°39' ö. L.

4. Macht folgendes Spiel zu zweit mit einer Atlaskarte: Ein Spieler nennt den Namen einer Stadt über 100 000 Einwohner. Der Mitspieler sucht die beiden Breitengrade und Längengrade, zwischen denen die Stadt liegt.

4: Orientierung auf der Karte

1: Zerstörungen nach dem Erdbeben in der Türkei am 17.08.1999

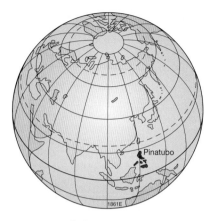

1: Die Philippinen mit dem Pinatubo

2: Nach dem Ausbruch des Pinatubos auf den Philippinen kehren die Menschen in ihr Dorf zurück.

9. Juni 1991:

„Nach über 600 Jahren bricht der 1475 m hohe **Vulkan** Pinatubo auf der Philippinen-Insel Luzon aus. Es kommt zu zehn explosionsartigen Erschütterungen. Eine Rauchsäule steigt bis zu 20 000 m in die Höhe. Anschließend geht ein dichter Ascheregen nieder, vermischt mit giftigen Schwefelgasen. Etwa 600 Menschen werden getötet. Eine Million Menschen flüchten bei dieser **Naturkatastrophe.**"

3: Nachrichten-Meldung

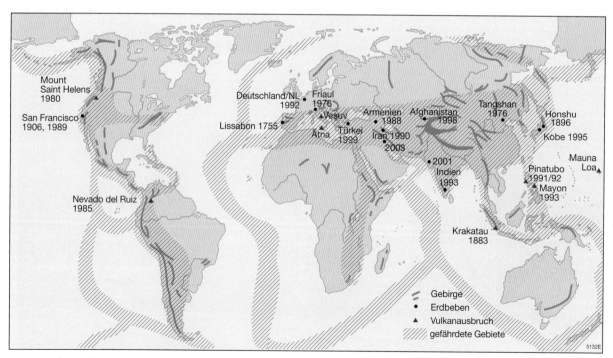

Mount Saint Helens 1980

San Francisco 1906, 1989

Deutschland/NL 1992

Friaul 1976

Vesuv

Armenien 1988

Afghanistan 1998

Tangshan 1976

Honshu 1896

Lissabon 1755

Ätna

Türkei 1999

Iran 1990 2003

Kobe 1995

2001 Indien 1993

Pinatubo 1991/92

Mauna Loa

Mayon 1993

Nevado del Ruiz 1985

Krakatau 1883

Gebirge
Erdbeben
Vulkanausbruch
gefährdete Gebiete

4: Durch Erdbeben und Vulkanausbrüche gefährdete Gebiete

Datum	Ort/Gebiet	Ursache	Opfer
24.08.0079	Pompeji/Italien	Ausbruch des Vesuvs	ca. 10 000 Tote
01.11.1755	Lissabon/Portugal	Erdbeben	ca. 42 000 Tote
27.08.1883	Krakatau/Indonesien	Explosion des Krakataus	ca. 36 000 Tote
15.06.1896	Honshu/Japan	Seebeben mit Flutwelle	ca. 27 000 Tote
17.04.1906	San Francisco/USA	Erdbeben	ca. 1 000 Tote
27.07.1976	Tangshan/China	Erdbeben	ca. 240 000 Tote
13.11.1985	Nord-Anden/Kolumbien	Ausbruch des Nevado del Ruiz	ca. 23 000 Tote
07.12.1988	Armenien	Erdbeben	ca. 25 000 Tote
21.06.1990	Iran	Erdbeben	ca. 40 000 Tote
13.04.1992	Niederlande, Nordrhein-Westfalen, Rheinland-Pfalz	Erdbeben	1 Toter
1991/1992	Luzon/Philippinen	Ausbruch des Pinatubos	ca. 600 Tote
30.09.1993	Indien	Erdbeben	ca. 30 000 Tote
17.01.1995	Kobe, Osaka/Japan	Erdbeben	ca. 5 500 Tote
18.08.1999	Türkei	Erdbeben	ca. 14 500 Tote
26.01.2001	Indien	Erdbeben	ca. 100 000 Tote
26.12.2003	Iran	Erdbeben	ca. 36 000 Tote

5: Erdbeben und Vulkanausbrüche aus zwei Jahrtausenden

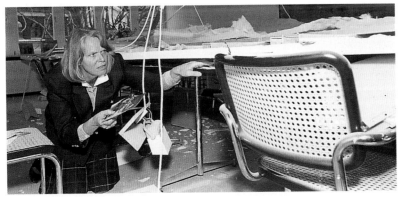

6: Zerstörungen nach dem Erdbeben am 13.4.1992 im Rheinland

Nach 250 Jahren hat ein Erdbeben im Mittelrheingebiet in der Nacht zum 13.4.92 eine Tote und Dutzende von Verletzten gefordert. Millionen Menschen wurden um 3.20 Uhr aus dem Schlaf gerissen. Viele liefen in Panik auf die Straße. Es stürzten Schornsteine von den Dächern und Häuserfassaden rissen auf. Menschen wurden von den herabfallenden Trümmern verletzt. Besonders schwer getroffen wurde der Raum Aachen-Venlo. Das Beben hatte eine Stärke von 5,9 auf der Richterskala (siehe i-Text Seite 27).

In der Frühe des 20.01.2000 ereignete sich im Rheinland bei Bonn ein Erdbeben. Die Erdstöße hatten nur eine Stärke von 3,7 auf der Richterskala und daher keine negativen Folgen. Die Menschen kamen mit dem Schrecken davon.

7: Nach Berichten der Rhein-Zeitung vom 14.4.1992 und 21.1.2000

Aufgaben

1. Überlege, welche Folgen der Ausbruch des Pinatubos hatte (Abb. 2).

2. Lege dir zu jeweils fünf in Abb. 4 eingetragenen Erdbeben und Vulkanausbrüchen eine Liste an und ordne ihnen Länder zu. Nenne auch die Kontinente.

3. Lege dir eine Sammelmappe über Naturkatastrophen an. Sammle Schlagzeilen, Berichte, Reportagen aus Zeitungen und Zeitschriften sowie Informationen aus dem Internet.

4. Ergänze die Liste in Abb. 5 mit aktuellen Ereignissen.

5. Welche Staaten waren vom Erdbeben am 13.4.1992 betroffen (Abb. 7)? Liegen sie in einem erdbebengefährdeten Gebiet (Abb. 4)?

⊛ 6. Nach einer Naturkatastrophe stellen sich viele Menschen oft die gleichen Fragen. Überlege und formuliere sechs Fragen im Zusammenhang mit einem Erdbeben, einem Vulkanausbruch und einer Hochwasserkatastrophe. Schreibe auch mögliche Antworten auf.

Wenn die Erde bebt oder Vulkane ausbrechen, stellen die Menschen Fragen:
Was sind die Ursachen? Warum sind immer dieselben Gebiete betroffen? Die Antworten hängen mit dem Aufbau der Erde zusammen.

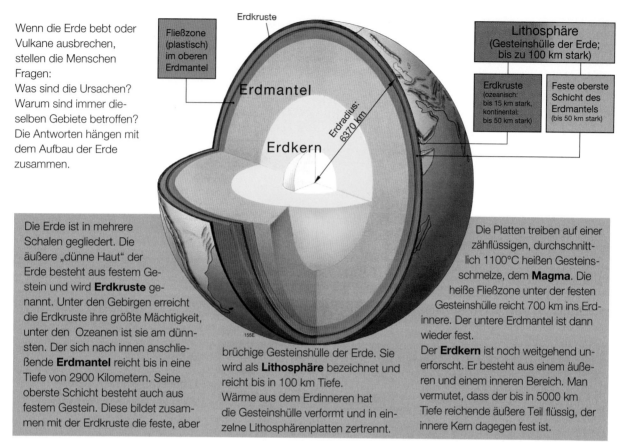

Fließzone (plastisch) im oberen Erdmantel

Erdkruste

Erdmantel

Erdradius: 6370 km

Erdkern

Lithosphäre
(Gesteinshülle der Erde; bis zu 100 km stark)

Erdkruste
(ozeanisch: bis 15 km stark, kontinental: bis 50 km stark)

Feste oberste Schicht des Erdmantels
(bis 50 km stark)

155E

Die Erde ist in mehrere Schalen gegliedert. Die äußere „dünne Haut" der Erde besteht aus festem Gestein und wird **Erdkruste** genannt. Unter den Gebirgen erreicht die Erdkruste ihre größte Mächtigkeit, unter den Ozeanen ist sie am dünnsten. Der sich nach innen anschließende **Erdmantel** reicht bis in eine Tiefe von 2900 Kilometern. Seine oberste Schicht besteht auch aus festem Gestein. Diese bildet zusammen mit der Erdkruste die feste, aber

brüchige Gesteinshülle der Erde. Sie wird als **Lithosphäre** bezeichnet und reicht bis in 100 km Tiefe.
Wärme aus dem Erdinneren hat die Gesteinshülle verformt und in einzelne Lithosphärenplatten zertrennt.

Die Platten treiben auf einer zähflüssigen, durchschnittlich 1100°C heißen Gesteinsschmelze, dem **Magma**. Die heiße Fließzone unter der festen Gesteinshülle reicht 700 km ins Erdinnere. Der untere Erdmantel ist dann wieder fest.
Der **Erdkern** ist noch weitgehend unerforscht. Er besteht aus einem äußeren und einem inneren Bereich. Man vermutet, dass der bis in 5000 km Tiefe reichende äußere Teil flüssig, der innere Kern dagegen fest ist.

1: Der Schalenbau der Erde

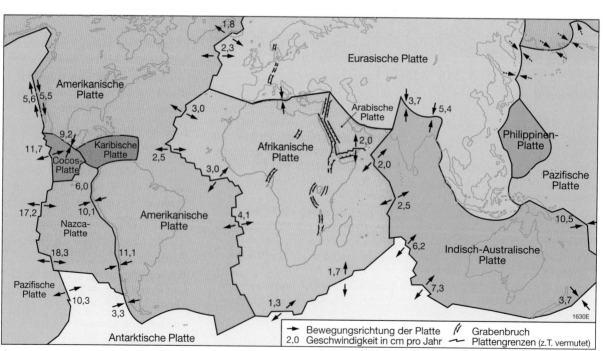

2: Lithosphärenplatten und ihre Bewegungen

18

Die feste Gesteinshülle der Erde bewegt sich

Lithosphärenplatten bewegen sich in verschiedene Richtungen. Driften sie aufeinander zu, entstehen im Laufe von Millionen Jahren an den Grenzen **Faltengebirge** und **Tiefseegräben**. In den Tiefseegräben sinkt der Ozeanboden ab und das Gestein wird in der Tiefe aufgeschmolzen.

Die Platten der Lithosphäre treiben an anderen Stellen auseinander. So erstreckt sich in Nord-Süd-Richtung durch den ganzen Atlantik an der Grenze der Amerikanischen und Afrikanischen Platte eine riesige Erdspalte. Diese wird ständig mit aufsteigendem Magma gefüllt. Hier liegt ein ausgedehntes untermeerisches Gebirge, der Mittelatlantische Rücken. Im Bereich Kaliforniens gleiten die Lithosphärenplatten aneinander vorbei (siehe Seite 25 Abb. 4).

An den Plattengrenzen treten häufig Erdbeben auf und hier liegen die meisten tätigen Vulkane.

Plattentektonik

Wissenschaftlerinnen und Wissenschaftler erkunden die Lithosphäre dort, wo sie besonders dünn ist, von den Böden der Ozeane aus. Sie entwickelten aus ihren Untersuchungen die Lehre von der **Plattentektonik**. Diese erklärt den Bau der Lithosphärenplatten und deren Bewegungen. Als „Motor" der Plattenbewegungen gelten Temperaturunterschiede in der Fließzone des Erdmantels. Sie bringen das Magma in Bewegung. Es entstehen Konvektionsströme (lat. „vehere": strömen, bewegen).

Aufgaben

1. a) Erkläre den Schalenbau der Erde (Abb. 1).
b) Welche „Schalen" umfasst die Gesteinshülle der Erde? Bis in welche Tiefen reicht sie?

2. Kalifornien und die Türkei sind erdbebengefährdet. Begründe diese Aussage mithilfe von Abb. 2.

3. Suche im Grenzbereich von Lithosphärenplatten drei Tiefseegräben und drei Hochgebirge (Abb. 2; Atlas, Karte: Erde – physisch).

⚙ **4.** Im Bereich welcher Plattengrenzen liegen folgende Vulkanberge: Cotopaxi, Popocatépetl, Ätna, Fujisan (Abb. 2; Atlas, Karten: Amerika, Ostasien, Europa – physisch)?

⚙ **5.** Erläutere das Modell der Plattentektonik (Abb. 3) und begründe die unterschiedlichen Bewegungsrichtungen der Platten.

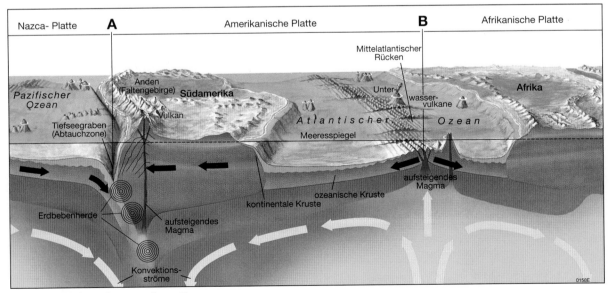

3: Modell der Plattentektonik

19

Gewalt und Schönheit feuerspeiender Berge ziehen die Menschen magisch an. Aber es sind in der Regel andere Gründe, weshalb sie in der Umgebung von Vulkanen siedeln:
– Die Lava fördert große Mengen von Mineralien an die Erdoberfläche. Diese sorgen für fruchtbaren Ackerboden.
– In vulkanischen Gebieten findet man viele Bodenschätze, z.B. Uran, Kupfer, Schwefel und Gold.

1: Leben am Vulkan

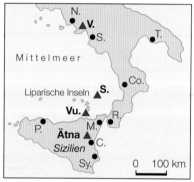

2: Vulkane in Süditalien

Selten Ruhe am Ätna

2002 erreichte folgende knappe Meldung die Nachrichtenredaktionen von Presse, Funk und Fernsehen:
„Der Vulkan Ätna auf der Insel Sizilien spuckt wieder Feuer. Europas größter und aktivster Vulkan rumort. Ausfließende Lava verbrennt Gebüsch und Pinien."
Der Ätna entstand vor etwa 500 000 Jahren. Im Lauf der Erdgeschichte vergrößerte er sich durch zahlreiche Ausbrüche. Viele Schichten von Lava und Aschen türmen sich heute zu einem mächtigen, kegelförmigen Berg auf. Mit einer Höhe von 3350 m ist der Ätna der größte Vulkan Europas. Die Ätnabewohner wissen, dass sie der Berg ständig bedroht.

Armee kämpft gegen Lava

Catania/Sizilien
Mit Bomben, Minen und Zementblöcken versuchen italienische Soldaten die Lavaflut aus dem Ätna aufzuhalten. Schnee und Nebel behindern jedoch den Einsatz der Helikopter. Durch Sprengungen im oberen Teil des Vulkans soll der Lavafluss in ein anderes Tal umgeleitet werden. Die Einsätze der Soldaten sind bisher nicht erfolgreich. Immer neue Krater öffnen sich, aus denen die Lava in Richtung Catania fließt.

3: Meldung der Nachrichtenagentur dpa

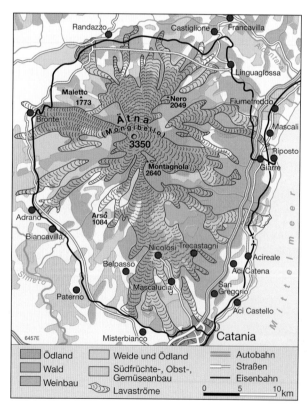

Ödland | Weide und Ödland | Autobahn
Wald | Südfrüchte-, Obst-, Gemüseanbau | Straßen
Weinbau | Lavaströme | Eisenbahn

4: Bodennutzung in der Ätna-Region

5: Der Bauer Alfio Borzi gehört zu den Leidtragenden eines Ätna-Ausbruchs. Die Hälfte der Felder und Obstgärten hat die Lava begraben.

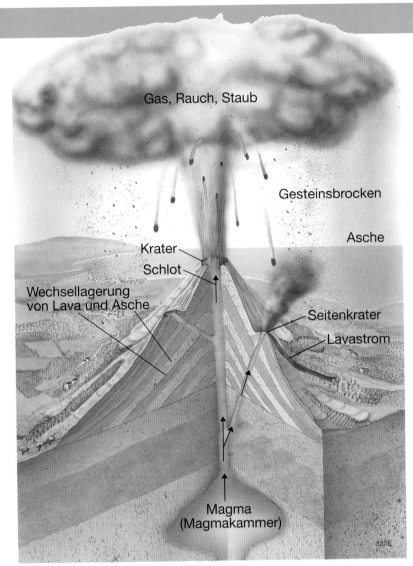

Gas, Rauch, Staub

Gesteinsbrocken

Asche

Krater

Schlot

Wechsellagerung
von Lava und Asche

Seitenkrater

Lavastrom

Magma
(Magmakammer)

6: Blockbild eines Schichtvulkans

Aufgaben

1. „Der Ätna schläft nicht, er döst nur",
sagen die Einheimischen.
Was meinen sie mit diesem Aus-
spruch?

2. „Der Ätna nimmt und gibt". Was ist
damit gemeint?

3. Beschreibe den Aufbau eines
Schichtvulkans. Wie unterscheidet er
sich von einem Schildvulkan (Abb. 6,
Abb. 8, Abb. 9)?

4. Bestimme in Abb. 2 alle Städte
sowie die Namen von den drei weiteren italienischen Vulkanen (Atlas,
Karte: Südwesteuropa – physisch).

◉ 5. Begründe den Verlauf der Feuer-
linie in Süditalien (Abb. 2, Abb. 7) mithilfe der Plattentektonik (Seite 18
Abb. 2).

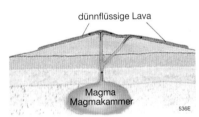

dünnflüssige Lava

Magma
Magmakammer

9: Schnitt durch einen
Schildvulkan

Gigantischer Vulkan im Mittelmeer entdeckt

Italienische Experten befürchten ein schweres Seebeben im südlichen Mittelmeer.
Anlass zur Sorge sei die Entdeckung eines riesigen, aktiven Vulkans im Tyrrhenischen Meer zwischen Neapel und Sizilien. Es handelt sich um den größten Vulkan Europas, dessen Krater lediglich etwa 500 m unter der Wasseroberfläche liegt, hieß es.

Von möglichen Riesenwellen wären vor allem die Liparischen Inseln bedroht.
Der Unterwasser-Vulkan ist etwa 65 km lang und 40 km breit.

7: Braunschweiger Zeitung vom 29.11.1999 (gekürzt)

Trotz der ständigen Unruhe stufen Forscherinnen und Forscher den **Schichtvulkan** Ätna als „harmloseren" Vulkan ein. Da sein Gesteinsbrei dünnflüssig ist, kann das darin enthaltene Gas leicht entweichen. Im Schlot bilden sich keine „Verstopfungen".
Auch am Mauna Loa auf Hawaii besteht kaum Explosionsgefahr. Er ist ein **Schildvulkan.** Sein Krater ist mit dünnflüssigem Magma gefüllt. Es schwappt oft über den Kraterrand und läuft als dünner Lavabrei aus. Daher sind seine Flanken flach.
Weitaus gefährlicher ist dagegen der Vesuv. Er ist wie der Ätna ein Schichtvulkan. Jedoch ist das Magma des Vesuvs dickflüssig. Es erstarrt schon oft im Schlot und verstopft den Krater. Über viele Jahre scheint der Vulkan erloschen. Doch unter dem Magmapfropf staut sich aufsteigendes Gas, das sich zuletzt 1944 mit einer gewaltigen Explosion entlud.

8: Vulkantypen

So gehen wir vor:

Arbeitsmittel:

1 Styroporplatte 50 x 100 cm
(Stärke 2 cm) als Grundplatte,
3 Styroporplatten 50 x 100 cm
(Stärke 5 cm) zum Bau des
Vulkans,
Styroporkleber, 1 Styropor-
schneider, 1 Federmesser,
1 Formsäge, 2 kg Gips, Filzstifte,
Eimer, Wasser, Zollstock, Papier,
dünne Holzspieße, Farben
(z.B. Deckfarben oder Vollton-
bzw. Abtönfarben),
verschiedene Pinsel

1. Arbeitsschritt:
Bearbeiten des Styropors

Aus den 5 cm dicken Styroporplatten (50 x 100 cm) werden
folgende Stücke geschnitten:
2 Platten 50 x 70 cm, 1 Platte
40 x 60 cm, 2 Platten 30 x 50 cm,
1 Platte 20 x 30 cm, 1 Platte
10 x 10 cm.
Diese Stücke werden Schicht auf
Schicht treppenförmig zu einem
„Berg" aufgebaut, aber noch
nicht verklebt. Dabei liegen die
beiden größten Stücke von
50 x 70 cm unten übereinander,
darüber jeweils das nächst-
kleinere Stück. Ganz oben liegt
die 10 x 10 cm große Platte.
Dann wird jede Platte des Berges
halbiert, damit wir später in den
Vulkan hineinsehen können. Der
Vulkan besteht also aus zwei
Hälften.
Jede Hälfte wird Schicht für
Schicht verklebt. Eine Vulkan-
hälfte wird zum Schluss auf die
Grundplatte geklebt, die andere
Hälfte nicht. Sie wird neben die
aufgeklebte Hälfte gestellt.

1: Aus Styropor entsteht die rohe Form.

2: Mit Gips formen wir die Oberfläche.

3: Mit Farben malen wir das Modell an.

4: Das fertige Modell wird beschriftet.

2. Arbeitsschritt:
Die Oberfläche wird geformt

Beide Hälften sind zusammengeschoben. Mit einem Federmesser schneiden wir alle treppenförmigen Kanten etwas ab, damit wir beim Gipsen nicht so viel Material verbrauchen. In einem Eimer rühren wir 2 kg Gips mit etwa 1,5 l Wasser an. Mit dem Gipsbrei formen wir die Oberfläche unseres Vulkanberges. Damit die beiden Hälften durch den Gips nicht zusammenkleben, stecken wir Papier dazwischen.

3. Arbeitsschritt:
Anmalen des Modells

Nach dem Trocknen der Gipsschicht (Fingerprobe) wird das Vulkanmodell außen und innen bemalt, zum Beispiel in roten Farben die Lava und in rotgelben das Magma. Grüne Farbtöne brauchen wir für Wald, Wiesen und Obstbäume bzw. Wein, braun für Ackerbau, grau für die Ascheschichten, schwarz für Konturen usw. (Abb. 6 auf Seite 21 hilft euch bei der Farbwahl.)

4. Arbeitsschritt:
Beschriften des Vulkanmodells

Aus Papier und Holzspießen stellen wir Fähnchen her. Sie werden anschließend beschriftet und an die richtigen Stellen gesteckt (wichtige Begriffe siehe Abb. 6 Seite 21). Im Inneren des Vulkans können die Begriffe auch aufgeklebt werden, damit der Vulkan wieder zusammengefügt werden kann.
Zusätzlich können wir aus Holzresten kleine Häuser bauen, Straßen zeichnen, Hochspannungsleitungen legen …
Eure Fantasie ist gefragt!

1: Lage des Erdbeben-zentrums 1989 in Kalifornien

San Francisco – 20 Sekunden bis zur Stille

San Francisco: Es ist der 3. Oktober 1989, 17.04 Uhr; Feierabend in der Großstadt am Pazifik. Die nächsten 20 Sekunden werden die Stadtbewohner nicht so schnell vergessen. Hier das Protokoll dieser Sekunden:

1. Sekunde: Ein leises, unheimliches Grollen. Die Menschen horchen entsetzt auf. Erste schlimme Vorahnungen.

3. Sekunde: Die Erde bebt. Asphaltdecken wölben sich auf. Glasfronten bersten. Häuserwände brechen ein.

6. Sekunde: In der City schwankt das Transamerica-Building bis zu drei Metern hin und her.

8. Sekunde: Auf einer Länge von 1600 Metern stürzt die obere Fahrbahn einer doppelstöckigen Schnellstraße ein.

12. Sekunde: Stromausfall in der Stadt. Menschen schreien in stecken gebliebenen Fahrstühlen, U-Bahnzüge bleiben stehen.

16. Sekunde: Gasleitungen platzen und verursachen Brände. Mehrere Stadtteile stehen in Flammen. Die Menschen rennen um ihr Leben.

20. Sekunde: Urplötzlich unheimliche Stille. Todesstille!

Wieder einmal versetzte ein schweres **Erdbeben** die 28 Millionen Einwohner Kaliforniens in Angst und Schrecken. Es kostete mehr als 50 Menschenleben, forderte Hunderte von Verletzten und verursachte Schäden in Milliardenhöhe. Diesmal lag der Oberflächen-Kernpunkt des Erdbebens, das **Epizentrum**, 90 km südlich von San Francisco. Von dort aus breiteten sich die todbringenden Erdstöße wellenförmig über Nordkalifornien aus.

2

Aufgaben

1. Beschreibe die Zerstörungen durch Erdbeben (Text, Seite 26 Abb. 2 und Seiten 14/15).

2. Wo lauern im Falle eines Erdbebens für Stadtbewohner die größten Gefahren?

3. Hilfe im Erdbebengebiet:
a) Welche Geräte, Fahrzeuge und Hilfsgüter brauchen die Rettungsmannschaften?
b) Nenne die wichtigsten Rettungs- und Hilfsmaßnahmen.

4. Erkläre mithilfe von Abb. 1 und Abb. 3 die Ausbreitung eines Erdbebens.

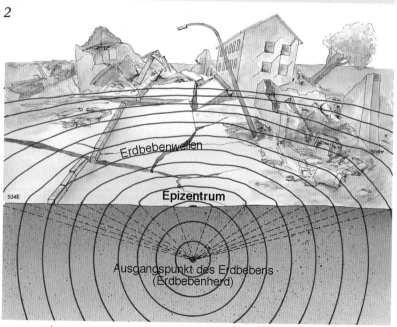

3: Ausbreitung von Erdbebenwellen (nicht maßstabsgetreu)

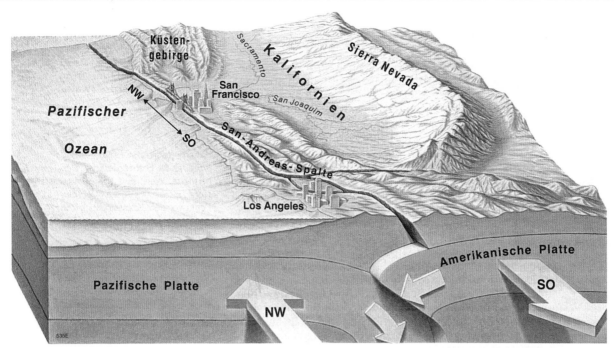

4: Blockbild

Los Angeles und San Francisco auf Kollisionskurs

Die San-Andreas-Spalte (Abb. 1) bildet in Kalifornien die sichtbare Grenze zwischen der Pazifischen und der Amerikanischen Platte (Seite 18 Abb. 2). Die Küstenregion Kaliforniens ist Teil der Pazifischen Platte, während der größere, östliche Teil des Bundesstaates auf der Amerikanischen Platte liegt. Entlang der Plattengrenze driften der pazifische Teil mit Los Angeles in nordwestlicher Richtung und die Amerikanische Platte mit San Francisco in südöstlicher Richtung aneinander vorbei. Wissenschaftlerinnen und Wissenschaftler vermuten, dass diese beiden Platten in den letzten 30 Millionen Jahren über 1000 km aneinander vorbeirutschten. Bedingt durch ihre Lage auf den verschiedenen Platten „fahren" die Millionenstädte Los Angeles und San Francisco jedes Jahr ein Stück aufeinander zu.

Die Platten an der San-Andreas-Spalte bewegen sich zwar nur wenige Zentimeter im Jahr. Beim Vorbeirutschen können sie sich jedoch ineinander verhaken, sodass eine gewaltige Spannung in den kilometerdicken Gesteinspaketen entsteht. Erreicht der Druck einen „kritischen" Wert, reißen sich die Platten voneinander los. Die frei werdende Energie lässt die Erde beben. Mehr als 8000 Erdbeben werden in diesem Gebiet jährlich registriert. Die meisten verlaufen glimpflich, aber irgendwann werden die beiden Erdplatten wieder mit einem kräftigen Ruck weiterrutschen.

5: Apfelsinenhain südlich von San Francisco

Aufgaben

5. Welche großen Städte sind entlang der San-Andreas-Spalte durch Erdbeben bedroht?

6. Begründe den „Knick" in den Baumreihen der Apfelsinenpflanzung (Abb. 5).

⚙ 7. Erläutere die Textüberschrift auf dieser Seite.

25

1: Die San-Andreas-Spalte in Kalifornien

2: Zerstörungen nach einem Erdbeben in Mexiko

Erdbebensicher bauen

Die Bauämter in Kalifornien verlangen heute eine „erdbeben-sichere" Bauweise. Wie die Erdbeben in San Francisco und Los Angeles zeigten, haben moderne Wolkenkratzer die Erschütterungen schadlos überstanden. Diese Hochhäuser sind aus Stahl und Beton in einer speziellen Bauweise errichtet. Dagegen stürzten viele ältere Häuser schon bei schwächeren Erschütterungen ein. Auf Warnungen der Behörden vor dem Risiko eines Einsturzes reagieren die Bewohner oft gleichgültig. Die Erdbebengefahr will man nicht wahrhaben – im Gegenteil. Immer mehr Menschen zieht es nach Kalifornien. Man schätzt die Landschaft, das milde Klima und den wirtschaftlichen Reichtum.

Die Richterskala

Die Erdbebenstärke wird mit einer erdachten Energieskala gemessen. Nach ihrem Erfinder Charles Richter heißt sie **Richterskala**. Sie ist „nach oben hin offen", denn niemand kann voraussagen, wie stark Erdbeben wirklich sein können. Je mehr Energie bei einem Beben freigesetzt wird, desto höher ist die Erdbebenstärke. Der geringste Wert sind 0,1 Punkte (sehr schwaches Beben). Jeder Punkt vor dem Komma entspricht einer zehnfachen Steigerung. Ein Beben mit der Stärke 7,0 ist demnach 10-mal stärker als ein Beben der Stärke 6,0.

4: Das Transamerica-Building in San Francisco hat 1989 eine Erdbebenstärke von 6,9 auf der Richterskala heil überstanden.

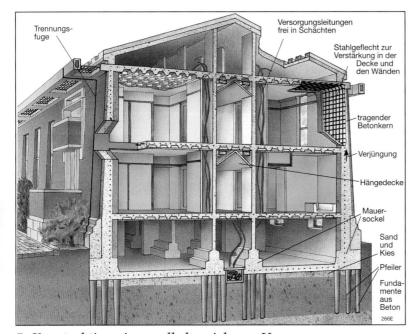

3: Konstruktion eines erdbebensicheren Hauses

Aufgaben

1. Das Erdbeben am 13.4.1992 in Deutschland (siehe Seite 17 Abb. 6 und Abb. 7) erreichte eine Stärke von 5,9 auf der Richterskala. Wievielmal stärker war das Erdbeben 1989 in San Francisco (Abb. 4, i-Text)?

2. Schreibe einen Bericht, wie ein Haus erdbebensicher gebaut werden muss (Abb. 3).

☼ **3.** Die Erdbebengefahr ignorieren die Menschen in Kalifornien. Erläutere diese Aussage.

„Wandernde Kontinente" – eine kühne Vorstellung

„Alles Schiebung, ... Fieberfantasien, ... Märchenerzähler ...", die Wellen der Empörung auf der Jahreshauptversammlung der ‚Geologischen Vereinigung' am 6. Januar 1912 schlugen hoch. Gerade hatte Alfred Wegener seinen Vortrag zum Thema: „Neue Ideen über die Herausbildung der Großformen der Erdoberfläche (Kontinente und Ozeane) auf geophysikalischer Grundlage" beendet. Er war davon überzeugt, dass die Umrisse der Ostküste Südamerikas und der Westküste Afrikas keineswegs zufällig zusammenpassten.

Wegener stellte außerdem die kühne Vermutung auf, dass es vor vielen Millionen Jahren auf der Erde eine einzige zusammenhängende Landmasse – den Urkontinent Pangäa – gegeben hätte. Dieser wäre zerbrochen. Die Kontinente würden seither als Bruchstücke auf einer plastischen Gesteinsschmelze des Erdinneren umherschwimmen. Wegener bezeichnete diese Bewegungen als **Kontinentaldrift.**

Diese Theorie fand keine Zustimmung unter den damals führenden Geologen. Das hing auch damit zusammen, dass Wegener keine Ursachen für die Bewegung aufzeigen konnte. Glaubhaft wurde die Theorie von der Drift der Kontinente erst in jüngerer Zeit durch Forschungen über das Erdinnere.

Lebensdaten

1880 geboren in Berlin
1900-1904 Studium der Naturwissenschaften, besonders der Astronomie
1906-1908 Teilnahme an einer Grönlandexpedition
1909-1919 Privatdozent, ab **1917** Professor für Astronomie und Meteorologie in Marburg
6.1.1912 Erster Vortrag über die Theorie der Kontinentalverschiebung
1919-1924 Abteilungsleiter bei der Deutschen Seewarte, Professor an der Universität Hamburg
1924-1930 Professor für Geophysik und Meteorologie an der Universität Graz: Wegener sucht unermüdlich nach Beweisen für seine Theorie der Kontinentaldrift; er vermutete sie auf dem Meeresboden zu finden
1930/1931 Deutsche Grönlandexpedition
November 1930 Tod auf dem grönländischen Inlandeis

1: Alfred Wegener – ein Pionier der Geowissenschaften

Aufgaben

1. a) Beschreibe, wie sich das Aussehen der Erdoberfläche verändert hat (Abb. 3).
b) Beschreibe in diesem Zusammenhang auch die Bewegungsrichtungen der Kontinente (Abb. 3).

2. Welche Beweise kannst du für Wegeners Theorie der Verschiebung der Kontinente vorbringen?

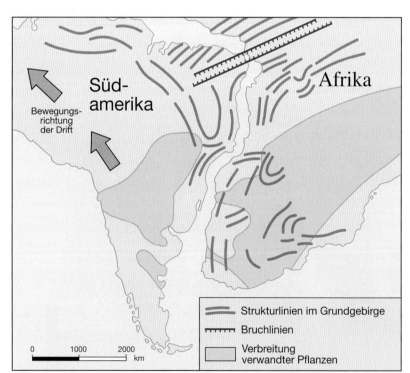

2: Hinweise für die Lage der Kontinente Südamerika und Afrika vor der Drift der Kontinente

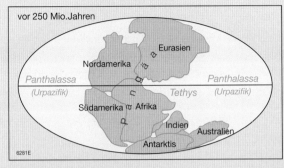

vor 250 Mio.Jahren

Eurasien
Nordamerika
Panthalassa
(Urpazifik)
Panthalassa
(Urpazifik)
Tethys
Südamerika Afrika
Indien
Australien
Antarktis
6281E

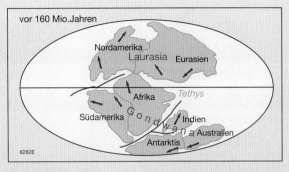

vor 160 Mio.Jahren

Nordamerika
Laurasia Eurasien
Afrika
Tethys
Südamerika
Gondwana
Indien
Australien
Antarktis
6282E

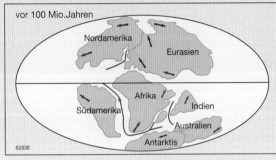

vor 100 Mio.Jahren

Nordamerika
Eurasien
Afrika
Indien
Südamerika
Australien
Antarktis
6283E

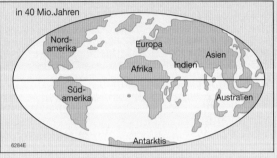

in 40 Mio.Jahren

Nord-
amerika
Europa
Asien
Afrika
Indien
Süd-
amerika
Australien
Antarktis
6284E

3: Wegeners Vorstellungen von der Kontinentaldrift (* Lage der Vulkaninsel Ascension)

Weitere Beweise für die Theorie Wegeners

Die Evolution (Entfaltung) von Organismen auf der Erde und auch die Verteilung der Tier- und Pflanzenwelt ist nach heutigem Erkenntnisstand eng mit der Wanderung der Kontinente verknüpft. So hat das Auseinanderdriften sowohl zum Untergang oder Erhalt früherer als auch zur Entstehung neuer Arten beigetragen. Des Weiteren können damit auch ungewöhnliche Verhaltensmuster erklärt werden.

Das Geheimnis der grünen Meeresschildkröte

„Einem angeborenen Zwang folgend schwimmt die an der Küste Brasiliens lebende grüne Meeresschildkröte jährlich über den halben Atlantik, um ihre Eier an den Stränden der Insel Ascension abzulegen. ... Dieses Verhaltensmuster wurde wahrscheinlich vor 100 Millionen Jahren in das genetische Programm der Meeresschildkröten aufgenommen. ... Seeschildkröten legen ihre Eier gern auf vorgelagerten Inseln ab, um sie vor räuberischen Bewohnern des Festlandes zu schützen, und es ist wahrscheinlich, dass die Vorfahren dieser Meeresschildkröten zu diesem Zweck eine vorgelagerte Insel aufsuchten. ...
Im Verlaufe der Jahrmillionen mussten die Tiere immer weitere Strecken durchschwimmen, um ihre Brutgebiete zu erreichen, da sich ihre Heimat an der brasilianischen Küste langsam, aber stetig entfernte. Heute trennen sie mehr als 1500 Kilometer Ozean von ihren ehemaligen Zufluchtsorten."

(R. Miller: Der Planet Erde. Driftende Kontinente. S. 159)

Koalas – Urbewohner Australiens

Aufgabe

3. Australien ist der einzige Kontinent, auf dem sich in völliger Isolation die ursprüngliche Verbreitung der Beuteltiere, zu der auch das Känguru, der Wombat, der Beuteldachs und andere gehören, erhalten konnte. Finde eine Erklärung dafür.

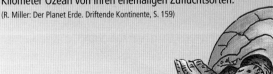

1: Blick auf die Allgäuer Alpen

Gesteine berichten

- Die mächtigen Kalksteinschichten der Kalkalpen enthalten Versteinerungen von Meerestieren. Die Ablagerung erfolgte also in einem Meer. Diese zunächst lockeren Sedimente wurden später zu festem **Sedimentgestein**.

- Viele Gesteine sind gefaltet: Es gibt winzige Gesteinsfalten von einigen Millimetern, aber auch Riesenfalten von vielen Kilometern Größe. Die Faltung konnte nur viele Kilometer unter der Erdoberfläche erfolgen, wo sehr hoher Druck und Temperaturen von ein paar hundert Grad die festen, spröden Gesteine plastisch und dadurch formbar werden lassen.

- Heute finden wir solch gefaltete Gesteine an der Erdoberfläche. Wie kommen sie da hin? Zwei Erdplatten, die afrikanische und die eurasische, bewegen sich seit vielen Millionen Jahren aufeinander zu (siehe Seite 18, Abb. 2). Die Gesteine in diesem Bereich wurden zusammengedrückt und nach oben gepresst. Im Zuge dieser Hebung erschienen die Alpen über dem Meeresspiegel und wurden im Laufe langer Zeiträume zu einem Hochgebirge.

Der Anfang vom Ende

Sobald ein Faltengebirge aus dem Meer auftaucht, wird es abgetragen. Zunächst lockern und zerkleinern Hitze und Frost, Wind und Regen sowie Lebewesen die Oberfläche der Gesteine; das ist die **Verwitterung**. Gelockertes Material kann aufgrund der Schwerkraft steile Hänge hinunterstürzen (Steinschlag, Bergsturz) und von Wasser, Wind und Eis zu Tal transportiert werden. Dies nennt man Abtragung oder

---

Die Alpen

Ost-West-Erstreckung:
  1000 km
Nord-Süd-Erstreckung:
  250 km
Höchster Berg:
  Montblanc 4807 m
Grenze West-/Ostalpen:
  Bodensee – Comer See
Gliederung der Ostalpen:
  Nördliche Kalkalpen
  Zentralalpen
  Südliche Kalkalpen
Niedrigster Pass durch die Zentralalpen:
  Brennerpass 1374 m
Bekannte Alpentunnel:
  St. Gotthard-Tunnel, Tauern-Tunnel, Montblanc-Tunnel

2: Die Alpen im Überblick

30

Erosion. Schließlich lagert sich das transportierte Material, meist fein zerrieben, in einem Becken oder im Meer ab. Dort findet die Ablagerung oder **Sedimentation** statt. Das nördliche und das südliche Alpenvorland bestehen größtenteils aus abgelagertem „Alpenschutt".

Ein junges Faltengebirge

Die Alpen, das größte und höchste Gebirge Europas, erscheinen uns fest und unveränderlich. Aber durch Kräfte aus dem Erdinneren werden sie emporgehoben, jedes Jahr ein paar Millimeter. Und gleichzeitig werden sie an der Oberfläche abgetragen, um ungefähr denselben Betrag. Ihre Faltung, Hebung und Abtragung sind bis heute nicht abgeschlossen: Die Alpen sind ein junges Faltengebirge.

4: Gesteinsfalten

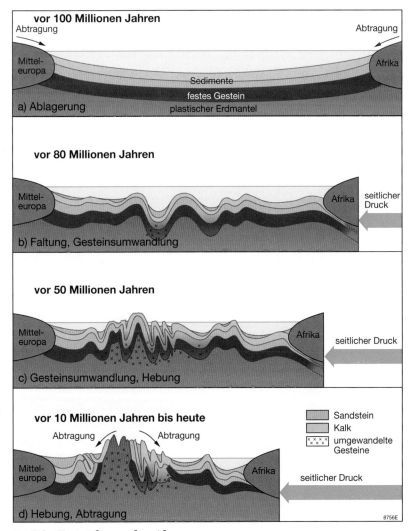

3: Die Entstehung der Alpen

Aufgaben

1. Zeichne auf ein DIN-A4-Blatt grob den Umriss der Alpen (Atlas). Trage mithilfe von Abb. 2 und dem Atlas ein: Grenze Ost-/Westalpen, Namen der Alpenländer, zehn große Alpenstädte, Gebiete mit über 3000 m Höhe, fünf hohe Alpengipfel sowie drei Alpenpässe.

2. Beschreibe die typischen Formen der Alpen (Abb. 1, Abb. 4).

3. Berichte über die Geschichte der Alpen. Verwende dazu Abb. 3. Werte die vier Skizzen nacheinander aus: Achte auch auf Einzelheiten!

31

Aufgaben

1. Welche erdgeschichtlichen Vorgänge kennst du schon?

2. Ermittle, in welchem Erdzeitalter die Braunkohle und die Steinkohle, das Skandinavische Gebirge, der Ural und die Alpen entstanden sind.
Nenne auch die entsprechenden erdgeschichtlichen Abschnitte (erdgeschichtliche Zeittafel auf Seite 33).

3. Wann lebten die Saurier?

4. Seit wie vielen Jahren gibt es Menschen auf der Erde?

5. Stelle deinem Banknachbarn weitere Aufgaben zum Lesen der erdgeschichtlichen Zeittafel.

Wie man sich im Tagebuch informieren kann

Beim Blick in das „Tagebuch" der Erdgeschichte erschließt sich uns eine Wunderwelt. Das Gesicht Europas prägten sowohl erdinnere und erdäußere Kräfte als auch der Mensch.

Im Laufe von Jahrmillionen entwickelte sich eine mannigfaltige Pflanzen- und Tierwelt. Änderten sich zum Beispiel die geographischen Bedingungen auf der Erde, mussten sich auch die Pflanzen und Tiere anpassen. Dies gelang ihnen oftmals aber nicht. Die Saurier, die größten Lebewesen aller Zeiten, starben beispielsweise vor ungefähr 60 bis 70 Millionen Jahren aus.

Die erdgeschichtliche Zeittafel auf Seite 33 liest man immer von unten nach oben. Sie ist so aufgebaut, dass die erdgeschichtlich jüngeren Abschnitte jeweils über den erdgeschichtlich älteren angeordnet sind. Das entspricht der Reihenfolge der Ablagerung von Gesteinen im Laufe der Erdgeschichte. Große Zeitabschnitte, die Millionen von Jahren umfassen, bezeichnet man als Erdzeitalter. Diese wiederum werden in weitere Zeitabschnitte untergliedert.

Die Entwicklung der Lebewesen nimmt im „Tagebuch" der Erdgeschichte einen wichtigen Platz ein. So dienen zum Beispiel Abdrücke von Pflanzen und Tieren (Fossilien) in Gesteinen zur Zeitbestimmung.

1: Abdruck eines Farnwedels in der Steinkohle

2: So sah der Wald vor 300 Millionen Jahren aus.

Erdzeit-alter			Entwicklung der Lebewesen	Wichtige erdgeschichtliche Vorgänge

4495 E

Erdneuzeit

Quartär

vor 1,8 Mio. Jahren

wollhaariges Mammut

erste Menschen

Der Mensch gestaltet die Landschaft; Entwicklung der heutigen Tier- und Pflanzenwelt.

Entstehung des Menschen, wiederholter Wechsel von Kalt- und Warmzeiten. Lössablagerungen

Abtragung der Gebirge

Tertiär

vor 70 Mio. Jahren

Riesenlaufvogel

Urpferdchen

Die Kontinente haben weitestgehend ihre heutige Lage und Gestalt eingenommen, es entstehen große Braunkohlenlagerstätten.

Gebirgsbildung (Faltengebirge und Bruchschollengebirge)

Erdmittelzeit

Kreide

vor 140 Mio. Jahren

Flugsaurier

Urvogel

Ichthyosaurus

Wechsel von Meeresbedeckung und Festland bei feucht-warmem bis trocken-heißem Klima;

mächtige Gesteinsschichten werden abgelagert, wie z.B. die Kalkgesteine im Thüringer Becken und die Sandsteine des Elbsandsteingebirges. Das Erdöl der Nordsee entsteht. (Zeit der Saurier)

Jura

Stegosaurus

Brachiosaurus

vor 190 Mio. Jahren

Trias

frühes Säugetier

vor 220 Mio. Jahren

Erdaltzeit

Perm

früher Saurier

Baumfarn

Bärlappgewächs

Schachtelhalm

Trockenes, heißes Klima; das Meer verdunstet zu großen Teilen; es entstehen Salzlagerstätten und Kupferschiefer.

Gewaltige Vulkanausbrüche; das Meer dringt vor.

Bei feucht-warmem Klima entstehen die europäischen Steinkohlenwälder; die Entstehung großer Lagerstätten beginnt.

Abtragung der Gebirge

Gebirgsbildung (Mittel-, West-, Osteuropa) der Gebirge

vor 280 Mio. Jahren

Karbon

frühes Insekt

Riesenlibelle

Schlangenamphibie

Die Lebewesen erobern das Festland; Panzerfische durchschwimmen die Meere; große Vulkanausbrüche.

Die ersten höheren Lebewesen sind entstanden, sie leben ausschließlich im Wasser; ein weites, flaches Meer breitet sich aus.

Abtragung der Gebirge

Gebirgsbildung in Nordeuropa

vor 350 Mio. Jahren

Schülerinnen und Schüler haben versucht den Bildern und Kommentaren eines Videofilms Informationen zu entnehmen.

Naturgewalten bedrohen den Menschen

Das Institut für Film und Bild in Wissenschaft und Unterricht (FWU) hat 1994 unter der Nummer 4201797 den Videofilm „Naturgewalten bedrohen den Menschen" produziert.

Inhalte des Films (Auswahl):

– Lava-Ausbruch und Lava-Umleitung am Ätna.
– Ausbruch des Mount Saint Helens. Bei der Explosion schmilzt das Eis am Gipfel.
– Ausbruch des Galungung auf Java. In der Regenzeit werden die Dörfer von Schlammlawinen bedroht.
– Schutzmaßnahmen und Katastrophenübungen in Japan.

So wertest du einen Unterrichtsfilm oder Videofilm aus:

1. Sieh dir den Film ohne mitzuschreiben an und versuche dann folgende Fragen zu beantworten:
– Worum geht es?
– Was ist dir besonders aufgefallen?
– Was hast du nicht verstanden?
2. Schau dir den Film zum zweiten Mal in einzelnen Abschnitten an. Nutze dabei auch die Möglichkeit des Standbildes. Mache dir Notizen, in denen du das festhältst, was dir wichtig erscheint.
3. Schlage unbekannte Fachbegriffe im Lexikon nach.
4. Schreibe nun mithilfe deiner Notizen eine Inhaltsangabe des gesamten Films.

Aufgabe:

Hier findest du sechs kleine Stichwortkarten, die sich eine Schülerin zu sechs Filminhalten aufgeschrieben hat. Ordne diese den Film-Standbildern (1 bis 6) zu. Dann erhältst du das richtige Lösungswort.

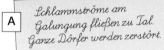

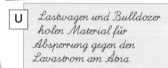

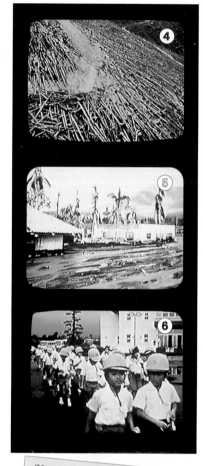

A Schlammströme am Galungung fließen zu Tal. Ganze Dörfer werden zerstört.

L Kuppe des Mount Saint Helens bricht ab. Staub- und Gaswolke steigt aus Krater empor.

U Lastwagen und Bulldozer holen Material für Absperrung gegen den Lavastrom am Ätna.

K Nach dem Ausbruch Millionen umgeknickter Bäume. Wegen rechtzeitiger Warnung 30 000 Menschen vor dem Tod gerettet.

N Tragen von Schutzhelmen ist Pflicht für Kinder in Japan bei Gefahr eines Vulkanausbruches. Die Helme sollen Schutz gegen Gesteinsbrocken bieten.

V Vulkanausbrüche bringen Schrecken und Verderben. Hier Ausbruch des Ätna.

Gefahren aus und auf der Erde

Vulkanausbrüche und Erdbeben sind Naturereignisse, die in ihren Auswirkungen auf Menschen, Siedlungen und Wirtschaft zu Katastrophen führen können. Einige Regionen der Erde sind von Naturkatastrophen besonders bedroht.

Die Gesteinshülle der Erde – ein Puzzle in Bewegung

Heute weiß man, dass die feste Gesteinshülle der Erde, die Lithosphäre, aus mehreren Platten besteht. Diese bewegen sich, angetrieben durch das Magma aus dem Erdinneren, aufeinander zu, voneinander weg oder aneinander vorbei. An den Plattengrenzen kommt es häufig zu Erdbeben und Vulkanausbrüchen.

Ätna und Co – „Zeitbomben" am Stiefel

Vulkanausbrüche sind typische Naturereignisse im Mittelmeerraum. Der Ätna ist der größte tätige Vulkan in dieser Region und in ganz Europa. Er bildet den Anfang einer Vulkanlinie, die nach Norden hin bis zum Vesuv reicht. Obwohl Menschen, die an Vulkanen leben, die feuerspeienden Berge fürchten, schätzen sie auch die Vorteile. Sie bewirtschaften zum Beispiel die Berghänge. Neben Schichtvulkanen, wie dem Ätna mit abwechselnden Asche- und Lavaschichten, gibt es den Vulkantyp des Schildvulkans.

Die Erde bebt

In Kalifornien schieben sich entlang der San-Andreas-Spalte zwei Platten der Lithosphäre langsam aneinander vorbei. Immer wieder geraten die Bewegungen ins Stocken. Felspakete verhaken sich an der Plattengrenze. Dabei baut sich eine gewaltige Spannung im Gestein auf, die sich ruckartig und in Sekundenschnelle als Erdbeben entlädt. In erdbebengefährdeten Regionen sollte darauf geachtet werden, dass Gebäude erdbebensicher gebaut werden.

⊛ Die Kontinentalverschiebung

Der Wissenschaftler Alfred Wegener stellte 1912 eine Theorie auf, die sich später als richtig erwies: Die Kontinente sind aus einer einzigen Landmasse, die zerbrach, in ihre heutigen Positionen gedriftet.

⊛ Die Alpen – aus der Tiefe aufgefaltet

Die Faltung der Gesteine erfolgte unter hohem Druck und hohen Temperaturen viele Kilometer unter der Erdoberfläche. Durch Erdplatten, die sich aufeinander zu bewegen, wurden die Gesteine zusammengedrückt und nach oben gepresst.

⊛ „Tagebuch" der Erdgeschichte

Im Laufe von Jahrmillionen entwickelte sich eine mannigfaltige Pflanzen- und Tierwelt.

Heranziehende Regenfront im Licht der aufgehenden Sonne

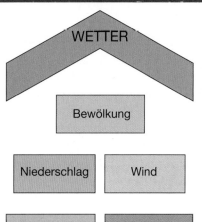

1: Bausteine des Wetters

2: „Tolles Wetter heute"

i

Wetter
So nennt man das kurzzeitige Zusammenwirken von Temperatur, Niederschlag, Bewölkung, Wind und Luftdruck.

Wie arbeitet ein Thermometer?
Im Thermometer arbeitet eine Flüssigkeit. Sie steigt beim Erwärmen nach oben und sinkt beim Abkühlen nach unten.

Grad Celsius (°C)
Anders Celsius (1701 – 1744) war ein schwedischer Wissenschaftler. Er hat das Thermometer in 100 Grad eingeteilt.

Aufgaben

1. Zu jedem Baustein (Abb. 1) wird im Text eine Aussage gemacht. Ordne die Aussagen den fünf Bausteinen zu.

2. Wie entsteht Regen? Erläutere.

Was ist eigentlich Wetter?

Alle reden vom **Wetter**. Das Wetter bestimmt unser Leben: Klassenausflüge werden wegen des Wetters verschoben. Das Wetter ist „schuld" daran, dass du nicht ins Freibad gehst … .
Täglich bringen Fernsehen, Radio und Zeitung Wetterberichte. Aber nur wenige Menschen wissen genau, wovon sie reden, wenn sie vom Wetter sprechen.

Wir bemerken meistens nur einzelne Wettererscheinungen, die für uns im Augenblick gerade wichtig sind:
„Kriegen wir heute hitzefrei?"
„Alles grau in grau heute!"
„Bei dem Regen gehe ich nicht raus!"
„Meine Ohren sind zu!"
„Man weht ja weg bei dem Sturm!"
Das Wetter bilden jedoch fünf Wettererscheinungen zusammen. Man spricht deshalb auch von „fünf Bausteinen" des Wetters. Diese Bausteine lernst du nun genauer kennen.

Die Temperatur

Wenn wir von **Temperatur** sprechen, meinen wir beim Wetter die Lufttemperatur. Sie wird von den Meteorologen, den Wetter- und Klimakundlern, im Schatten in einer Höhe von ca. 2 m über dem Boden gemessen. Das Messinstrument für die Temperatur ist das **Thermometer** (Wärmemesser); du kennst es sicher schon lange. Es gibt in Grad Celsius (°C) an, wie warm oder wie kalt die Luft ist, die uns umgibt. (3 °C: Die Luft hat jetzt eine Temperatur von 3 Grad. Es ist recht kühl.)

Wolken – Zauberei aus Wassertröpfchen?

Stelle einen offenen Wasserbehälter in die Sonne. Was passiert? – Na sicher, das Wasser verdunstet! Genauso verdunstet das Wasser aus Wasserpfützen, Seen, Flüssen und Meeren. Warme Luft steigt nach oben. Dabei nimmt sie die unsichtbaren Wasserteilchen mit. Die Luftfeuchtigkeit wird mit einem **Hygrometer** gemessen.

Auf dem Weg in die höheren Luftschichten kühlt die Luft ab, da es in der Höhe kälter wird.

Was geschieht? Es bilden sich kleine Wassertröpfchen: Der vorher unsichtbare Wasserdampf wird jetzt sichtbar. Eine **Wolke** ist entstanden! Diesen Vorgang nennt man Verdichtung oder **Kondensation**. In der Wolke vergrößern sich die Wassertropfen und werden schwerer. Schließlich fallen sie herab zur Erde: Es regnet!

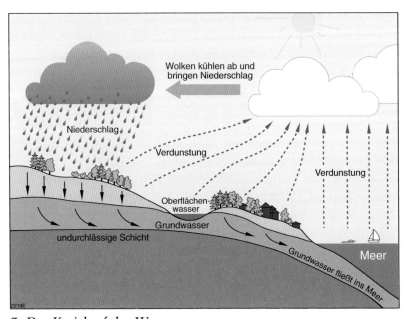

3: Der Kreislauf des Wassers

Der Niederschlag

Es gibt verschiedene Arten von **Niederschlägen**: Regen, Nebel, Tau, Raureif, Schnee und Hagel.

Mit einem Regenmesser kann man die Niederschläge auffangen und die Niederschlagsmenge bestimmen. Dazu stellt man das Gefäß an einem windgeschützten Platz im Freien auf und sammelt darin die Niederschläge eines Tages (24 Stunden). An der Millimeterskala kann man ablesen, wie viel Niederschlag gefallen ist. Das ist der Tagesniederschlag.

Aufgaben

3. Wolken sind ein geheimer Wetterbericht! Das kannst du selbst feststellen: Fotografiere Wolken am Himmel und beobachte, wie sich das Wetter entwickelt. Schreibe deine Beobachtungen auf und klebe später die Fotos dazu.

4. Zeichne das folgende Schaubild in dein Heft und benenne die Niederschlagsarten:

Niederschlagsarten

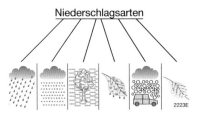

5. Welchen Niederschlag magst du besonders gern? Warum?

6. Es gibt verschiedene Regenarten. Nieselregen, … . Überlege und ergänze.

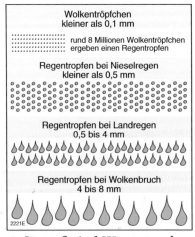

4: So groß sind Wassertropfen in der Luft

Aufgaben

1. Die Luft hat ein Gewicht. Erkläre anhand Abb. 2.

2. Wie entsteht Wind? Erläutere.

3. Bei uns weht der Wind meistens aus Westen. Überprüfe diese Behauptung mithilfe einer Windfahne.

1: Fußball – wenig und stärker aufgepumpt

Der Luftdruck

Unsere Erde wird von einer Lufthülle, der Atmosphäre, umschlossen (siehe S. 56). Die Luft ist ein unsichtbares Gas und besteht aus unzählbaren, winzig kleinen Teilchen, den Luftmolekülen. Die Luftmoleküle sind zwar unsichtbar, haben aber dennoch ein Gewicht (Abb. 1). Über jedem Punkt der Erdoberfläche steht eine riesige Luftsäule. Diese drückt mit ihrem Gewicht auf die Erdoberfläche.

Der **Luftdruck** auf der Erde ändert sich laufend. Es gibt hohen Luftdruck (Hoch : H) und niedrigen Luftdruck (Tief : T). Zwischen diesen Gebieten findet eine Luftbewegung, der **Wind**, statt: Die Luft „fließt" vom Hoch zum Tief.

Du kannst den Luftdruck mit einem **Barometer** messen. Die Maßeinheit ist Hektopascal (hPa). Auf manchen Barometern stehen außer Zahlen auch noch Wörter: neben einer hohen Zahl (hoher Luftdruck) „schön", neben einer niedrigen Zahl (niedriger Luftdruck) „Regen". Schönes Wetter kündigt sich durch steigenden Luftdruck an: Ein Hoch erreicht uns. Bei fallendem Luftdruck musst du mit einer Wetterverschlechterung rechnen: Ein Tief zieht heran.

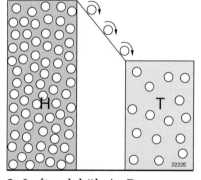

2: Luftmoleküle in Bewegung (Druckausgleich)

3: Tiefdruckwetter

4: Hochdruckwetter

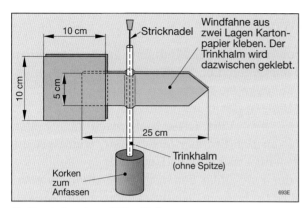

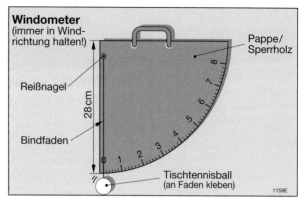

5: Basteln einer Windfahne

6: Basteln eines Windometers

Der Wind

Luftbewegungen machen sich bei uns auf der Erde als Wind bemerkbar. Der Wind hat seinen Namen nach der Richtung, aus der er kommt: Ein Westwind kommt aus Westen, ein Nordwestwind weht aus … .

Mit einer Windfahne kannst du die Windrichtung bestimmen. Du kannst dir ganz leicht eine bauen! Du musst sie auf einen freien Platz stellen, weil Mauern, Bäume und Häuser die Windrichtung verändern.

Außer der Windrichtung interessiert uns auch die Windstärke. In den Wetterstationen wird der Wind in zwölf Stärken eingeteilt. Die Windstärke wird mit einem **Anemometer** gemessen. Du kannst die Windstärken 0 bis 8 mit einem selbstgebastelten „Windometer" messen.

Windstärke	Bezeichnung	Auswirkungen
0	Windstille	Rauch steigt senkrecht auf
1–2	Zug	Blätter bewegen sich
3–4	Brise	Zweige bewegen sich
5–6	Wind	Fahnen flattern, Äste bewegen sich
7–8	stürmischer Wind	Bäume werden gebogen
9–10	Sturm	Bäume werden entwurzelt
11–12	Orkan	Zerstörungen und Verwüstungen

7: Tabelle zur Windstärke

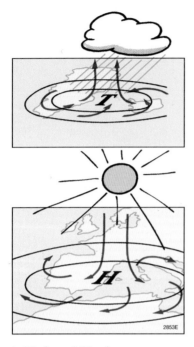

1: Tief und Hoch

Aufgaben

1. Wind gleicht Luftdruckunterschiede aus. Erkläre diesen Vorgang.

2. In welche Richtung zeigt die Kerzenflamme oben und in welche Richtung zeigt sie unten in der Türöffnung zwischen einem warmen und einem kalten Raum?

Wie entsteht Wind?

An warmen Sommertagen ist das Flimmern der aufsteigenden Luft über den Teerflächen der Straßen gut zu beobachten. Wird Luft erwärmt, steigt sie nach oben, denn warme Luft ist leichter als kalte Luft. In der Höhe verdrängt die aufsteigende Luft die dort vorhandene Luft. Diese fließt nach allen Seiten ab. Der Luftdruck an der Erdoberfläche sinkt, weil dort die aufgestiegene Luft fehlt – es herrscht **Tiefdruck**.

Beim Aufsteigen der Luft bildet der in ihr enthaltene Wasserdampf Wolken. Daher bringen Tiefdruckgebiete oft Wolken und Niederschlag mit sich.

Beim **Hochdruck** strömt die Luft genau umgekehrt. Kalte Luft sinkt nach unten. Sie erwärmt sich dabei und Wolken lösen sich auf. Wir haben sonniges Wetter. Am Boden erzeugt sie einen stärkeren Druck (Hochdruck), sodass dort die Luft in die nächstgelegenen Tiefdruckgebiete abgedrängt wird. Diese horizontale Luftbewegung ist der Wind. Wie so etwas funktioniert, kann man auch mithilfe einer Kerze beobachten, die man zwischen einem warmen und einem kalten Zimmer einmal oben, einmal unten in die Türöffnung hält.

Die Entstehung von **Seewind** und **Landwind** lässt sich so begründen: Landmassen erwärmen sich am Tag schneller als Wassermassen. Sie geben aus diesem Grund schneller die Wärme an die Luft ab und es kommt am Tag über dem Land zu einer aufsteigenden Luftbewegung. Dagegen speichert Wasser die Wärme länger als das Land, das sich nachts abkühlt. In der Nacht erfolgt daher über dem Meer eine aufsteigende Luftbewegung. Als Ergebnis haben wir in der Nacht einen Wind, der vom Land aufs Meer weht, und am Tag die umgekehrte Windrichtung.

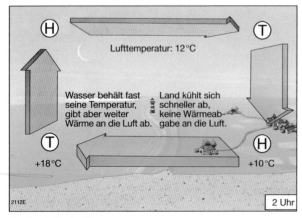

2: Landwind

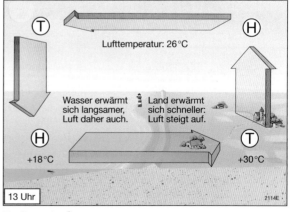

3: Seewind

4: Vom Satelliten aufgenommene Wolken über Europa

	Flugzeit
a) Frankfurt – Los Angeles	11 Std. 45 Min.
b) Los Angeles – Frankfurt	10 Std. 45 Min.
c) Frankfurt – Singapur	12 Std.
d) Singapur – Frankfurt	13 Std. 20 Min.
e) Frankfurt – Johannisburg	10 Std. 40 Min.
f) Johannisburg – Frankfurt	10 Std. 50 Min.

5: Flugzeiten des Airbus 340

Typische Wetterlagen in Europa

Unser Wetter wird sehr häufig von Luftmassen bestimmt, die aus westlichen Richtungen auf unseren Kontinent treiben. „Ein Tief über den Britischen Inseln beeinflusst in den nächsten Tagen unser Wetter" oder „Das Hoch über den Azoren sorgt bei uns für warmes Sommerwetter" – solche Meldungen hörst du immer wieder in den Wettervorhersagen. Woran liegt das?

Deutschland befindet sich in einer Zone, in der vorwiegend westliche Winde herrschen. Die Meteorologen haben schon lange nach Ursachen für diese Tatsache gesucht, doch die Erklärung fanden sie erst im Zweiten Weltkrieg. Amerikanische Piloten trafen in großer Höhe (10 000 Meter) auf eine starke Westwindströmung und kamen mit ihren Propellermaschinen von Osten nach Westen kaum voran. Sie waren auf den zwischen dem 30. und 65. Breitengrad wehenden **Jetstream** gestoßen. Dieser durchschnittlich 200 km/h schnelle Westwind erzeugt und steuert die Tiefdruckgebiete in unseren Breiten. Durch den Jetstream werden die Hoch- und Tiefdruckgebiete in rascher Folge auf unseren Kontinent getrieben.

Heute wird die starke Westwindströmung von der Luftfahrt genutzt um Zeit und Treibstoff zu sparen.

Aufgaben

3. Die Fischer der Nordsee fuhren früher mit ihren Booten in der Nacht zum Fischen aufs Meer, am Vormittag kehrten sie mit ihrem Fang zurück. Welche Winde nutzten sie aus? Erkläre ihre Entstehung (Abb. 2, Abb. 3).

4. Was ist der Jetstream? Erläutere anhand des Textes.

5. Was fällt dir beim Vergleich der Flugzeiten der Hin- und Rückflüge in Abb. 4 a) – d) auf? Verwende dabei auch deinen Atlas.

✪ **6.** Die Zeiten des Hin- und Rückfluges nach Johannesburg in Abb. 4 e) und f) unterscheiden sich nur wenig gegenüber a) – d). Begründe.

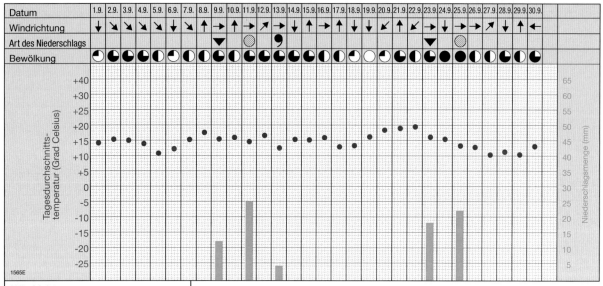

Datum	1.9.	2.9.	3.9.	4.9.	5.9.	6.9.	7.9.	8.9.	9.9.	10.9.	11.9.	12.9.	13.9.	14.9.	15.9.	16.9.	17.9.	18.9.	19.9.	20.9.	21.9.	22.9.	23.9.	24.9.	25.9.	26.9.	27.9.	28.9.	29.9.	30.9.
Windrichtung																														
Art des Niederschlags																														
Bewölkung																														

1: Vorlage für einen Wetterbeobachtungsbogen

Windrichtung:
(Der Wind kommt aus:..)
↓ N   ← O   → W   ↑ S
↙ NO   ↘ NW   ↖ SO   ↗ SW

Art des Niederschlags:
◎ Regen   🌢 Nieseln
▼ Schauer   ✳ Schnee
▲ Hagel   ≡ Nebel

Bewölkung:
◯ klar, wolkenlos
◐ teilweise bedeckt
◑ halb bedeckt
◕ überwiegend bedeckt
● vollständig bedeckt, trüb

WWW

www. deutscher-wetterdienst.de
www. wetter.de
www. wetteronline.de

„Ist bis Dreikönig (6. Januar) kein Winter, kommt auch keiner dahinter."

„Ein heiterer März erfreut des Bauern Herz."

„Sonne im Juni und recht viel Regen, bringt das ganze Jahr über Segen."

2: Bauernregeln

„Bauernregeln"

Es waren von alters her die Bauern, die das Wettergeschehen beobachteten, Regelmäßigkeiten aufschrieben und Vorhersagen trafen. Auch du kannst ein Hobby-Wetterkundler sein.

So führst du einen Wetterbeobachtungsbogen:

1. Eine Wetterstation zusammenstellen

Du benötigst zunächst ein Außenthermometer und einen Regenmessbecher. Diese Gegenstände bekommst du im Garten-Center. Zur Windbeobachtung bastelst du dir eine Windfahne. Dazu nimmst du ein schmales Stoffband, das du mit einem Reißnagel auf einer Holzleiste befestigst. Zur Bestimmung der Himmelsrichtungen, aus denen der Wind weht, benötigst du einen Kompass. Zeichne auf Kästchenpapier einen Wetterbeobachtungsbogen (Abb. 1), in den du deine Ergebnisse einträgst.

2. Windrichtung bestimmen und Niederschläge messen

Du musst die Wettererscheinungen täglich zur selben Zeit beobachten und messen, zum Beispiel morgens um 7 Uhr. Die Windrichtung bestimmst du mit Kompass und Windfahne. Das Ergebnis trägst du in den Wetterbeobachtungsbogen ein. Die tägliche Niederschlagsmenge ermittelst du, indem du jeweils zum gleichen Zeitpunkt nachschaust, wie viel Regenwasser sich in deinem Regenmessbecher angesammelt hat. Ein Teilstrich im Messbecher entspricht Regenwasser von einem Millimeter Höhe auf einem Quadratmeter Boden. Trage jede Tagesniederschlagsmenge als Millimetersäule in deinen Wetterbeobachtungsbogen ein und leere den Messbecher aus.

3. Die Tagesdurchschnittstemperatur ermitteln

Der Deutsche Wetterdienst misst in München die Tagestemperatur stündlich, addiert die Einzelwerte und teilt die Summe durch 24. Du kannst dir mit einer anderen Methode helfen. Du misst die Außentemperatur täglich zwei Mal zur gleichen Zeit, zum Beispiel um 7 Uhr und um 15 Uhr, und teilst die Summe der beiden Werte durch zwei. Diesen gemittelten Wert trägst du als roten Punkt in den Wetterbeobachtungsbogen ein.

Wolken kündigen das Wetter an

Wettervorhersagen lassen sich auch mithilfe von Wolkenbeobachtung machen. Hier findest du einige Beispiele.

3: Haufenwolken – das Wetter bleibt schön

4: Federwolken – erste Vorboten einer Wetterverschlechterung

5: Schäfchenwolken – schlechtes Wetter zieht auf

6: Petrus und die „Wettermaschine"

7: Schichtwolken – es bleibt regnerisch

8: Gewitteramboss – ein Gewitter zieht auf

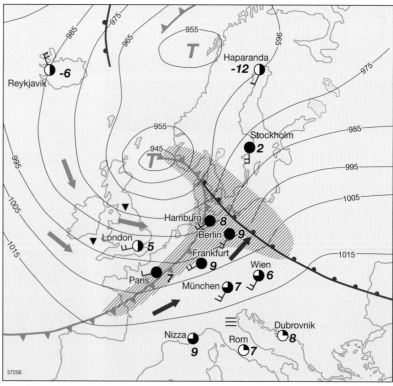

> Die Wetterlage:
> Ein von den Britischen Inseln nach Mitteleuropa ziehendes Tiefdruckgebiet überquert im Laufe des Tages unseren Raum. Auf seiner Rückseite strömt kalte Meeresluft ein. Die Vorhersage bis heute abend: Von Westen …

Dieter Walch
Diplom-Meteorologe
ZDF

Aufgaben

1. Schneide an drei aufeinander folgenden Tagen die Wetterkarte einer Tageszeitung aus. Male ein Tiefdruckgebiet (T) jeweils farbig an. Beschreibe, wie sich seine Lage verändert hat.

2. Stelle auf der Wetterkarte (Abb. 1) fest, welches Wetter in München und Frankfurt herrscht.

3. Ergänze die Wettervorhersage von Dieter Walch (Sprechblase).

4. Macht ein Partnerspiel mithilfe von Abb. 1: Eine Mitschülerin oder ein Mitschüler nennt dir Windrichtung und Windstärke, Bewölkung und Temperatur eines Ortes auf der Wetterkarte (Abb. 1). Welcher Ort ist es?

Die Wetterkarte

Oft wechseln bei uns die Wetterelemente Bewölkung, Niederschlag, Wind, Temperatur und Luftdruck. Das liegt an den Hoch- und Tiefdruckgebieten, die Deutschland meist in rascher Folge überqueren. Über 17 000 Wetterstationen, Satelliten und Wetterballons messen Tag und Nacht weltweit diese Wetterelemente. Mit Computern werden die Daten zu einer **Wetterkarte** und **Wettervorhersage** verarbeitet, die wir im Fernsehen oder in der Zeitung sehen können.

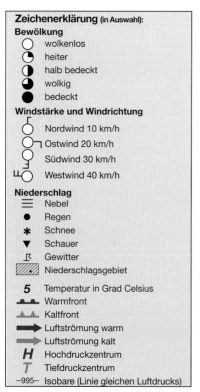

1: Wetterkarte des Deutschen Wetterdienstes vom 23. April

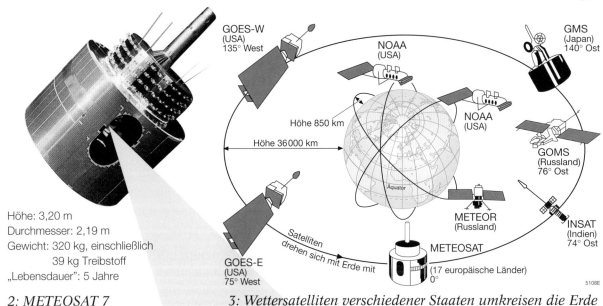

GOES-W
(USA)
135° West

NOAA
(USA)

GMS
(Japan)
140° Ost

Höhe 850 km

NOAA
(USA)

Höhe 36 000 km

GOMS
(Russland)
76° Ost

Äquator

METEOR
(Russland)

INSAT
(Indien)
74° Ost

Satelliten drehen sich mit Erde mit

METEOSAT

(17 europäische Länder)
0°

5108E

GOES-E
(USA)
75° West

Höhe: 3,20 m
Durchmesser: 2,19 m
Gewicht: 320 kg, einschließlich
39 kg Treibstoff
„Lebensdauer": 5 Jahre

2: METEOSAT 7

3: Wettersatelliten verschiedener Staaten umkreisen die Erde

Bilder aus dem All

2. September 1997, Weltraumzentrum Kourou im Land Franzözisch-Guayana: Eine Ariane-Rakete hebt in einer riesigen Wolke aus Feuer und Rauch von der Startrampe ab. Immer schneller steigt die Rakete gen Himmel. Sie trägt den Satellit METEOSAT 7 ins All. Er wurde von 17 europäischen Staaten entwickelt.

METEOSAT 7 ist der **Wettersatellit** Europas. Er kreist auf seiner Umlaufbahn mit einer Geschwindigkeit von rund 11 000 Kilometern pro Stunde. So kann er mit der Umdrehung der Erde Schritt halten. Deshalb bleibt er immer an der gleichen Stelle über dem Äquator „stehen".

Der Wettersatellit ist mit Spezialkameras ausgerüstet und funkt alle 30 Minuten Bilder zur Erde. Meteorologen werten diese Bilder aus. Sie erkennen an der Form und Verteilung der Wolken, wo es Hochdruckgebiete und Tiefdruckgebiete gibt. Die Wissenschaftler stellen fest, in welche Richtung und wie schnell die Hochs und Tiefs ziehen. Mithilfe der Satellitenbilder lässt sich also eine Wettervorhersage machen. Auf den Bildern sind Gebiete, wie der Atlantische Ozean und Nordafrika, abgebildet, wo es nur wenige Wetterbeobachtungsstationen gibt.

Aufgaben

5. Welche außereuropäischen Staaten unterhalten Wettersatelliten (Abb. 3)?

6. Satellitenbilder ermöglichen Wettervorhersagen auch für wenig besiedelte Gebiete. Erläutere mithilfe von Abb. 4 und Atlas (Karte: Erde – Bevölkerungsdichte).

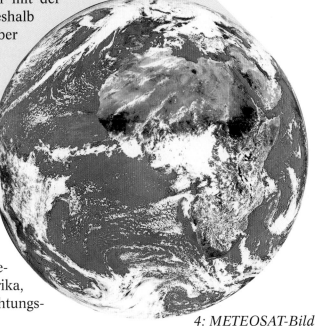

4: METEOSAT-Bild

47

Wozu braucht man ein Klimadiagramm?

Meteorologen messen Temperaturen und Niederschläge an bestimmten Stationen über Zeiträume von mindestens 30 Jahren. Danach errechnen sie Durchschnittswerte (Mittelwerte, z.B. Jahresmitteltemperatur). Die langjährigen Mittelwerte geben Auskunft über das **Klima** eines Ortes oder eines Gebietes.

1: Was versteht man unter Klima?

Das Klimadiagramm

In einem **Klimadiagramm** sind eine Temperaturkurve und zwölf Niederschlagssäulen zusammen dargestellt.

Die Temperaturkurve
Um die Temperaturen der einzelnen Monate überschaubar zu machen stellt man die Monatsmittel zeichnerisch in einer Temperaturkurve (rot) dar. Dazu muss man zunächst Tagesmittel und daraus dann Monatsmittel errechnen.

Die Niederschlagssäulen
Bei den Niederschlägen ermittelt man im Gegensatz zu den Temperaturen keine Tagesmittel. Man zählt die Niederschlagsmengen aller Tage eines Monats zusammen. Die Monatsniederschläge zeichnet man als Niederschlagssäulen (blau).

Das Klimadiagramm verrät viel über das Klima eines Ortes:
– Wie warm oder wie kalt ist es durchschnittlich in den einzelnen Monaten?
– Welches ist der wärmste, welches der kälteste Monat?
– Wie viele Niederschläge fallen durchschnittlich in den einzelnen Monaten?
– In welchem Monat fällt der meiste Niederschlag, in welchem der wenigste?

Im Klimadiagramm kann man die Wachstumszeiten für Pflanzen ablesen. Kulturpflanzen (z.B. Weizen) und Laubbäume wachsen bei einem Monatsmittel von 10 °C. Wildpflanzen (z.B. Gräser) benötigen nur 5 °C.

Klima

Das Zusammenwirken von Temperatur, Niederschlag, Bewölkung, Wind und Luftdruck über einen längeren Zeitraum nennt man Klima.

So errechnet man die Mitteltemperaturen:

Tagesmittel: Meteorologen messen stündlich die Temperatur. Sie zählen die gemessenen Werte zusammen und teilen die Summe durch die Zahl der Messwerte (24).

Monatsmittel: Aus den Tagesmitteln errechnet man das Monatsmittel. Zuerst zählt man alle Tagesmitteltemperaturen eines Monats zusammen. Danach teilt man durch die Anzahl der Tage des Monats (30, 31, 28, 29).

Jahresmittel: Aus den zwölf Monatsmitteln errechnet man das Jahresmittel. Zuerst zählt man alle Monatsmitteltemperaturen zusammen. Danach teilt man durch die Anzahl der Monate (12).

Frankfurt (Main) / Deutschland, 103 m ü. NN

T = 9° C
N = 663 mm

2: Klimadiagramm

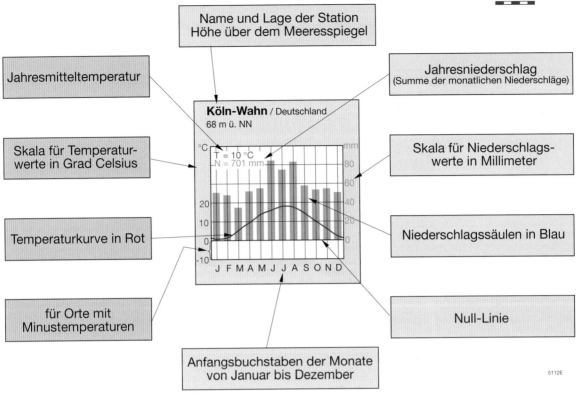

Name und Lage der Station
Höhe über dem Meeresspiegel

Jahresmitteltemperatur

Jahresniederschlag
(Summe der monatlichen Niederschläge)

Köln-Wahn / Deutschland
68 m ü. NN

Skala für Temperatur-
werte in Grad Celsius

Skala für Niederschlags-
werte in Millimeter

T = 10 °C
N = 701 mm

Temperaturkurve in Rot

Niederschlagssäulen in Blau

für Orte mit
Minustemperaturen

Null-Linie

Anfangsbuchstaben der Monate
von Januar bis Dezember

3: Das Klimadiagramm

	J	F	M	A	M	J	J	A	S	O	N	D	Jahr
T (°C)	1	0	4	9	14	17	19	18	14	9	5	1	9
N (mm)	43	40	31	41	46	62	70	68	46	47	46	41	581

4: Klimawerte von Berlin (T: Temperatur, N: Niederschlag)

So zeichnest du ein Klimadiagramm:

1. Nimm ein Blatt Millimeterpapier oder kariertes Papier. Zeichne die Grundlinie und teile sie in zwölf Monate ein. Der Abstand zwischen den Monaten soll 1 cm betragen.
2. Schreibe die Anfangsbuchstaben der Monate unter die Grundlinie.
3. Zeichne die linke Achse für die Temperaturwerte.
4. Teile diese Achse in die Temperaturwerte (rote Zahlen) ein. 10 °C entsprechen 1 cm.
5. Zeichne die rechte Achse für die Niederschlagswerte.
6. Teile diese Achse in die Niederschlagswerte (blaue Zahlen) ein. Beachte: Dem Wert für die Temperatur entspricht der doppelte Wert für den Niederschlag; 10 °C auf der linken Seite entsprechen 20 mm auf der rechten Seite.
7. Zeichne die Temperaturkurve, indem du die angegebenen Werte auf volle Grad Celsius rundest (in Rot).
8. Zeichne die Niederschlagssäulen (in Blau).

Aufgabe

1. Zeichne ein Klimadiagramm von Berlin (Abb. 4).

> **Merke:**
> 1 mm Niederschlag
> entspricht
> 1 Liter Niederschlag pro
> Quadratmeter.

1: Besuch einer Wetterstation

Dem Wetter auf der Spur

„Seht ihr die dunklen Wolken am Horizont? Die sind noch 20 Kilometer von uns entfernt. Doch der Wind treibt die Wolken direkt auf uns zu. In spätestens zwei Stunden wird es hier regnen", sagt Herr Kühnel von der Wetterstation in Bad Schwalbach im Taunus. Er erklärt, dass das Wetter noch drei Tage lang wechselhaft bleibt. „Länger will ich mich nicht festlegen", fügt er hinzu. „Sonst wird die Wetterprognose zu ungenau." Der Besuch einer Wetterstation kann sehr interessant sein.

Bei einem Rundgang im Freien durch das Gelände der Wetterstation zeigt uns Herr Kühnel die Wetterhütte (siehe Foto). Er erklärt uns, wie ein Niederschlagsmesser funktioniert und zeigt uns auch ein Bodenthermometer. „Damit können wir die Temperatur in ein Meter Tiefe messen. Das ist für die Landwirte wichtig. Dann wissen sie, wann sie mit der Aussaat beginnen können."

Aufgaben

1. a) Beschreibe das Aussehen einer Wetterhütte (Abb. 1).
b) Nenne mögliche Gründe, warum die Wetterhütte so gebaut wurde.

2. Plant einen Besuch einer Wetterstation.
a) Wie kommt ihr dorthin?
b) Welche Fragen wollt ihr stellen (Abb. 1)?
c) Was wollt ihr mitnehmen (z.B. Fotoapparate, Kassettenrekorder, Schreibzeug)?
d) Welche Geräte wollt ihr genauer kennen lernen?

Immer mehr Wetterstationen werden mit automatischen Messinstrumenten ausgerüstet um Personalkosten einzusparen. Wendet euch deshalb an den Deutschen Wetterdienst. Dort kann man euch sagen, welche Wetterstation ihr besuchen könnt.
Deutscher Wetterdienst
Regionale Messnetzgruppe Offenbach/Main
Frankfurter Str. 135
63067 Offenbach
Tel. 069/80622159   Fax. 069/80622157

Das Wichtigste kurz gefasst:

Grundbegriffe

Wetter
Temperatur
Thermometer
Hygrometer
Wolke
Kondensation
Niederschlag
Luftdruck
Wind
Barometer
Anemometer
Tiefdruck
Hochdruck
Seewind
Landwind
Jetstream
✪ **Wetterkarte**
✪ **Wettervorhersage**
✪ **Wettersatellit**
✪ **Klima**
✪ **Klimadiagramm**

Das Wetter

Das Wetter besteht aus den Wetterbausteinen (Wetterelementen): Lufttemperatur, Niederschlag, Bewölkung, Wind und Luftdruck (hoher Luftdruck heißt „Hoch" und tiefer Luftdruck „Tief"). Wetter nennt man das kurzzeitige Zusammenwirken dieser Wetterbausteine an einem bestimmten Ort – im Gegensatz zum Klima, das dieses Zusammenwirken über einen längeren Zeitraum kennzeichnet.

Die Lufttemperatur wird im Schatten in einer Höhe von etwa zwei Metern über dem Boden gemessen. Messinstrument ist das Thermometer.

Wenn der unsichtbare Wasserdampf der Luft kondensiert, entstehen Wolken. Sie bestehen aus winzig kleinen Wassertröpfchen. Wenn sie zur Erde fallen, kommt es zum Niederschlag. Es gibt verschiedene Arten von Niederschlägen: Regen, Nebel, Tau, Raureif, Schnee und Hagel. Die Luftfeuchtigkeit misst man mit einem Hygrometer.

Die Erde ist von einer Lufthülle (Atmosphäre) umgeben. Luftbewegungen in der Atmosphäre nennt man Wind. Der Wind weht immer vom Hoch zum Tief. Seinen Namen hat der Wind nach der Richtung, aus der er kommt. Die Windstärke lässt sich mit einem Anemometer bestimmen.

Land- und Seewinde entstehen durch die unterschiedliche Erwärmung von Land und Wasser.

Deutschland befindet sich in einer Zone, in der überwiegend Westwinde wehen. Die starke Westwindströmung in unseren Breiten in großer Höhe heißt Jetstream.

✪ Wettervorhersage

Wettermeldungen von verschiedenen Wetterstationen werden als Zeichen in eine Karte eingetragen. Diese Wetterkarte zeigt uns die Wetterlage in einem größeren Gebiet. Eine Wetterkarte ist eine wichtige Grundlage für die Wettervorhersage, zum Beispiel im Fernsehen oder in der Tageszeitung. Auch mithilfe der Bilder von Wettersatelliten lassen sich Wettervorhersagen machen.

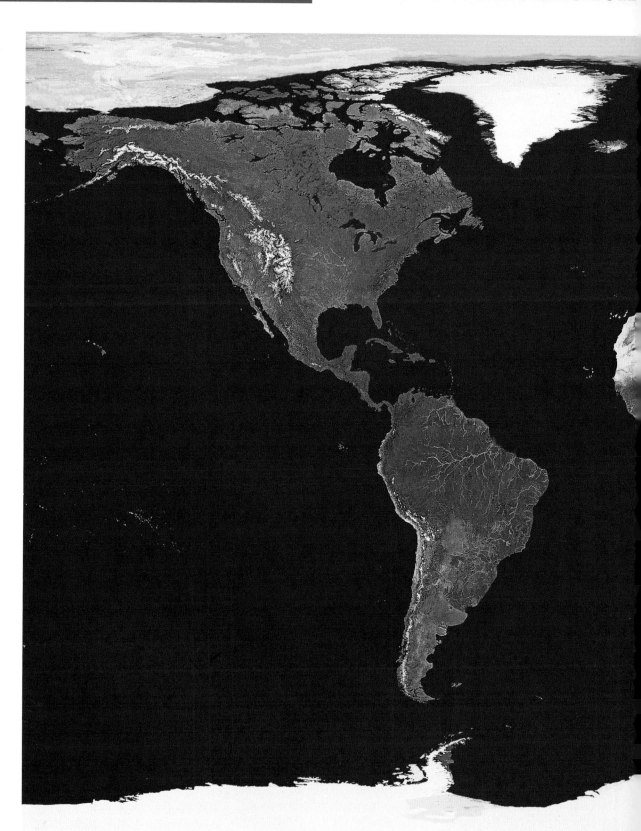

Weltraumbild (Es wurde zusammengesetzt aus mehreren tausend Aufnahmen von Wettersatelliten.)

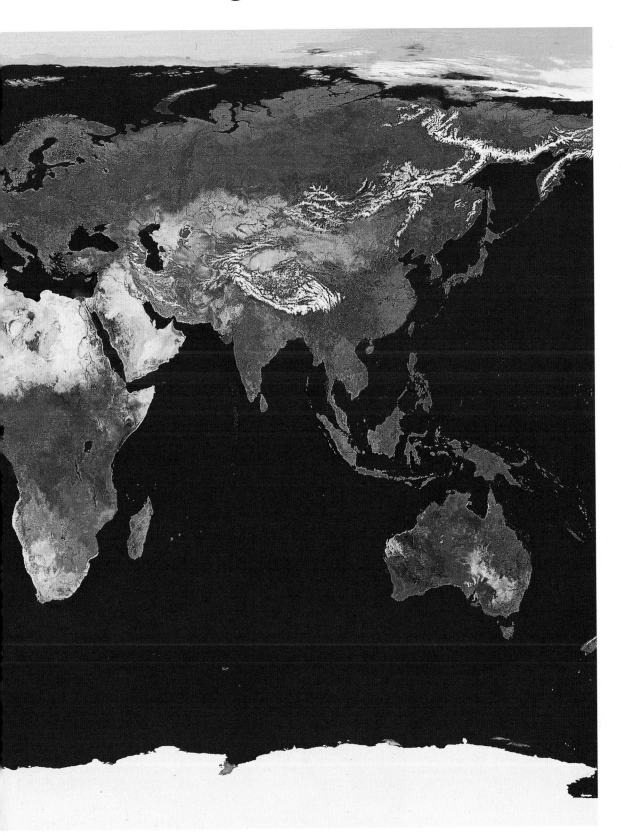

1: Flugroute Hamburg – Lagos

Aufgaben

1. Verfolge den Flug Hamburg–Lagos auf einer Atlaskarte. Wie verändert sich das Bild der Landschaft (Abb. 1; Atlas, Karte: Afrika – physische Übersicht)? Erstelle eine Tabelle

Land/Landschaft	Aussehen
Deutschland nördl der Alpen	…
…	…

2. Beim Abflug von Herrn Schultze zeigt das Thermometer in Hamburg 0 °C. In Lagos herrschen bei der Ankunft 31 °C und schwüle Hitze.
a) Berechne den Temperaturunterschied.
✪ b) Um wie viel Grad weichen die Temperaturen in Hamburg und Lagos von den mittleren Januartemperaturen ab (Abb. 4)?

3. Das Weltraumbild S. 52/53 zeigt die Regionen mit und ohne Pflanzendecke auf der Erde. Du erkennst Gebiete, die mit Eis und Schnee bedeckt sind (weiß), Gebiete mit üppigem Pflanzenwachstum (grün) und Gebiete, in denen wenige oder keine Pflanzen wachsen (gelb). Nenne je einen Staat oder eine Landschaft, die den drei genannten Beispielen zuzuordnen ist (Atlas, Karten: Erde – Physische Übersicht/Staaten).

Flug von Hamburg nach Lagos

Es ist der vierte Januar. Der Geschäftsmann Rainer Schultze fliegt von Hamburg nach Lagos. Er ist diese Route schon mehrmals geflogen und er beobachtet immer wieder, wie sich das Bild der Landschaft verändert. Heute ist Deutschland schneebedeckt. Deutlich erkennt er auch die verschneiten Alpengipfel. Südlich der Alpen löst sich die Schneedecke auf und bald erscheint das blaue Mittelmeer. Die Nordküste Afrikas taucht als schmaler, grüner Streifen auf. Südlich des Atlasgebirges liegt die weite, gelb-graue Fläche der Wüste Sahara. Gegen Ende des Fluges sieht Herr Schultze eine grüne Fläche; es ist der tropische Regenwald.

2: In Hamburg am 4. Januar

3: In Lagos am 4. Januar

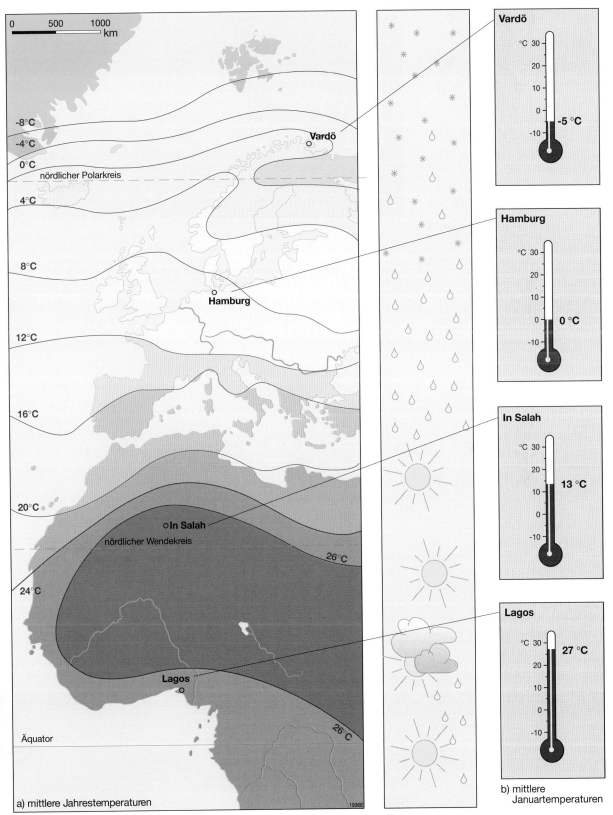

0 500 1000 km

-8°C
-4°C
0°C
nördlicher Polarkreis
4°C
8°C
12°C
16°C
20°C
24°C
26°C
26°C

Vardö
Hamburg
In Salah
nördlicher Wendekreis
Lagos
Äquator

a) mittlere Jahrestemperaturen

Vardö
°C 30
20
10
0
-10
-5 °C

Hamburg
°C 30
20
10
0
-10
0 °C

In Salah
°C 30
20
10
0
-10
13 °C

Lagos
°C 30
20
10
0
-10
27 °C

b) mittlere Januartemperaturen

4: Unterschiedliche Temperaturen zwischen Polargebiet und Äquator

Niederschläge auf der Erde

An keinem Ort der Erde fällt jedes Jahr so viel Regen wie an einem Berg auf dieser Inselgruppe im Pazifischen Ozean.

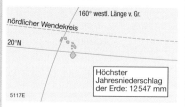

160° westl. Länge v. Gr.

nördlicher Wendekreis

20°N

Höchster Jahresniederschlag der Erde: 12547 mm

5117E

1: Niederschlagsrekord – auf welcher Inselgruppe liegt er?

2: Sturzregen in Zentralafrika

Niederschlag – Wasser aus der Luft

Die **Atmosphäre** der Erde enthält Wasserdampf, der aus Meeren, Seen oder Flüssen verdunstet. Besonders hoch ist die Wasserverdunstung in Gebieten mit hohen Lufttemperaturen. In der Region am Äquator, die von der Sonne das ganze Jahr über stark erwärmt wird, verdunstet das meiste Wasser.

Die feucht-heiße Luft steigt auf, kühlt sich mit zunehmender Höhe ab und der Wasserdampf kondensiert. Daher treten hier häufig heftige Regengüsse auf. Im Bereich der **Wendekreise** dagegen sinkt die Luft ab und erwärmt sich dabei. Die Wolken lösen sich auf. Deshalb herrscht hier ein trocken-heißes Wüstenklima mit sehr geringen Niederschlägen.

Nördlich und südlich der Wendekreise nehmen die Niederschläge zu. Hoch- und Tiefdruckgebiete sorgen für ein gemäßigtes Klima mit wechselhaftem Wetter. Sonnen- und Regentage wechseln einander ab.

Aufgaben

1. Wie viel Meter hoch stünde auf dem Berg mit dem Niederschlagsrekord das Regenwasser am Ende des Jahres, wenn es nicht abfließen, verdunsten oder versickern würde (Abb. 1)?

2. Beschreibe in Abb. 4 die Niederschlagsdiagramme der vier Orte.

☢ **3.** a) In welchem Gebiet der Erde ist die Wasserverdunstung besonders hoch?
b) Begründe mithilfe von Abb. 3.

☢ **4.** Warum herrscht an den Wendekreisen ein trocken-heißes Wüstenklima (Abb. 3)?

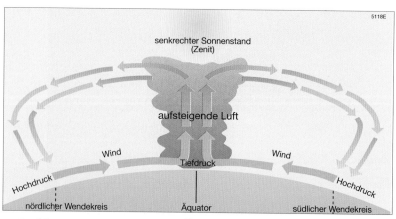

senkrechter Sonnenstand (Zenit)

aufsteigende Luft

Wind

Wind

Tiefdruck

Hochdruck

Hochdruck

nördlicher Wendekreis

Äquator

südlicher Wendekreis

5118E

3: Luftbewegungen zwischen Äquator und Wendekreisen

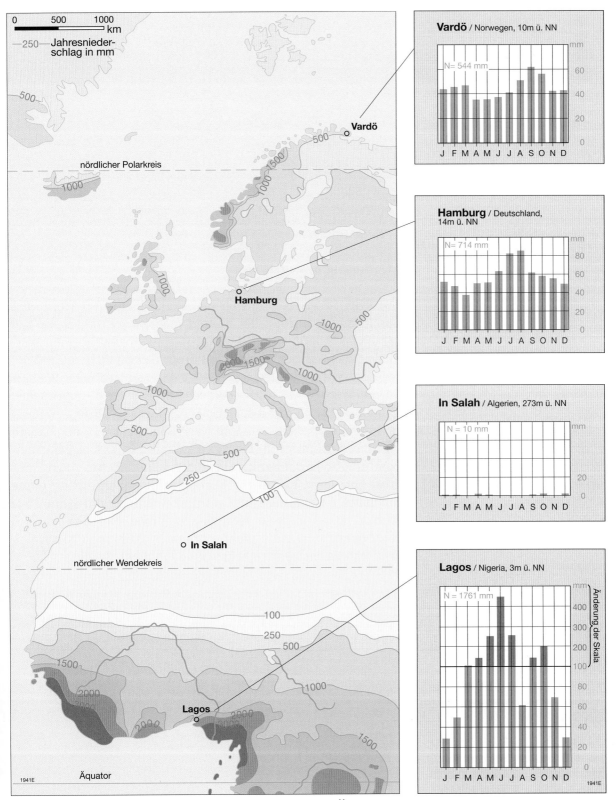

Vardö / Norwegen, 10m ü. NN

N= 544 mm

J F M A M J J A S O N D

Hamburg / Deutschland, 14m ü. NN

N= 714 mm

J F M A M J J A S O N D

In Salah / Algerien, 273m ü. NN

N = 10 mm

J F M A M J J A S O N D

Lagos / Nigeria, 3m ü. NN

N = 1761 mm

Änderung der Skala

J F M A M J J A S O N D

0   500   1000
km
—250— Jahresnieder-
schlag in mm

nördlicher Polarkreis

Vardö

Hamburg

In Salah

nördlicher Wendekreis

Lagos

Äquator

1941E

4: Jährliche Niederschläge zwischen Polargebiet und Äquator

Der Golfstrom

Der Golfstrom ist eine warme Meeresströmung. Sie entsteht im Golf von Mexiko zwischen Nord- und Südamerika in warmen, tropischen Gewässern.

Klima und Lebensbedingungen am Atlantischen Ozean werden auf der Nordhalbkugel durch den Golfstrom beeinflusst.

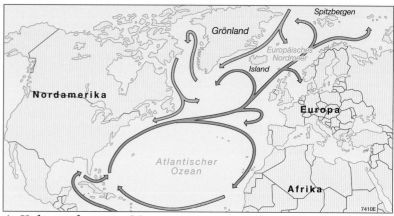

1: Kalte und warme Meeresströmungen

Meeresströmungen

Trotz der relativen Nähe der meisten Gebiete zum Meer wäre das Klima in Europa bei weitem nicht so günstig, wenn der nördliche Atlantik und die Nordsee nicht durch einen warmen Meeresstrom, den **Golfstrom**, zusätzlich aufgeheizt würden. Dieser schleust gewaltige Mengen warmen Wassers an die West- und Nordwestküste Europas. Sein ursprünglich 150 km breites Band löst sich bis vor unserer Küste in mehrere schmale Streifen auf und vermischt sich mit den kalten Nordmeerströmungen. Dennoch ist sein Einfluss auf die Temperatur des Nordatlantiks und der seiner Nebenmeere sehr groß und der Gewinn für Europa schier unschätzbar. Ohne ihn hätte das mittlere und nördliche Europa ein Klima wie Alaska. Die intensive landwirtschaftliche Nutzung unseres Kontinents, durch die mehrere hundert Millionen Menschen ernährt werden können, wäre ohne ihn nicht möglich.

Aufgaben

1. Meere beeinflussen die Temperaturen auf dem Land. Erkläre.

2. Beschreibe den Weg des Golfstroms von der Karibik bis nach Nordeuropa (Atlas).

3. Was würde passieren, wenn der Golfstrom nicht mehr bis nach Europa käme?

4. Die Ostsee ist in ihrem nördlichen Teil in jedem Winter monatelang zugefroren, der Atlantik aber bis an die Nordspitze Norwegens immer eisfrei. Warum?

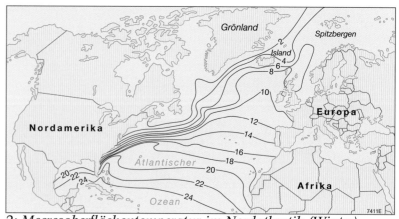

2: Meeresoberflächentemperatur im Nordatlantik (Winter)

Klimazonen auf der Erde

Temperatur und Niederschlag sind die beiden Hauptmerkmale des Klimas. Klima bezeichnet immer das Typische dieser Erscheinungen an einem Ort der Erde. Fasst man nun die Gebiete mit gleichem Klima zusammen, ergeben sich **Klimazonen**. Sie ziehen sich wie Gürtel um die Erde.

Stark vereinfacht lassen sich mithilfe des Gradnetzes auf jeder Erdhalbkugel folgende Klimazonen unterscheiden:

- Dort, wo es das ganze Jahr über kalt ist und der Niederschlag als Schnee fällt, liegen die beiden Polarzonen. Sie werden von den Polarkreisen sowie dem Nord- und Südpol begrenzt.

- Im Bereich des Äquators ist es das ganze Jahr über warm. Es fallen hohe Niederschläge und es gibt keine Jahreszeiten. Hier liegen die Tropen, auch ganzjährig warme Zone genannt. Diese Zone erstreckt sich zwischen nördlichem und südlichem Wendekreis.

- Zwischen der tropischen Zone und den Polarzonen dehnen sich auf jeder Halbkugel die gemäßigten Zonen aus. Dies ist ein Gebiet mit gemäßigten Temperaturen, Jahreszeiten und ganzjährigen Niederschlägen.

Außer diesen drei Zonen gibt es Übergangszonen mit der Vorsilbe „sub".

„Ausgebeulte" Klimazonen

Die Klimazonen folgen nicht wie mit dem Lineal gezogen den Breitenkreisen, sondern sie sind „ausgebeult". Ein Grund dafür ist der Einfluss kalter und warmer Meeresströmungen. Auch die unterschiedliche Verteilung von Land- und Wassermassen sowie die Lage und Höhe der Gebirge beeinflussen die Klimazonen.

Aufgaben

5. Was versteht man unter „Klima" und „Klimazonen"?

☼ 6. Warum verlaufen die Klimazonen nicht genau parallel zu den Breitenkreisen, sondern sind an vielen Stellen „ausgebeult" (Abb. 3)?

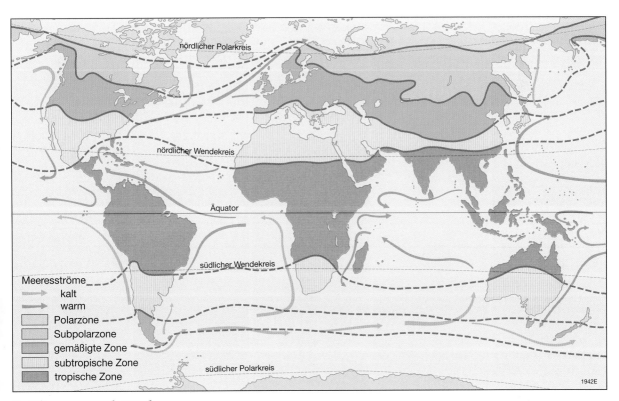

3: Klimazonen der Erde

Die Vegetationszonen

Klimazone		Polarzone (kalte Zone)	Subpolarzone (kalte Zone)	gemäßigte Zone	
Vegetations-zone		polare Kältewüste und Tundra	nördlicher Nadelwald (in Russland Taiga genannt)	sommergrüner Laub- und Mischwald	Steppe
					Grasland
Pflanzendecke					

1943E

1: Das Klima beeinflusst die Pflanzendecke

Klima und Pflanzendecke passen zusammen

Mit den tropischen Regenwäldern verbinden wir eine undurchdringliche Masse an Bäumen, Schlingpflanzen und krautigen Gewächsen. Mit den Wüsten verbinden wir keine Pflanzen und mit der Tundra Moose. Die Pflanzenwelt ist ihrer Klimazone angepasst. So gibt es entsprechend den Klimazonen auch verschiedene **Vegetationszonen** auf der Erde.

2: Pflanzendecke: Was wächst wo?

60

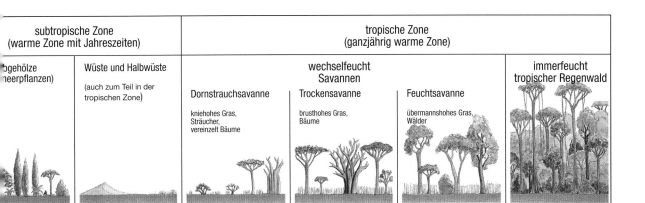

subtropische Zone (warme Zone mit Jahreszeiten)		tropische Zone (ganzjährig warme Zone)			
gehölze meerpflanzen)	Wüste und Halbwüste (auch zum Teil in der tropischen Zone)	wechselfeucht Savannen			immerfeucht tropischer Regenwald
		Dornstrauchsavanne	Trockensavanne	Feuchtsavanne	
		kniehohes Gras, Sträucher, vereinzelt Bäume	brusthohes Gras, Bäume	übermannshohes Gras, Wälder	

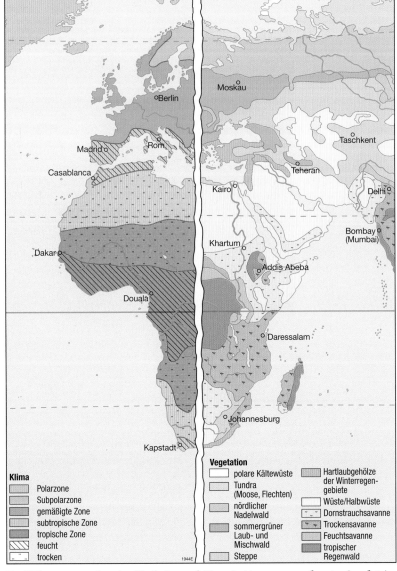

Klima

- Polarzone
- Subpolarzone
- gemäßigte Zone
- subtropische Zone
- tropische Zone
- feucht
- trocken

Vegetation

- polare Kältewüste
- Tundra (Moose, Flechten)
- nördlicher Nadelwald
- sommergrüner Laub- und Mischwald
- Steppe
- Hartlaubgehölze der Winterregengebiete
- Wüste/Halbwüste
- Dornstrauchsavanne
- Trockensavanne
- Feuchtsavanne
- tropischer Regenwald

3: Klimazonenkarte (links) und Vegetationszonenkarte (rechts)

Aufgaben

1. Begründe die Aussage: Klima und Pflanzendecke passen zusammen.

◎ 2. Beschreibe die Veränderung der Pflanzendecke (Vegetation) von der Polarregion bis zum tropischen Regenwald (Abb. 1 und 3).

3. Löse das Rätsel in Abb. 2: Ordne jedem der Fotos a–j die jeweilige Vegetations- und Klimazone mithilfe von Abb. 1 zu.

4. Ermittle, wo sich in Abb. 3 die folgenden Länder befinden (Atlas, Karte: Erde – Staaten): Polen, Griechenland, Finnland, Libyen, Tschad, Botswana. Bestimme
a) in welcher Klimazone und
b) in welcher Vegetationszone diese Länder liegen.

61

Tundra

Das Wort Tundra stammt aus dem Nordteil der Halbinsel Kola. Es leitet sich vom finnischen Wort „tunturi" ab und heißt flache, waldlose Landschaft. Heute verwenden wir den Begriff um die baumfreie bis baumarme Vegetation in der polaren Klimazone zu bezeichnen.

Vereisung und ewig gefrorener Boden

Raue Stürme peitschen den Schnee in Städten wie Norilsk in der Tundra auf und pressen diesen zu einer harten Decke zusammen. Darunter befindet sich ein dauerhaft, bis zu einer Tiefe von 300 Metern gefrorener Boden. Dieser **Dauerfrostboden** taut im Sommer nur an der Oberfläche auf. Die darunter liegende Frostschicht ist hart und lässt kein Schmelzwasser durch.

Die Zahl der Pflanzenarten in der Tundra ist gering, da die Temperatur in nur wenigen Monaten über 5°C steigt. Die **Wachstumszeit** ist für viele Pflanzen zu kurz. Moose, Flechten, Gräser und niedrige Büsche können hier gedeihen.

1: Sibirische Straße im Winter

2: Sibirische Straße im Sommer

3: Gregor Baranow trägt Milch.

„Bei diesen Temperaturen können wir nur sechs Stunden am Tag arbeiten. Immer wieder müssen wir eine Pause einlegen um uns aufzuwärmen. Aber selbst wenn wir noch bei minus 50 °C durchhalten, die Technik macht uns Schwierigkeiten. Die Lastwagen springen nur an, wenn die Motoren nachts mit offenem Feuer warmgehalten werden. Bei der Eiseskälte wird der Stahl so spröde, dass ein einziger Hammerschlag die tonnenschwere Schaufel eines Baggers wie Glas zerspringen lässt.

Im Sommer dagegen, wenn das Thermometer auf 40 °C ansteigt, haben wir ganz andere Probleme. Der tiefgefrorene Boden, der nur an der Oberfläche auftaut, ist dann mit einer dicken Schlammschicht überzogen. Lkws bleiben häufig darin stecken und müssen mit Schleppern herausgezogen werden."

4: Schilderung von Gregor Baranow aus der Tundra

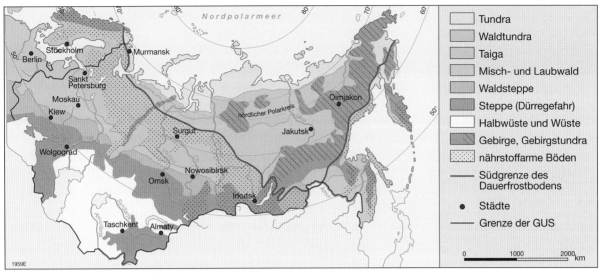

5: Vegetationszonen in Osteuropa und Asien

Der Einfluss der Meere auf das Klima

Das Klima der Tundra ist im Allgemeinen geprägt durch lange, kalte Winter und kurze, warme Sommer. Der Einfluss des Atlantischen Ozeans auf des Klima ist hier kaum mehr vorhanden. Liegt ein Ort nahe am Atlantik, ist es dort im Winter milder und im Sommer kühler als im Inneren des Kontinents Eurasien. Die Temperaturschwankungen in Meeresnähe sind nicht sehr groß, da Wasser ein schlechterer Wärmeleiter ist als Land (siehe Seite 42). Man spricht von einem **ozeanischen Klima** oder auch maritimen Klima. Der Einfluss des Meeres nimmt zum Innern der Kontinente hin ab. Hier sind die Winter länger und kälter und die Sommer wärmer. Es fällt weniger Niederschlag als in Ozeannähe.

Aufgaben

1. Lege die Merkmale der Tundra anhand der Texte dar.

2. Erläutere den Einfluss des Atlantischen Ozeans auf das Klima in Europa und Asien. Verwende dabei die Fachbegriffe.

3. Welche klimabedingten Probleme der Tundra werden in den Texten und den Abbildungen deutlich?

6: Klimadiagramme
▽

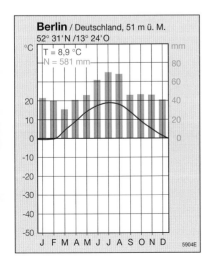

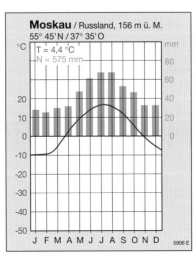

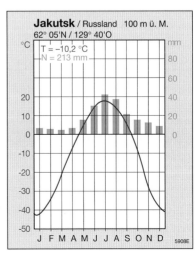

63

1: Der Sahel am Rand der Sahara

Wandern mit Regen- und Trockenzeit

Sahel, „Rettendes Ufer", so werden die Gebiete am Südrand der Sahara bezeichnet, denn dort fallen mehr Niederschläge als im Innern der Wüste. Deshalb können hier in der **Dornstrauchsavanne** Gras und einzelne Sträucher wachsen. Für einen ertragreichen Ackerbau reichen die Niederschläge dennoch nicht aus. Auch eine Bewässerung ist nicht möglich; es gibt kaum Flüsse und Brunnen.

Dieser Raum wird von Völkerstämmen genutzt, die von der Viehzucht leben. Sie können jedoch nie lange an einem Ort verweilen, weil die Rinder, Schafe oder Kamele die spärliche Vegetation schnell abgegrast haben. Daher sind diese Viehhirten mit ihren Herden das ganze Jahr auf Wanderschaft, sie leben mit ihren Familien als **Nomaden**. Die Rezeigat zum Beispiel wissen durch überlieferte Erfahrungen, wann es in bestimmten Gebieten regnet und wann grüne Weideflächen vorhanden sind.

Aufgaben

1. a) Welche Staaten haben Anteil am Sahel (Abb. 1)?
b) Den Namen Sahel prägten Menschen, die mit Handelskarawanen die Sahara durchquerten. Erkläre.

2. Beschreibe die Wanderung der Rezeigat innerhalb eines Jahres. Wie viele Kilometer legen sie ungefähr zurück (Abb. 2)?

3. Erkläre anhand der Niederschlagswerte in Abb. 3 die Veränderung der Regenzeit von Norden nach Süden.

4. Wie unterscheiden sich die drei Formen der Savanne in ihrem Klima, ihrer Vegetation und ihrer Nutzung (Abb. 4, Text)?

5. Erkläre, warum die Nutzung der Gebiete mit weniger als 500 mm Niederschlag durch Nomaden sinnvoll ist.

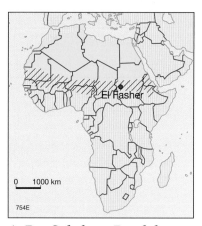

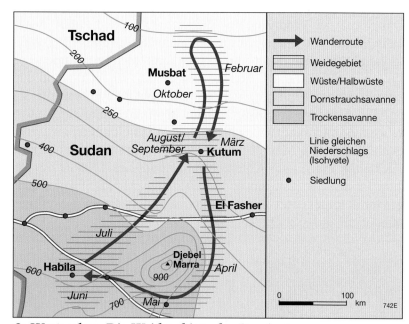

2: Westsudan: Die Weidegebiete der Rezeigat

Station		J	F	M	A	M	J	J	A	S	O	N	D	Jahr
Musbat	N (mm)	0	0	0	0	1	6	47	96	15	5	0	0	170
Kutum	N (mm)	0	0	0	1	9	15	86	172	30	3	0	0	316
Habila	N (mm)	0	0	3	9	20	81	163	160	119	20	0	0	575

3: Jahresgang des Niederschlags im Westsudan

Dornstrauchsavanne	**Trockensavanne**	**Feuchtsavanne**
(Übergangsraum zur Wüste; in Afrika der Sahel)	(Raum zwischen Dornstrauch-savanne und Feuchtsavanne)	(Übergangsraum zum tropischen Regenwald)
Niederschlag im Jahr: 250-500 mm	Niederschlag im Jahr: 500-1100 mm	Niederschlag im Jahr: über 1000 mm
Regenzeit: 2-4 Monate	Regenzeit: 4-6 Monate	Regenzeit: 6-10 Monate
Pflanzen: Dornsträucher/Dorn-bäume (Akazien), an einzelnen Stellen kniehoher Grasbewuchs	Pflanzen: einzelne Bäume (Akazien, Affenbrotbäume), Sträucher, mannshohes Gras	Pflanzen: an Flüssen Wälder, übermannshoher Grasbewuchs

4: Kleine Savannenkunde

Von der Dornstrauch- zur Feuchtsavanne

Die nördlichen Weidegründe der Rezeigat liegen unmittelbar am Rand der Sahara. Regen fällt hier nur in den Monaten Juli bis September. Doch sind zu Beginn und am Ende die Nieder-schläge meist so gering, dass die eigentliche **Regenzeit** höchs-tens sechs Wochen dauert. In dieser Zeit kommt es immer wieder zu starken Regengüssen. Dann dauert es etwa zwei Monate, bis sich die Pflanzen von der Trockenheit erholt haben und neues Gras gewachsen ist.

Nach Süden hin nimmt die Länge der Regenzeit zu. Bei Habi-la dauert sie schon fünf bis sechs Monate und im tropischen Regenwald Zentralafrikas fallen das ganze Jahr über hohe Niederschläge. Dort gibt es keine **Trockenzeit** mehr.

Mit den zunehmenden Niederschlägen verändern sich auch die Vegetation und die Nutzungsmöglichkeiten. In der **Trockensavanne**, in der mehr als 500 Millimeter Niederschlag im Jahr fallen, wachsen schon einzelne Bäume und dichtes Gras und in der **Feuchtsavanne** gibt es über zwei Meter hohes Gras und große Waldflächen.

Mehr als 500 mm Niederschlag im Jahr bedeuten aber auch, dass man Ackerbau betreiben kann ohne bewässern zu müssen. Hier ist man jenseits der Trockengrenze des Regen-feldbaus. Die Bauern können ohne Probleme zum Beispiel Hirse, Mais und Erdnüsse anbauen.

Für die Nomaden heißt das, dass sie in diesen Gebieten wegen des weit verbreiteten Ackerbaus nur noch wenige Weide-flächen vorfinden.

5: Nomaden auf der Wander-schaft

Aufgabe

6. Zeichne Niederschlagsdiagramme nach Abb. 3. Erläutere die Merkmale der drei Stationen. Begründe auch ihre Lage in Wüste, Trocken- und Dorn-strauchsavanne.

Mithilfe einer Faustskizze kann man einen Überblick über einen Erdteil oder ein Land gewinnen. Diese Skizzen sind so vereinfacht, dass sie nur eine ganz grobe Orientierung ermöglichen.

Aufgaben

1. Wie heißen die drei afrikanischen Staaten in Abb. 2 (Atlas)?

2. Zeichne Faustskizzen von folgenden afrikanischen Staaten:
a) D. R. Kongo und Ghana,
b) Kenia und Algerien,
c) Somalia und Sudan (Atlas).

3. Zeichne eine Faustskizze von Südamerika mithilfe des Atlas (Karte: Amerika – physische Übersicht). Überlege vorher, welche geographischen Eintragungen wichtig sind um einen Überblick über den Kontinent zu erhalten.

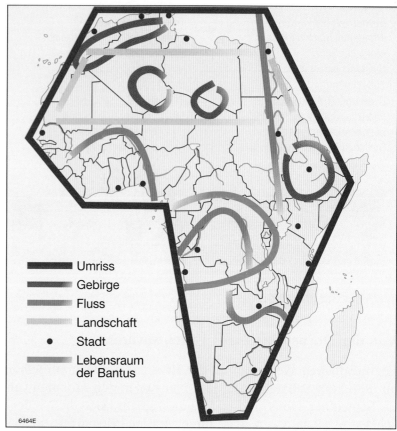

Umriss
Gebirge
Fluss
Landschaft
• Stadt
Lebensraum der Bantus

6464E

1: Faustskizze Afrikas

So fertigst du eine Faustskizze an:

Zeichne zunächst den Umriss (rot), dann wichtige Gebirge (braun), Flüsse (blau), Landschaften (gelb oder grün) und Städte (rot).
Verwende beim Zeichnen des Umrisses möglichst einfache Formen (z.B. Viereck, Dreieck, Kreis, Halbkreis, Oval).

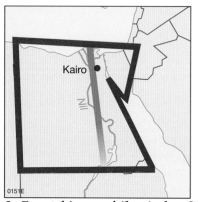
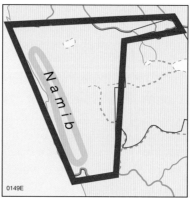

2: Faustskizzen afrikanischer Staaten

**Das Wichtigste
kurz gefasst:**

Temperaturen auf der Erde / Niederschläge auf der Erde

Die unterschiedliche Sonneneinstrahlung auf der Erdoberfläche verursacht verschiedene Temperaturen zwischen den Polargebieten und dem Äquator und eine unterschiedliche Verteilung der Niederschläge.

Die Wasserverdunstung ist am Äquator besonders hoch. Feuchtheiße Luft steigt auf, kühlt sich mit zunehmender Höhe ab, kondensiert und regnet sich ab.

Im Bereich der Wendekreise sinkt die Luft ab und erwärmt sich. Wolken lösen sich auf und es gibt nur sehr geringe Niederschläge. Nördlich und südlich der Wendekreise sorgen Hoch- und Tiefdruckgebiete für Niederschläge und wechselhaftes Wetter.

Die Klimazonen

Temperatur und Niederschlag sind Hauptmerkmale des Klimas. Gebiete mit gleichem Klima werden zu Klimazonen zusammengefasst. Es gibt die Polarzonen, die Subpolarzonen, die gemäßigten Zonen, die subtropischen Zonen und die tropische Zone. Die Klimazonen ziehen sich wie Gürtel um die Erde.

Die Vegetationszonen

Das Klima bestimmt die Pflanzenwelt. Entsprechend der verschiedenen Klimazonen gibt es unterschiedliche Vegetationszonen: Tundra, Taiga, Zone mit Laub- und Mischwald, Hartlaubgehölze, Steppe, Wüste, Savannen und tropischen Regenwald.

Grundbegriffe

Atmosphäre
Wendekreis
Golfstrom
Klimazone
Vegetationszone
☼ Dauerfrostboden
☼ Wachstumszeit
☼ ozeanisches Klima
☼ kontinentales Klima
☼ Dornstrauchsavanne
☼ Nomade
☼ Regenzeit
☼ Trockenzeit
☼ Trockensavanne
☼ Feuchtsavanne

☼ Leben in der Tundra

Das kontinentale Klima bestimmt das Leben in der Tundra. Der Dauerfrostboden taut im Sommer nur an der Oberfläche auf. Da die Wachstumszeit gering ist, können in der Tundra nur Moose, Flechten, Gräser und niedrige Büsche wachsen.

☼ Leben in der Savanne

Trocken- und Regenzeit bestimmen die Vegetation und das Leben der Menschen in den Savannen. Vom Rand der Sahara bis zum Äquator nimmt die Länge der Regenzeit zu.

Die Niederschläge in der Dornstrauchsavanne reichen für einen ertragreichen Ackerbau nicht aus. Die Völkerstämme leben als Nomaden von der Viehzucht. In der Trockensavanne fallen mehr als 500 Millimeter Niederschlag. Hier können Bauern bereits Hirse, Mais und Erdnüsse anbauen.

Die Feuchtsavanne ist der Übergangsraum zum tropischen Regenwald. Hier gibt es über zwei Meter hohes Gras und große Waldflächen.

Die Gemarkungsfläche
Dietzenbachs beträgt 2167 ha;
davon sind:

36,9 %	Waldfläche
26,0 %	Landwirtschaftsfläche
25,5 %	Gebäude- und Freiflächen
9,6 %	Verkehrsflächen
1,0 %	Erholungsfläche
0,4 %	Wasserfläche
0,6 %	sonstige Flächen

*Flächennutzung in
Dietzenbach 2001*

Dietzenbach heute

Das alte Rathaus von 1840 ...

... Es ist heute Veranstaltungsort

Jahr	Einwohner
1900	2 300
1960	6 290
1970	13 600
1980	25 600
1990	30 600
2000	34 800

*Entwicklung der Bevölkerung
in Dietzenbach*

*Dietzenbach
1840*

0   500   1000
m

68

Dietzenbach 1904

Das Wappen der Stadt Dietzenbach

Die „neue Schule" in Dietzenbach

Die heutige Dietrich-Bonhoeffer-Schule

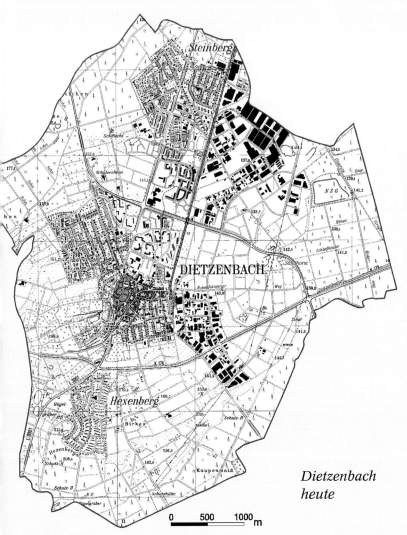

Dietzenbach heute

2208 Dietzenbacher Betriebe wurden registriert; davon sind:

841 private Dienstleistungen
390 Großhandel
358 Einzelhandel
231 Handwerk
151 produzierendes Gewerbe
151 Verkehr/Nachrichtenübermittlung
86 Versicherungs- und Kreditgewerbe

Betriebsstruktur in Dietzenbach 2000

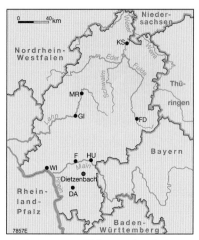

1: Lage von Dietzenbach in Hessen

Aufgaben

1. Welche Merkmale lassen sich aus einer Nutzungskartierung ablesen? Fallen dir weitere ein?

2. Nenne Gründe für den geringen Anteil der öffentlichen Verkehrsmittel am Pendlerstrom in Dietzenbach (Abb. 4).

3. Erkunde deinen Lebensraum anhand eines Aspektes.

Den Wohnort erkunden

Es gibt vielfältige Möglichkeiten, seinen Lebensraum näher zu erkunden. Allerdings ist es sinnvoll, sich nur einen Aspekt auszuwählen. Diese Doppelseite stellt euch zwei untersuchte Gesichtspunkte der Stadt Dietzenbach (Nutzungskartierung und Umfrage) vor und gibt Tipps zu anderen Herangehensweisen für die Erkundung des Lebensraums.

2: Die Babenhäuser Straße in Dietzenbach

Die Nutzungskartierung

Anhand einer Karte, welche die Nutzung einer Straße darstellt, lassen sich vielfältige Einsichten gewinnen. Man kann zum Beispiel das Verhältnis zwischen Wohnen und gewerblicher Nutzung ablesen. In einer kleinen Stadt wohnen meist in der Haupteinkaufsstraße Menschen.

Ebenfalls kann man anhand der Nutzungskarte wirtschaftliche Rückschlüsse ziehen, zum Beispiel auf das Verhältnis zwischen Handel und Dienstleistungen in einer Stadt.

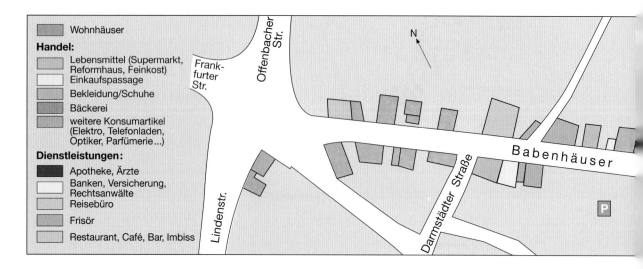

Eine Umfrage machen und auswerten

Im Jahr 2000 waren in Dietzenbach 10 100 Arbeitnehmer beschäftigt. Darunter waren 75 % Einpendler, die nach Dietzenbach zum Arbeiten kamen. Zum gleichen Zeitpunkt waren 13 500 Beschäftige in Dietzenbach registriert, von denen 77 % als Auspendler in andere Städte zum Arbeiten fuhren. Mithilfe einer Umfrage in der Haupteinkaufsstraße sollen die Pendlerströme in Dietzenbach näher untersucht werden.

1. Frage: Wo wohnen Sie?
- ☐ Dietzenbach
- ☐ Offenbach
- ☐ Rodgau
- ☐ Langen
- ☐ andere Stadt, wo: _____

2. Frage: Wo arbeiten Sie?
- ☐ Frankfurt
- ☐ Offenbach
- ☐ Dietzenbach
- ☐ andere Stadt, wo: _____

3. Frage: Mit welchem Verkehrsmittel gelangen Sie zu Ihrem Arbeitsplatz?
- ☐ Öffentliche Verkehrsmittel, welche: _____
- ☐ Pkw
- ☐ anderes Verkehrsmittel, welches: _____

4. Frage: Wenn Pkw, warum nicht mit öffentlichen Verkehrsmitteln?
_____
_____

Vielen Dank!

3: Fragebogen „Pendlerströme in Dietzenbach"

Zwei Ergebnisse der Umfrage:

Zur 3. Frage:
Wahl des Verkehrsmittels:

86 % Pkw
11 % öffentliche Verkehrsmittel (Bus)
 3 % andere Verkehrsmittel (Motorrad, Moped, Fahrrad)

Zu allen vier Fragen:
Orte, die mit öffentlichen Verkehrsmittel von Pendlern aus Dietzenbach erreicht werden:

62 % Frankfurt
34 % Offenbach
 4 % andere Orte (Langen, Rodgau)

Nur mit den Großstädten ist Dietzenbach ausreichend mit öffentlichen Verkehrsmitteln verbunden.

4: Zwei Ergebnisse der Umfrage „Pendlerströme" (100 Pendler wurden befragt)

So kann ich meinen Wohnort erkunden:

Experten-Interview:
- mit Mitgliedern der Stadtverwaltung (Planungsamt, Katasteramt …)
- mit Vertretern von Parteien
- mit Sprechern von Bürgerinitiativen
- mit Vertretern des Gemeinderates oder von Verbänden

Kartierung:
- Lageeintragungen im Stadtplan (z.B. Tankstellen, Kindergärten, Bekleidungsgeschäfte, Ärzte)
- Übertragung von Daten in Stadtteilkarten (z.B. Einwohnerzahlen, Alter der Gebäude)

Fotodokumentation:
- Historische Bauten und ihre Geschichte
- Ein Fotoalbum des Ortes
- Problembereiche des Ortes

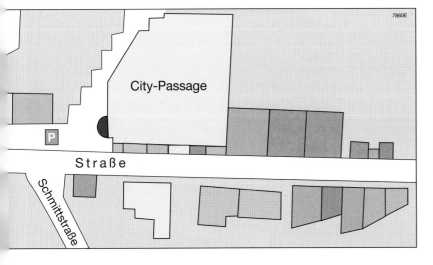

◁ 5: Die Nutzung der Erdgeschosse in der Babenhäuser Straße

Die Hausarbeit – richtig verfasst

Miriam besucht die zehnte Klasse der Realschule in Dietzenbach. Sie muss eine Hausarbeit zu einem Thema im Erdkundeunterricht schreiben. In ihrer Hausarbeit beschäftigt sie sich mit ihrer Heimatstadt Dietzenbach.

Um diese Arbeit nach allgemein gültigen Standards zu verfassen, muss sie die Notizzettel beachten.

Literatursuche

Mit Recherchen in Büchern, im Internet und in Zeitschriften wird das Thema näher kennen gelernt und vielfältig bearbeitet.

Literaturverarbeitung

Um aus der Literatur die wichtigen Informationen zum Thema herauszufiltern, beginnt man mit dem Lesen der entscheidenden Textstellen und schreibt die bedeutendsten Inhalte heraus.

Anordnung der Ergebnisse

Nachdem genügend Material gesammelt wurde und die wichtigsten Informationen herausgearbeitet sind, beginnt man mit der Darstellung der Thematik mit eigenen Worten in Form einer Gliederung. Dabei ist es wichtig, dass der Leser einen guten Überblick über das Thema erhält.

Inhaltsverzeichnis

Das Inhaltsverzeichnis ermöglicht dem Leser einen Überblick über die Thematik zu bekommen. Die Kapitel und Unterkapitel werden mit Seitenangaben genannt. Die Überschriften im Inhaltsverzeichnis müssen formal und inhaltlich mit denen im Text übereinstimmen. Das Inhaltsverzeichnis selbst wird nicht als Kapitel aufgeführt.

Einleitung

In der Einleitung soll die Wahl des Themas begründet werden. Dabei ist auch wichtig, welches Ziel in der Arbeit gesetzt und warum ein Thema eingegrenzt wurde.

Schlussteil

In diesem Teil der Arbeit sollen die wichtigsten Ergebnisse zusammengefasst und auch kritisch betrachtet werden. Dabei kann man die Bedeutung der Arbeit für den Autor und dessen Zukunft erwähnen.

Hauptteil

Der Hauptteil ist der Durchführungsteil, in dem die Ergebnisse dargestellt werden.

Glossar

An dieser Stelle werden Fachbegriffe, die im Textteil verwendet wurden, erklärt.

Literaturverzeichnis

Generell gilt, dass alle verwendeten Texte angegeben werden müssen. Die Literaturangaben ordnet man nach den Nachnamen der Autoren in alphapetischer Reihenfolge:
Nachname, Vorname: Buchtitel, Ort, Erscheinungsjahr.
Werden Informationen aus dem Internet verwendet, muss man die Internet-Seite und das Abrufdatum angeben.

Hinweis zum Zitieren

Jede wörtliche Übernahme aus anderen Werken muss gekennzeichnet und nachprüfbar sein. Wörtliche Zitate werden durch Anführungszeichen hervorgehoben und die verwendete Textstelle in einer Fußnote am unteren Ende der Seite benannt. Diese Fußnote ist aufgebaut wie eine Literaturangabe, zusätzlich muss auch die Seite angegeben werden.

7884E

Hausarbeit im Fach Erdkunde
für die
Abschlussprüfung der Realschule

Die Stadt Dietzenbach

vorgelegt von

Miriam Schön
Musterstraße 8
63128 Dietzenbach

bei
Herrn Müller, Realschule Dietzenbach

1: Beispiel für ein Deckblatt der Arbeit

Inhaltsverzeichnis

2: Beispiel für ein Inhaltsverzeichnis

Auszüge aus Miriams Schlussbetrachtung:

In der vorliegenden Hausarbeit habe ich versucht die Stadt Dietzenbach als eine Stadt mit vielen Gesichtern und Gegensätzen zu charakterisieren.

Dietzenbach wurde geprägt durch die zentrale Lage im Ballungsraum Rhein-Main und ein manchmal zu schnelles Wachstum in der Entwicklung vom Dorf zur Stadt.

Seitdem Dietzenbach 1970 die Stadtrechte erhielt, ist das Leben in Kultur, Politik und Gesellschaft geprägt durch Probleme zwischen traditionellen und fortschrittlichen Ansätzen.

(…)

Dietzenbach bietet heute mehr als 34 000 Menschen eine Heimat, davon stammen rund dreißig Prozent aus über 110 verschiedenen Ländern. In einigen Jahren werden in Dietzenbach voraussichtlich noch einige tausend Menschen mehr leben.

Unterschiedlichste Kulturen prallen hier aufeinander; das führt häufig auch zu Missverständnissen. Doch wer sich um Toleranz bemüht, seinen Mitmenschen offen begegnet und versucht sie zu verstehen, wird in Dietzenbach viel von der Welt lernen können.

Internet-Adressen

www. erdkunde-online.de
www. erdkunde-medien.de
www. geomagazin.net
www. weltalmanach.de

Aufgaben

1. Erläutere, welche wichtigen Informationen ein Deckblatt beinhalten muss.

2. Besprecht in der Gruppe den Aufbau der Hausarbeit anhand des Inhaltsverzeichnisses. Was ist für euch interessant/unwichtig?

3. Informiere dich in diesem Buch, welche Themen sich für eine Hausarbeit mit erdkundlichem Schwerpunkt eignen.

Referat

Der Begriff geht auf das lateinische Wort „referre" zurück. Es bedeutet „überbringen, mitteilen, berichten." Ein Referat ist ein Vortrag zu einem Thema.

Nachdem Miriam ihre Hausarbeit geschrieben hat, trägt sie diese als Referat vor. Dafür hat Miriam sich die wichtigsten Punkte ihrer Arbeit herausgeschrieben und verdeutlicht diese mithilfe von Folien.

3: Miriam beim Referat

Auszüge aus Miriams Referat

Das Thema meines Vortrages lautet: Die Stadt Dietzenbach. Zunächst einmal möchte ich die verschiedenen Gesichter der Stadt Dietzenbach anhand zweier Beispiele von Wohnsituationen verdeutlichen.

Folie 1: In der Altstadt

1: In der Altstadt

Auf dieser Folie sieht man ein Teil eines Hauses der Dietzenbacher Altstadt mit der evangelischen Kirche aus dem Jahr 1754 im Hintergrund. Die Altstadt Dietzenbachs ist gut erhalten und diente bis in die fünfziger Jahre des 20. Jahrhunderts hinein als Wohn- und Lebensmittelpunkt der Stadt.

Als Mitte der 1960er Jahre die Einwohnerzahl der Stadt stark stieg, wurden in Dietzenbach neue Wohn- und Baugebiete erschlossen.

Folie 2: Hochhäuser des Spessartviertels in Dietzenbach

2: Hochhäuser des Spessartviertels

In den siebziger Jahren der 20. Jahrhunderts stieg die Bevölkerung aufgrund des Zuzuges von ausländischen Arbeitnehmern explosionsartig an. Es musste schnell neuer Wohnraum geschaffen werden. Zwischen 1972 und 1974 wurden die markanten Hochhaustürme errichtet, die heute den Namen „Spessartviertel" tragen.

Sieben gute Vortragstipps

- Erstelle eine gegliederte Stichwortliste zu deinem Thema und übe zu Hause das freie Sprechen.
- Blicke dein Publikum beim Sprechen an, nur gelegentlich sollte dein Blick zum Stichwortzettel gehen.
- Signalisiere beim Vortragen durch aufrechte und gerade Körperhaltung, dass du etwas zu sagen hast.
- Gib deinen Zuhörerinnen und Zuhörern Gelegenheit die Struktur deines Vortrags nachzuvollziehen. Du kannst deine Grobgliederung aufschreiben, vor dem Vortrag austeilen und während des Vortrags auf die Punkte verweisen (z. B. Das Thema meines Referates lautet: ..., Mein Vortrag besteht aus folgenden Teilen: ..., Zum Schluss möchte ich noch erwähnen: ...)
- Halte Veranschaulichungsmittel wie Folien, Schemazeichnungen oder Poster für dein Publikum bereit und markiere in deinen Unterlagen die Stellen, an denen du diese im Referat einsetzen willst.
- Füge anschauliche Beispiele zur Verdeutlichung in deine Ausführungen ein.
- Gib den Zuhörinnen und Zuhörern Gelegenheit zum Nachfragen.

Aufgaben

1. Beschreibe, was bei einem Referat wichtig ist.

2. Miriam hat für die Präsentation ihrer Hausarbeit das Referat gewählt. Welche Präsentationsformen hätte sie noch wählen können?

Wandplakat anfertigen

Zu einem Referatsthema können die wichtigsten Inhalte in Form von Bildern, Zeichnungen und kurzen Texten auf einem Plakat festgehalten werden. Das Wandplakat ist interessant für die Zuhörer und es ermöglicht dem Vortragenden sich frei zu äußern, ohne sich ununterbrochen an der Textvorlage zu orientieren.

Fotoreportage präsentieren

Der Inhalt einer Arbeit kann als Fotoreportage dargestellt und erläutert werden. Fotos verdeutlichen ein Thema sehr anschaulich.

Präsentation mit Power-Point

Wer in der Schule die Möglichkeit hat, der kann seinen Vortrag mithilfe des Computerprogramms „PowerPoint" aufbereiten und dann an einer Großbildleinwand präsentieren. Die Arbeit mit dem Computer macht Spaß und ist interessant für die Zuhörer.

Video drehen

Um eine Thematik zu verdeutlichen kann ein Video gedreht werden. Sowohl echte als auch nachgestellte Szenen sind hier erlaubt.

Experiment durchführen

Ein Problem innerhalb eines Themas lässt sich durch ein Experiment oft sehr gut verdeutlichen.

4: Weitere Präsentationsformen

Ausheben eines Bewässerungsgrabens in Peru

Auf der Erde leben derzeit etwa sechs Milliarden Menschen. Würden alle Menschen leben wie wir, dann wäre die Erde in wenigen Jahrzehnten ökologisch kaputt, geplündert und vergiftet. Unser hoher Lebensstandard ist überhaupt nur möglich, weil er den meisten Menschen auf der Welt vorenthalten bleibt.

Noch während wir schlafen, umsorgen uns lautlos Maschinen. Der Kühlschrank, der Boiler im Bad, die Ölheizung, der elektrische Wecker. Wenn wir unsere Haare föhnen, haben wir schon zwei Kilowattstunden Strom und einen Viertelliter Heizöl verbraucht. Das entspricht einer Energiemenge von 20 000 Kilojoule – mehr als eine achtköpfige indische Landfamilie während eines ganzen Tages benötigt.

Der Wohlstand bei uns kann nur steigen, wenn die Wirtschaft wächst. Und Wachstum in einer Überflussgesellschaft bedeutet immer mehr Güter zu produzieren – so lange jedenfalls, wie die Rohstoffe für dieses Produktionskarussell auf dem Weltmarkt unter Wert zu haben sind.

(Nach R. Klingholz. In: Geo, Heft 1, 1991, S. 29 – 38)

1: Unser maßloser Alltag

---

i

Dritte Welt – Eine Welt

Der Begriff Dritte Welt geht auf eine alte Einteilung der Erde in drei Welten zurück.

Die Erste Welt bilden die reichen Industrieländer.

Als Zweite Welt bezeichnete man früher die ehemaligen kommunistischen Länder in Osteuropa.

Die Länder der Dritten Welt sind die so genannten Entwicklungsländer.

Wir alle jedoch leben in der Einen Welt und sollen uns mitverantwortlich fühlen für die Zukunft unserer Erde.

Arme Länder – reiche Länder

Fast ein Drittel der Weltbevölkerung lebt unterhalb der Armutsgrenze. Das heißt, dass etwa zwei Milliarden Menschen kein menschenwürdiges Dasein führen können. Sie haben zu wenig Geld um sich ausreichend zu ernähren und sich vernünftig zu kleiden. Die meisten dieser Menschen leben in den **Entwicklungsländern**, auch Dritte Welt genannt. Das sind Staaten mit einer geringen Wirtschaftskraft. Dies wird am niedrigen **Bruttoinlandsprodukt (BIP)** pro Einwohner in diesen Ländern deutlich. In den **Industrieländern** wie Deutschland ist das BIP pro Einwohner deutlich höher. Der überwiegende Teil der Bevölkerung arbeitet in der Industrie oder im Bereich der Dienstleistungen: in Büros, Banken, Versicherun-

---

UNO-Report:
Kluft zwischen Arm und Reich wird immer größer

Der Reichtum von weltweit 358 Milliardären ist größer als das Gesamteinkommen der 2,3 Milliarden Einwohner der ärmsten Länder der Erde.

2: Aus dem UNO-Report

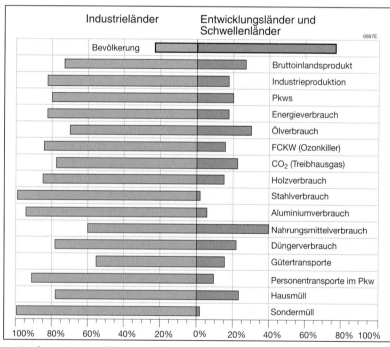

3: Industrie- und Entwicklungsländer im Vergleich

4: Arbeiten im informellen Sektor in Guatemala und Ägypten

Aufgaben

1 Nenne Beispiele für die Verbreitung von Armut in den Entwicklungsländern.

2 Überlege, welche Auswirkungen der informelle Sektor auf die Wirtschaft der Entwicklungsländer hat (Abb. 4).

3 Unser maßloser Alltag! Nimm Stellung (Abb. 1).

◉ **4** In den Industrie- und Entwicklungs- und Schwellenländern gibt es gewaltige Unterschiede zwischen Arm und Reich. Erläutere (Abb. 2, Abb. 3).

gen usw. Neben den Industrie- und Entwicklungsländern gibt es so genannte **Schwellenländer**, die sich im Übergang von den Entwicklungs- zu den Industrieländern befinden.

Doch alle Zahlen über die Wirtschaftskraft eines Landes sagen wenig darüber aus, wie es den Menschen wirklich geht. Denn gerade in den Entwicklungsländern gibt es zum einen gewaltige Unterschiede zwischen Arm und Reich und zum anderen sind alle Tätigkeiten, für die keine Steuern bezahlt werden, nicht im BIP erfasst.

In der indischen Hauptstadt Delhi arbeiten etwa 1,5 Millionen Menschen in der „Schattenwirtschaft", auch **informeller Sektor** genannt. Das sind etwa 60 Prozent aller Erwerbstätigen. Sie verdienen ihren Lebensunterhalt zum Beispiel als Straßenhändler, Haushaltshilfen, Boten, Schuhputzer. Sie haben keinen Arbeitsvertrag, keinen Versicherungsschutz und zahlen keine Steuern.

Bruttoinlandsprodukt (BIP)

Kennzeichen der Wirtschaftskraft eines Landes ist das Bruttoinlandsprodukt (BIP). Dieser Wert dient zur Bestimmung von Armut und Reichtum der Länder der Erde. Er ist ein Durchschnittswert.

Um das Bruttoinlandsprodukt eines Staates zu bestimmen berechnet man den Wert aller erzeugten Güter und Dienstleistungen eines Jahres in US-Dollar. Deutschland erwirtschaftete 2000 zum Beispiel ein Bruttoinlandsprodukt von 2000 Mrd. US-Dollar. Um zu berechnen wie viel jeder Einwohner erwirtschaftet hat, teilt man das BIP des Landes durch die Einwohnerzahl. So erhält man das BIP/Einwohner.

Staat	Stadt	Land
Argentinien	15 %	20 %
Brasilien	38 %	66 %
Peru	52 %	72 %
Bolivien	ohne Angabe	86 %
Haiti	56 %	80 %
Indien	38 %	49 %
Philippinen	40 %	54 %

5: Anteil der Menschen, die unterhalb der Armutsgrenze leben (in ausgewählten Ländern)

1: Lage von Peru

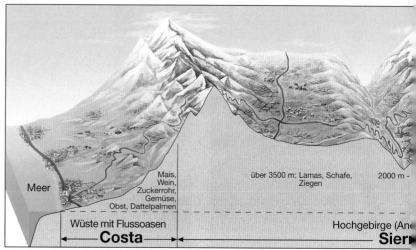

Meer

Mais,
Wein,
Zuckerrohr,
Gemüse,
Obst, Dattelpalmen

über 3500 m: Lamas, Schafe,
Ziegen

2000 m –

Wüste mit Flussoasen
Costa

Hochgebirge (An⟨
Sier⟩

2: Der Naturraum Perus

Der Naturraum

Wenn man von Lima aus in den Osten Perus fährt, kommt man durch die drei Großlandschaften: Wüste, Hochgebirge und tropischer Regenwald. Hier der Bericht einer deutschen Touristin, die Peru mit Eisenbahn und Bus bereiste:

3: Bahnstation in der Sierra

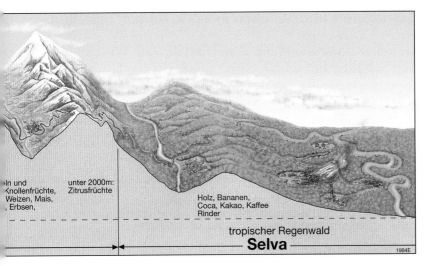

In und
Knollenfrüchte,
Weizen, Mais,
, Erbsen,

unter 2000m:
Zitrusfrüchte

Holz, Bananen,
Coca, Kakao, Kaffee
Rinder

tropischer Regenwald
Selva

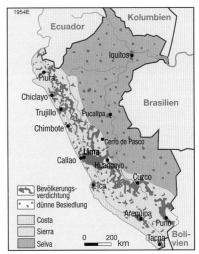

5: *Bevölkerungsverteilung in Peru*

Ort (Landschaft, Höhe)	Lima (Costa, 128 m)	Cuzco (Sierra, 3416 m)	Iquitos (Selva, 108 m)
Jahresniederschlag (mm)	13	750	2845
Januartemperaturen (° C)	22	16	27
Julitemperaturen (° C)	15	15	26

4: *Niederschläge und Temperaturen*

„Bald hinter Lima beginnt die Wüste. Die Landschaft hier wird Costa genannt. Rechts und links, soweit das Auge reicht, kein Baum, kein Strauch, nur Sand. Mitten im Sand stehen ein paar einfache Hütten, die mit Wellblech oder Stroh gedeckt sind. Der Zug folgt einem breiten Flusstal in Richtung der Anden. Wir sehen in der Wüste grüne Felder, auf denen Mais, Obst und Gemüse angebaut werden. In diesen Flussoasen betreiben die Bauern Bewässerungsfeldbau.

Nun beginnen die ersten Steigungen. In vielen Windungen kriecht der Zug nach oben in die Anden hinein. Diese Landschaft heißt Sierra. An den steilen Berghängen arbeiten Bauern auf den Feldern, hoch oben weiden Lama-Herden. Auf 3000 Meter Höhe steigt ein Arzt mit einem Sauerstoffgerät zu. Die Luft wird hier so dünn, dass Fahrgäste aus dem Tiefland schon einmal ohnmächtig werden. Die Indianer, die hier seit Jahrtausenden leben, haben sich an die dünne Luft gewöhnt. In Cerro de Pasco endet die Eisenbahn.

Mit dem Bus fahren wir weiter hinab in das tropische Tiefland, die Selva. Hier gibt es ausgedehnte Kaffee- und Kakaoplantagen. Auf versteckten Feldern wird Coca angebaut, der Grundstoff des Rauschgiftes Kokain. Nach zehn Stunden Fahrt, oft auf schlammiger Piste, sind wir in Pucallpa. Die Bauern in der Umgebung bauen Bananen, Apfelsinen und Gemüse an."

Aufgaben

1. Lege eine Tabelle an zu den drei Großlandschaften Perus und schreibe Stichworte zu folgenden Punkten:
a) Landschaft (Höhenlage, Pflanzen, Flüsse, Gebirge) (Abb. 2).
b) Klima (Niederschläge und Temperaturen) (Abb. 4).
c) Bevölkerung (Abb. 5). Wo leben viele, wo wenige Menschen?
d) landwirtschaftliche Nutzung (Text und Abb. 2).

✪ **2.** Welche Bodenschätze gibt es in Peru (Atlas, Karte: Amerika – Bergbau/Industrie)?

3. Betrachte Abb. 3. Beschreibe die Bahnstation mit den Menschen in der Sierra. Was ist anders als auf einem Bahnhof, den du kennst?

81

1: Maria mit ihren Geschwistern

Maria, ein Indiomädchen aus den Anden, berichtet:

„Ich heiße Maria und bin dreizehn Jahre alt. Wir wohnen auf einem Bauernhof in den Anden, in der Nähe von Cuzco. Ich habe noch zwei jüngere Geschwister. Voriges Jahr ist mein Bruder Paolo an Durchfall gestorben. Er war noch keine fünf Jahre alt. Oft muss ich meinen Eltern auf dem Hof helfen. Deshalb kann ich nicht an allen Tagen in die Schule gehen. Dreimal in der Woche hüte ich unsere Herde: vier Schafe und zwei Lamas. Die Weiden sind manchmal so weit weg, dass ich nicht zum Unterricht gehen kann.

Ich stehe morgens um fünf Uhr auf um die Hühner zu füttern und die Eier einzusammeln. Dann hole ich am Bach Wasser – das dauert eine halbe Stunde. Zum Frühstück gibt es warmen Maisbrei. Zwei- bis dreimal im Jahr essen wir Fleisch; darauf freuen wir uns dann alle sehr. Wenn ich nicht die Tiere hüten muss, gehe ich von 8.00 Uhr bis 16.00 Uhr in die Schule. Die Schule gibt es erst seit zwei Jahren. Meine Eltern können weder lesen noch schreiben. Sie verstehen auch kein Spanisch. Sie sprechen nur Quechua, unsere Sprache. Oft sagt mein Vater, dass er nicht weiß, wie er uns mit dem kleinen Bauernhof durchbringen soll; aber es gibt ja hier keine andere Arbeit. Daher wollen meine Eltern bald nach Lima ziehen."

Aufgaben

1. a) Beschreibe das Leben von Maria und vergleiche es mit deinem.
b) Warum wollen Marias Eltern nach Lima ziehen?

2. Frau Herera wohnt im Stadtteil Villa el Salvador in Lima.
a) Wie weit ist es bis zum Stadtzentrum (Abb. 3)?
b) Wie lange braucht Frau Herera mit dem Bus in die Stadt (er fährt 20 km in der Stunde)?

☼ **3.** Frau Herera ist vor zehn Jahren aus den Anden nach Lima gezogen. Meinst du, dass sich ihre Hoffnungen erfüllt haben? Begründe deine Aussage.

2: Bauernhof in den Anden – die Heimat von Maria

Julia Herera, eine Mutter aus Lima, berichtet:

„Ich heiße Julia Herera und bin 42 Jahre alt. Wir sind vor zehn Jahren mit vielen anderen Familien aus den Anden nach Lima gekommen. Die Hütten hier haben wir alle selber gebaut. Das war zwar verboten, aber was sollten wir machen? Inzwischen wohnen in unserer **Hüttensiedlung** Villa el Salvador 270 000 Menschen. Früher haben die Behörden unsere Hütten wieder abgerissen um uns zu vertreiben. Aber wir haben immer wieder neue Hütten gebaut. Jetzt dürfen wir bleiben. Sie haben angefangen Stromleitungen zu legen und die Wege zu befestigen. Sie nennen unsere Hüttensiedlungen „Junge Dörfer".
Meine Hütte ist vier mal vier Meter groß. Hier lebe, schlafe und esse ich mit meinen sieben Kindern. Mein Mann ist vor zwei Jahren an Cholera gestorben, wie viele in der Nachbarschaft. Er hatte unsauberes Flusswasser getrunken. Wasserleitungen gibt es hier nicht. Seitdem koche ich das Wasser für die Mahlzeiten immer ab. Dazu brauche ich Brennstoff und der kostet Geld. Außer meiner kleinsten Tochter müssen alle Kinder arbeiten. Sie verkaufen Bonbons, Kaugummis und Zigaretten in den Straßen von Lima. Ich wollte eigentlich, dass meine Kinder die Schule besuchen, aber dazu fehlt das Geld."

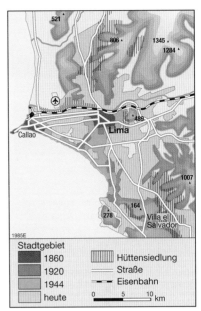

3: *Lima wächst*

4: *Frau Herera in ihrer Hütte in Lima*

Landflucht und Städtewachstum

Die Bauern in den ländlichen Gebieten erhalten nur wenig Geld für die Nahrungsmittel, die sie auf dem Markt verkaufen. Lebenswichtige Waren, wie Stoffe, Streichhölzer oder Kerzen, werden dagegen von Tag zu Tag teurer. Vor allem auf den Wochenmärkten hören die Menschen Erzählungen über große Städte, insbesondere über die Hauptstadt Lima. Hier ballen sich Industriebetriebe, Geschäfte, Behörden, Kinos und Restaurants. Von dem erhofften „Schlaraffenland Großstadt" werden die Bewohner auf dem Land angezogen. Jährlich wandern Zehntausende in die Städte ab. Diese **Landflucht** hat zur Folge, dass die Städte immer größer werden. Das **Städtewachstum** nimmt zu. Lima ist seit 1950 um mehr als sieben Millionen Einwohner gewachsen und hat heute mehr als zwölf Millionen Einwohner.

Doch die Hoffnungen der Zuwanderer erfüllen sich selten. Selbst in Lima gibt es nicht genügend Arbeitsplätze und vor allem zu wenig Wohnraum. Deshalb bauen sich viele Menschen vor der Stadt Hütten aus Strohmatten und Wellblech. So haben sich große Stadtteile entwickelt, in denen es weder fließendes Wasser noch Toiletten gibt. Krankheiten können sich ausbreiten. Die Siedlungen werden von Tag zu Tag größer.

Aufgaben

1. Erläutere den Zusammenhang zwischen den Lebensbedingungen im ländlichen Raum und den Umzügen.

2. Beschreibe, wie es zu der Entstehung von Hüttensiedlungen kommt.

3. Betrachte die Karte (Abb. 1).
a) Bei der Entwicklung der Lebensbedingungen in Peru wurden viele Gesichtspunkte berücksichtigt. Welche hältst du für besonders wichtig?
✿ b) Erläutere den Zusammenhang zwischen den Lebensbedingungen in den verschiedenen Großlandschaften Perus und den Umzügen.

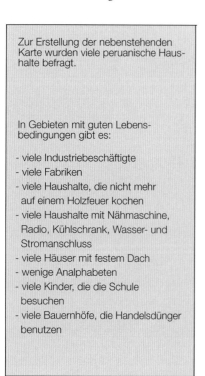

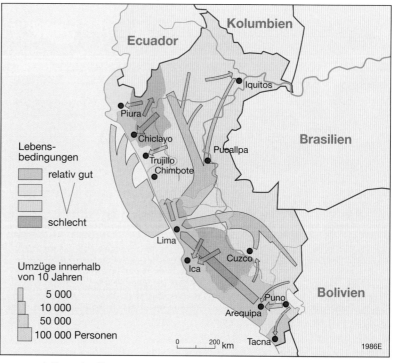

1: Entwicklungsstand und Wanderungsströme in Peru

Leben auf Kosten anderer

Peru verfügt nur über wenige eigene Industrien. Das Land liefert vorwiegend Rohstoffe für den Weltmarkt, wie zum Beispiel Zinkerz und Kupfererz. Fast alle Industriewaren müssen aus den Industrieländern importiert werden.

Dies bringt große Probleme mit sich: Die Preise für Rohstoffe sind in den letzten Jahren gesunken. Selbst das Öl wurde billiger. Dagegen stiegen die Preise für Industriewaren, wie Maschinen, Autos und Elektrogeräte, stetig an. Peru aber braucht Industriegüter, damit es seine Entwicklung vorantreiben kann. So musste das Land bei den Industrieländern Schulden machen um die dringend benötigten Industriegüter kaufen zu können. Nicht nur Peru, auch andere Länder der Dritten Welt halten diese Entwicklung der so genannten **Terms of Trade** für ungerecht. Sie sagen: „Die Industrieländer leben auf unsere Kosten."

Forderungen der „Entwicklungsländer":

- Anpassung der Preise für Rohstoffe an jene für Industriewaren
- Aufbau eigener Industrien
- eigene Herstellung von Industriewaren
- Abbau von Zöllen für die eigenen Produkte im Ausland

2: Möglichkeiten zur Verbesserung der Situation

Uralte Rechnung aufgemacht

LA PAZ: Nachdem der Spanier Francisco Pizarro ab 1532 die heutigen Staaten Peru und Boliven erobert hatte, schafften die Spanier bis zum Jahr 1800 etwa 3840 Tonnen Gold nach Spanien. Die beiden Länder wurden ausgebeutet und haben dann über Jahrhunderte hinweg nur Armut gekannt, obwohl sie reich an Bodenschätzen sind. Der Ingenieur Dante Gumiel hat ausgerechnet, dass Spanien den beiden Staaten dafür die stattliche Summe von 384 Milliarden Dollar schuldet. Er hat die Regierung in Madrid nun aufgefordert ihre historische Schuld im Namen der Gerechtigkeit zu begleichen.

(nach einem Zeitungsbericht)

4

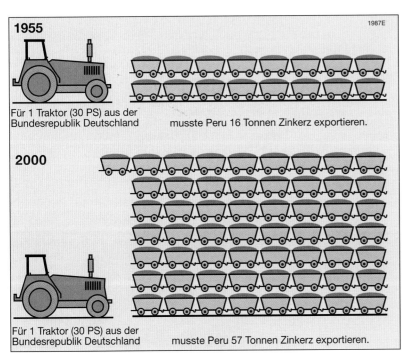

3: Preise für Rohstoffe und Fertigwaren

Aufgaben

4. a) Beschreibe die Entwicklung der Preise für Rohstoffe und Industriewaren (Abb. 3).
b) Welche Folgen hat diese Entwicklung für ein Land, das seine Landwirtschaft mechanisieren will?

5. Erläutere die vier Forderungen, mit denen die Entwicklungsländer Ungerechtigkeiten beim „internationalen Warenaustausch" verhindern wollen (Abb. 2).

6. Der Ingenieur Dante Gumiel hat eine „uralte Rechnung" aufgemacht (Abb. 4). Hältst du sie für richtig? Begründe deine Auffassung.

Maßnahmen der Bundesregierung zum „Wasserbauprojekt Arequipa"

- Bau einer Anlage zur Wasserentnahme aus dem Fluss Chili
- Lieferung und Verlegung einer 2,2 km langen Hauptwasserleitung
- Erweiterung der Anlage für die Wasseraufbereitung im Wasserwerk La Tomilla
- Reparatur und Erweiterung von vier Pumpstationen und Neubau von vier Pumpstationen
- Bau von zehn Hochbehältern mit einem Speichervermögen von 6500 m^3
- Lieferung und Verlegung von Verteilungsleitungen aus Zement über 51 km

1

Öffentliche Wasserzapfstellen – ein Problem

Pedro (16) berichtet aus einem „Jungen Dorf": „Meine Mutter schickt mich jeden Morgen zu der öffentlichen Zapfstelle am Ende der Straße. Da hole ich in zwei Plastikeimern das Wasser, das wir den Tag über brauchen. Meistens ist der Wasserdruck sehr schwach. Dann kann es zehn Minuten dauern, bis ein Eimer voll ist. An das Schlangestehen und das Warten, bis der Wasserdruck stärker wird, habe ich mich schon gewöhnt. Letzte Woche war es ganz schlimm. Da kam überhaupt kein Wasser: Ein Leck war in der Leitung. Dafür kam dann der Tankwagen. Meine Eltern haben mir strikt verboten das Wasser an der Zapfstelle zu trinken. Die trübe Brühe ist voll von Krankheitserregern. Das Wasser muss erst abgekocht werden."

2

Wasser für Arequipa

Arequipa ist mit derzeit 680 000 Einwohnern nach der Hauptstadt Lima die zweitgrößte Stadt Perus. Bis zum Jahr 2010 rechnet die Stadtverwaltung mit einer Bevölkerung von 1,3 Millionen. Immer größere Hüttensiedlungen entstehen. Die meisten Hütten haben keinen eigenen Wasseranschluss.

In dieser Situation wandte sich Anfang der achtziger Jahre das Land Peru an die Bundesrepublik Deutschland und bat um Unterstützung. Die Bundesregierung stellte einen Kredit für ein Großprojekt zur Verfügung. Außerdem finanzierte sie technische Berater aus Deutschland, die in Arequipa mit peruanischen Ingenieuren zusammenarbeiten.

Bericht eines Ingenieurs auf der Baustelle

„Als erstes machten wir eine Bestandsaufnahme. Wir stellten fest, dass die Grundwasservorräte sehr gering sind und wir auf Wasser aus dem Fluss Chili zurückgreifen müssen. Dieser Fluss kommt aus den Anden. In über 4000 Meter Höhe regnet es sehr viel. Wir entnehmen Wasser an einem Staudamm und leiten es zum Wasserwerk La Tomilla. Hier wird es gereinigt und dann auf die Stadtbezirke verteilt. Dazu mussten wir ein Verteilernetz sowie Pumpstationen und Hochbehälter errichten. Diese Arbeiten sind im Wesentlichen abgeschlossen. Jetzt müssen wir eine Kläranlage bauen, denn im Augenblick fließen fast alle Abwässer ungeklärt in den Chili."

3

4: „Junges Dorf" am Rand von Arequipa

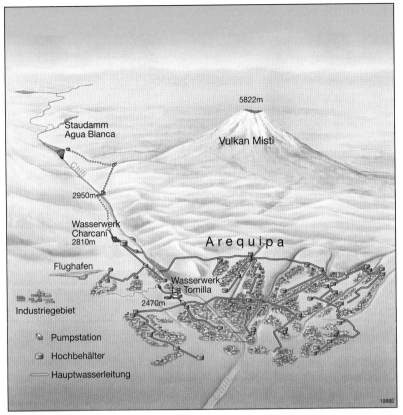

5: Netz der geplanten Wasserversorgung

i Entwicklungszusammenarbeit

Entwicklungszusammenarbeit umfasst alle Maßnahmen zur Unterstützung des wirtschaftlichen Wachstums und der sozialen Entwicklung in den Ländern der Dritten Welt. Früher sprach man auch von „Entwicklungshilfe".

Entwicklungszusammenarbeit soll dagegen verdeutlichen, dass eine nachhaltige Entwicklung nur durch *gemeinsame* Anstrengungen erfolgen kann.

Entscheidend für den Erfolg ist, ob hierdurch:

a) die Lebensbedingungen der Menschen verbessert werden und

b) die Menschen in der Lage sind einmal begonnene Projekte selbstständig weiterzuführen.

Menschen benötigen zum Leben:

Nahrung

Unterkunft

ärztliche Versorgung

Trinkwasser

Kleidung

Arbeit

Bildung

Entwicklung heißt heute nicht mehr und nicht weniger als die Befriedigung der Grundbedürfnisse aller Menschen

(aus Unterrichtsmaterialien für Entwicklungszusammenarbeit der Deutschen Stiftung für internationale Entwicklung)

1989E

6: Die wichtigsten Grundbedürfnisse des Menschen

Aufgaben

1. In welcher der drei Großlandschaften Perus liegt Arequipa – in der Costa, der Sierra oder der Selva (S. 80/81)?

2. Beschreibe, inwieweit die Grundbedürfnisse der einzelnen Menschen (Abb. 6) befriedigt werden:
a) in einem reichen Industrieland,
b) in einem armen Land der Dritten Welt.

3. Erläutere den Begriff „Entwicklungszusammenarbeit".

4. Betrachte Abb. 4. Welche Grundbedürfnisse der Menschen (Abb. 6) sind deiner Meinung nach hier nicht befriedigt?

✿ 5. Beschreibe und beurteile das Projekt der Entwicklungszusammenarbeit „Wasser für Arequipa" zwischen Peru und der Bundesregierung.

So muss die Hilfe für die Indios aussehen!

... nein, so!

Nein so nicht, aber so!

Die Suche nach dem richtigen Weg

Der richtige Weg zur Überwindung der Unterentwicklung ist heiß umstritten. Es gibt zahlreiche **Entwicklungsstrategien**, von denen hier einige zusammengestellt sind. Sie werden von den Entwicklungsländern in unterschiedlichen Kombinationen angewendet.

Strategie: Grundbedürfnisbefriedigung

Ziel aller Entwicklungsstrategien soll sein, dass möglichst alle Menschen ihre Grundbedürfnisse decken können. Dazu muss zunächst direkt bei den Menschen angesetzt werden: Es müssen Bildungseinrichtungen geschaffen und die medizinische sowie die Versorgung mit Nahrungsmitteln verbessert werden. Nur gesunde und gebildete Arbeitskräfte können auch die wirtschaftliche Entwicklung eines Landes vorantreiben.

Strategie: Entwicklung der Wirtschaft

Die Entwicklung der Wirtschaft, vor allem der Aufbau von Industrie und Tourismus, soll mit allen Mitteln gefördert werden. Dazu kann man kurzfristig auch Auslandsverschuldung und Umweltverschmutzung in Kauf nehmen. Ist der Wirtschaftsmotor erst einmal angesprungen, geben die Steuereinnahmen die Möglichkeit die Schulden zurückzuzahlen und sich um die Umwelt zu kümmern. Außerdem sind dann so viele Arbeitsplätze geschaffen, dass auch die Befriedigung der Grundbedürfnisse gesichert werden kann.

Strategie: Autozentrierte Entwicklung (Entwicklung nach innen / Self-reliance)

Die Entwicklungsländer sollten nicht weiter billige Rohstoffe für den Export in die Industrieländer produzieren. Es gilt, sich auf die eigenen Kräfte zu besinnen. Zunächst muss die eigene Landwirtschaft gefördert werden um vor allem den Binnenmarkt zu versorgen. Die Industrie sollte so aufgebaut werden, dass sie zunächst vor allem Güter herstellt, die die Bedürfnisse breiter Bevölkerungsschichten im Land befriedigen (also keine Luxusgüter). Dabei kann in Kauf genommen werden, dass sich das Land zunächst so weit wie möglich vom Weltmarkt zurückzieht und Importe und Exporte auf das Nötigste beschränkt. Ziel sollte die Grundbedürfnisbefriedigung aller, möglichst auf Grundlage eigener Rohstoffe und Technologien, sein. Entwicklungshilfe ist nur dann anzunehmen, wenn sie auch in dieses Konzept passt. Diese Strategie wurde lange Zeit zum Beispiel von Tansania und China verfolgt.

Bei der Anwendung jeder dieser Strategien gibt es Gründe, die dafür, aber auch solche, die dagegen sprechen.
Deshalb gilt es, für einen bestimmten Raum mit seinen Problemen die beste Strategie bzw. die beste Kombination verschiedener Strategien herauszufinden.

Strategie: Entwicklungshilfe – aber nur unter bestimmten Bedingungen

1. Hilfe zur Selbsthilfe
Die Industrieländer sollen die Menschen in den Entwicklungsländern in die Lage versetzen sich selbst zu helfen und sich von fremder Hilfe unabhängig zu machen, das heißt Hilfe zur Selbsthilfe zu leisten. Dazu erhalten die Entwicklungsländer im Rahmen der Entwicklungshilfe je nach Bedarf finanzielle, personelle oder technische Unterstützung.

2. Angepasste Technologien
Die in den Entwicklungsprojekten verwendete Technik soll so beschaffen sein, dass sie von den Menschen im Partnerland ohne fremde Hilfe eingesetzt und gewartet werden kann sowie den örtlichen Bedingungen gerecht wird (angepasste Technologie).

3. Nachhaltige Entwicklung
Mit den Entwicklungsprojekten sollen vor allem langfristige und lang während Erfolge, also eine nachhaltige Entwicklung, erreicht werden. Das heißt auch, dass zum Beispiel auf die Umweltverträglichkeit der Projekte geachtet werden muss.

4. Zusammenarbeit mit den Partnerländern
Alle Maßnahmen der Entwicklungshilfe müssen genau mit der Regierung und den Organisationen in den Entwicklungsländern abgesprochen werden (Entwicklungszusammenarbeit).

ENTWICKLUNGSHILFE MODELL A

Strategie: Änderungen im Welthandel

Da die bestehende Form des Welthandels und die Terms of Trade die Industrieländer bevorteilen, ist eine tief greifende Änderung der Handelsbeziehungen die Basis jeder weiteren Entwicklung. Als Kernpunkt beinhaltet sie den Abbau der Zollschranken und gerechte Preise für die Waren (Rohstoffe) der Entwicklungsländer. Dies könnte zum Beispiel durch eine Koppelung der Preise für Rohstoffe an die für Fertigwaren geschehen.

ENTWICKLUNGSHILFE MODELL B!

Strategie: Integration in den Weltmarkt

Das Entwicklungsland sollte die Nachfrage auf dem Weltmarkt zu seiner eigenen Entwicklung nutzen. Es sollte die Bereiche entwickeln, in denen es Standortvorteile hat: z. B. Produktion von knappen landwirtschaftlichen und bergbaulichen Rohstoffen oder Aufbau intensiver Industrien bei niedrigen Arbeitslöhnen. Es ist allerdings zu beachten, dass die Nachfrage auf dem Weltmarkt schwankt.

Aufgaben

1. Stelle Vor- und die Nachteile der verschiedenen Strategien gegenüber.

2. Was muss berücksichtigt werden, wenn man sich für eine Strategie entscheidet?

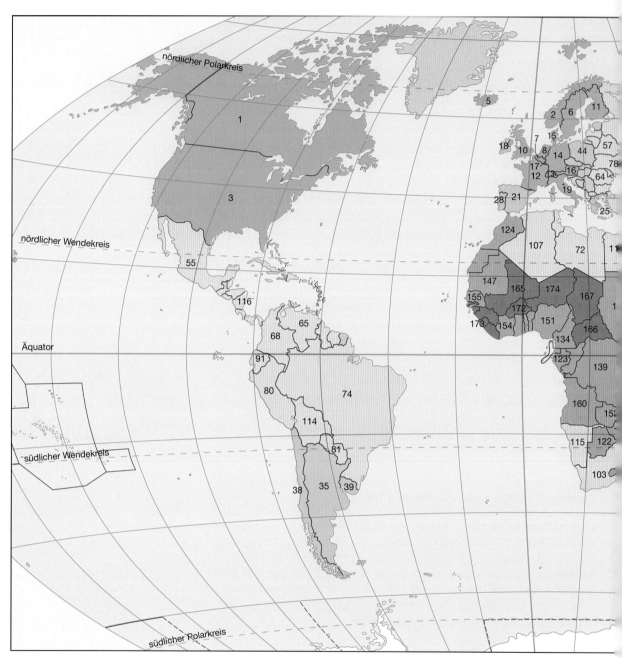

1: Die Länder der Erde nach ihrem Entwicklungsstand 1998

UN-Bericht über den Entwicklungsstand

Die **Vereinten Nationen** bestimmen den Entwicklungsstand aller Länder der Erde. Dazu untersuchen sie vor allem die Lebenserwartung der Bevölkerung, den Anteil der Analphabeten und das Bruttoinlandsprodukt (BIP) pro Einwohner. Auf der Grundlage dieser Werte entsteht die Weltkarte über den Entwicklungsstand.

Aufgabe

1. Nenne aus jeder der fünf in Abb. 1 dargestellten Gruppen – sofern vorhanden – zwei Länder je Kontinent (Atlas).

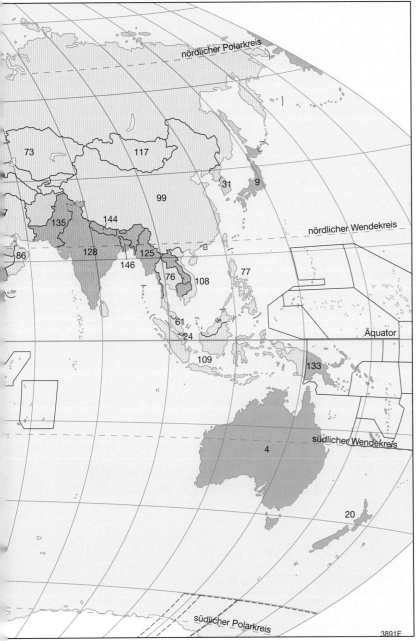

3891E

Vereinte Nationen (UN) oder UNO (United Nations Organization)

Die **UNO** wurde 1945 gegründet. Ihr Hauptsitz ist in New York. Heute gehören ihr bis auf wenige Kleinstaaten alle Staaten der Erde an.

Die wichtigsten Aufgaben der UNO sind die Sicherung des Friedens, die Förderung der Entwicklungszusammenarbeit und der Schutz der Menschenrechte.

Die UNO hat verschiedene Sonderorganisationen, zum Beispiel:

UNICEF – Weltkinderhilfswerk
UNCTAD – Welthandels- und Entwicklungskonferenz
UNHCR – Flüchtlingshilfswerk
WHO – Weltgesundheitsorganisation
UNESCO – Organisation für Erziehung, Wissenschaft und Kultur

Entwicklungsstand der Staaten

- sehr hoch
- hoch
- mittel
- niedrig
- sehr niedrig
- ohne Angaben

1–174 Staaten in der Rangfolge der UNO (in Auswahl)

3891E

Aufgaben

2. Liste die in der Karte verzeichneten Staaten von Rang 1 – 20 auf und die acht nummerierten Staaten innerhalb der Rangfolge von 165 – 174 (Atlas).

3. a) Bestimme bei den in Abb. 2 genannten Ländern mithilfe von Abb. 1 jeweils den Entwicklungsstand (Atlas).

b) Begründe den Entwicklungsstand der Länder (Abb. 2).

Staat	Rang (nach UNO)	Lebenserwartung (Jahre)	Analphabeten (%)	BIP/Ew. (US-$)
Kanada	1	79,1	1	23 582
Deutschland	14	77,3	1	22 196
Chile	38	75,1	4,6	8 787
Brasilien	74	67,0	15,5	6 625
Peru	80	68,6	10,8	4 282
Indien	128	62,9	44,3	2 077
Niger	173	48,9	85,3	739
Sierra Leone	174	37,9	69,0	458

2: Merkmale, die der UNO zur Bestimmung des Entwicklungsstandes dienen (ausgewählte Länder; Quelle: UNO 1998)

302B

Aktionstag in der Uhlandschule

Die Uhlandschule hat zusammen mit anderen Schulen ein Kochbuch gestaltet, das Rezepte aus aller Welt enthält. Auf einem Aktionstag zum Thema „Leben in der Einen Welt" wurde es vorgestellt. Der Verkaufserlös wurde UNICEF, dem Kinderhilfswerk der Vereinten Nationen, gespendet.

Überall in Deutschland versuchen Schulklassen, Vereine und einzelne Bürger den Menschen in den „Entwicklungsländern" zu helfen. Die Organisation „Plan International" bietet zum Beispiel Patenschaften an. Hier können Kinder in Ländern der Dritten Welt durch geringe monatliche Beträge unterstützt werden. Briefkontakte informieren über die Verwendung des Geldes. Eine andere Art der Hilfe kann darin bestehen, die Menschen bei uns über Probleme der „Entwicklungsländer" zu informieren durch einen Projekt-Tag, einen Info-Stand oder eine Ausstellung als Abschluss eines fächerverbindenen Themas.

In „Dritte-Welt-Läden" werden Waren wie Kaffee, Tee oder Bananen verkauft. Bei diesen Waren erhalten die Bauern und Landarbeiter mehr Lohn als normalerweise. Häufig ist die Qualität ausgezeichnet und der Preis nur wenig höher als in anderen Geschäften.

UNICEF, Kinderhilfswerk der Vereinten Nationen, Höninger Weg 104, 50969 Köln

Die Organisation arbeitet in 118 Ländern und will vor allem den Frauen und Kindern helfen. Beispiel Peru: Projekte zur Abwasserbeseitigung in den Städten, Trinkwasserversorgung, Verbesserung der Ernährungssituation und der Gesundheitsvorsorge, Erhöhung des Familieneinkommens, Verbesserung der Bildung.

Plan International, Pestalozzistraße 14, 22305 Hamburg

Die Organisation will die Zukunft der Kinder sichern. Sie arbeitet in 28 Ländern. Beispiel Nepal: Unterstützung von Dorfgemeinschaften durch den Bau von Trinkwasserleitungen, Latrinen, Dorfschulen, Anlegen von Fischteichen, Baumaterialien zur Errichtung von Viehställen.

Projektwerkstatt Teekampagne, Patschkauer Weg 5, 14195 Berlin

Die Einrichtung verkauft indischen Tee bester Qualität (Darjeeling, first flush). Der Preis ist niedriger als im Teegeschäft. Die Teepflückerinnen werden besser bezahlt. Überschüsse werden zur Finanzierung von indischen Dorfentwicklungsprojekten eingesetzt.

Werkstatt Ökonomie, *Obere Seegasse 18, 69124 Heidelberg*
Die Organisation betreut Projekte gegen die Kinderarbeit, organisiert Vorträge und vertreibt Broschüren.

Anschriften von weiteren Hilfsorganisationen:
Misereor, Mozartstraße 9, 52064 Aachen
Brot für die Welt, Stafflenbergstr. 76, 70184 Stuttgart
terre des hommes, Ruppenkampstraße 11 a, 49084 Osnabrück
Deutsche Welthungerhilfe, Adenauerallee 134, 53113 Bonn

1: Hilfsorganisationen, Projekte, Werkstätten

Eine Welt – ungleich aufgeteilt

Von den etwa sechs Milliarden Menschen auf der Erde können sich zirka zwei Milliarden nicht ausreichend ernähren und kleiden. Die meisten von ihnen leben in Entwicklungsländern mit einem geringen Bruttoinlandsprodukt pro Einwohner (BIP/Einw.). Dies ist allerdings ein Mittelwert, der wenig über das tatsächliche Befinden der Bevölkerung aussagt, denn gerade in den Ländern der Dritten Welt gibt es große Unterschiede zwischen Arm und Reich. Viele Menschen arbeiten im informellen Sektor.

Die Schwellenländer befinden sich im Übergang von den Entwicklungs- zu den Industrieländern.

Peru – Entwicklungsland in Südamerika

Peru gliedert sich in die drei Großlandschaften Costa (Wüste), Sierra (Hochgebirge der Anden), Selva (tropischer Regenwald). Die Costa ist im Gegensatz zu den anderen Gebieten dicht besiedelt. Wegen der schlechten Lebensbedingungen in den ländlichen Regionen herrscht Landflucht. Die Städte, allen voran die Hauptstadt Lima, werden immer größer. Viele Menschen leben in Hüttensiedlungen („jungen Dörfern") am Stadtrand.

Peru liefert Rohstoffe für den Weltmarkt. Fast alle Industriewaren müssen eingeführt werden. Weil sich die Terms of Trade verschlechtern, das heißt die Preise für Rohstoffe sinken und die Industriewaren teurer werden, muss das Land bei den Industrieländern Schulden machen. So wie es Peru geht, ergeht es zahlreichen Ländern der Dritten Welt. Die Entwicklungsländer halten dies für ungerecht. Sie verlangen eine Anpassung der Rohstoffpreise an die Preise für Industriewaren.

❂ Verschiedene Möglickeiten der Entwicklung

Entwicklungsstrategien umfassen alle Maßnahmen zur Verbesserung der Wirtschaft und der Lebensbedingungen der Menschen in den Entwicklungsländern. Der richtige Weg zur Überwindung der Unterentwicklung ist umstritten. Die verschiedenen Entwicklungsstrategien werden in den Entwicklungsländern in unterschiedlicher Zusammenstellung angewendet.

❂ Die Staaten der Erde nach ihrem Entwicklungsstand

Die Vereinten Nationen legen eine Rangfolge aller Staaten der Erde nach ihrem Entwicklungsstand fest, bei der sie verschiedene Merkmale wie das Bruttoinlandsprodukt pro Einwohner, die Lebenswerwartung und die Zahl der Analphabeten berücksichtigen.

Grundbegriffe

Entwicklungsland
Bruttoinlandsprodukt (BIP)
Industrieland
Schwellenland
informeller Sektor
Hüttensiedlung
Landflucht
Städtewachstum
Terms of Trade
Entwicklungs-
zusammenarbeit
❂ Entwicklungsstrategie
❂ Vereinte Nationen
   (UN, UNO)

Rockkonzert in einem ehemaligen Stahlwerk in Duisburg

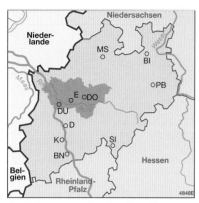

1: Die Lage des Ruhrgebiets in Nordrhein-Westfalen

4: Förderung von Steinkohle aus einem Stollen (um 1800)

An der Ruhr – ein Industriegebiet entsteht

Im Tal der Ruhr wurde bereits um das Jahr 1300 Kohle abgebaut. Stollen wurden in die Talhänge gegraben. Erst 1832 gelang es, mithilfe einer Dampfmaschine das Deckgebirge zu durchbohren. Jetzt konnte man auch Kohle tief unter der Erdoberfläche abbauen. Zechen (Kohlebergwerke) entstanden.

Die Zechen lieferten Steinkohle an die Haushalte und an die Eisenindustrie. Die Hüttenwerke brauchten keine Holzkohle mehr um Eisenerz zu schmelzen. Nach 1850 wurden viele Zechen gegründet sowie Eisen- und Stahlwerke errichtet. Es entstanden Firmen, die zum Beispiel Maschinen, Werkzeuge, Bleche, Drähte oder Eisenbahnschienen herstellten.

Das Ruhrgebiet entwickelte sich Ende des 19. Jahrhunderts zu einem Zentrum der **Montanindustrie** in Deutschland. Tausende von Arbeitskräften wurden eingestellt. Sogar aus Polen zogen Arbeiterinnen und Arbeiter ins Ruhrgebiet.

Jahr	Dortmund	Essen
	Einwohner	
1800	4 000	3 000
1850	15 000	9 000
1900	143 000	119 000

2: Einwohnerzahlen von Dortmund und Essen

Jahr	Beschäftigte im Steinkohlenbergbau	Steinkohlenförderung in Mio. t
1800	1500	0,2
1850	12 700	1,7
1900	220 000	60,1
1950	358 000	103,3

3: Steinkohlenbergbau im Ruhrgebiet

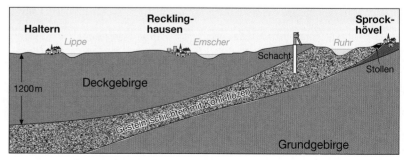

5: Schnitt durch das Ruhrgebiet von Norden nach Süden

Eine Krise kommt selten allein!

In Deutschland kam es in den 1960er Jahren zur **Kohlenkrise**. Preiswertere Kohle wurde zum Beispiel aus den USA importiert, wo Steinkohle im Tagebau gewonnen wird. Zudem stellten viele Haushalte ihre Heizung von Kohle auf Erdöl oder Erdgas um. Auch die Hüttenwerke brauchten zur Eisengewinnung nicht mehr so viel Kohle. Sie hatten die Hochöfen ständig modernisiert.

Um 1975 folgte eine **Eisen- und Stahlkrise**, weil es damals der Baubranche schlecht ging. Es wurden weniger Häuser, Straßen und Brücken gebaut. Weniger Stahl wurde zum Beispiel auch in der Automobilindustrie verarbeitet. Stahlprodukte wurden in der Industrie immer häufiger durch andere Materialien wie Kunststoffe ersetzt. Im Inland und Ausland gingen der deutschen Stahlindustrie Kunden verloren. Länder wie Südkorea, Brasilien oder China produzierten Stahl preiswerter und verkauften ihn in der ganzen Welt.

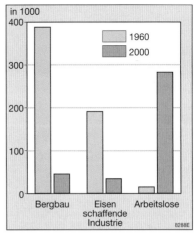

8: Beschäftigte der Montanindustrie und Arbeitslose im Ruhrgebiet (in 1000)

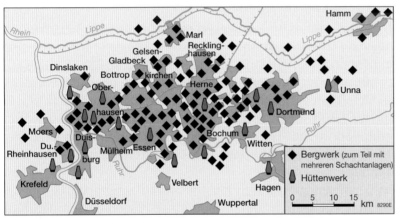

6: Bergwerke und Hüttenwerke im Ruhrgebiet 1965

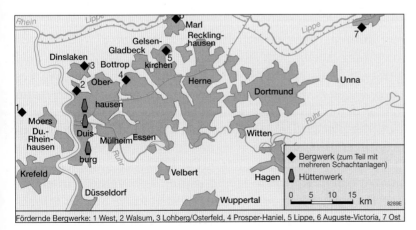

Fördernde Bergwerke: 1 West, 2 Walsum, 3 Lohberg/Osterfeld, 4 Prosper-Haniel, 5 Lippe, 6 Auguste-Victoria, 7 Ost

7: Bergwerke und Hüttenwerke im Ruhrgebiet 2001

Aufgaben

1. Wie haben sich die Zahl der Beschäftigten und die Steinkohlenförderung seit dem Jahr 1800 entwickelt (Abb. 3)?

2. Erkläre die Bevölkerungsentwicklung der Städte in Abb. 2.

3. Die Steinkohlevorkommen waren die Voraussetzung dafür, dass sich das Ruhrgebiet zu einem Zentrum der Montanindustrie entwickelt hat. Begründe.

4. a) Zähle nach, wie viele Bergwerke und Hüttenwerke es im Jahr 1965 und im Jahr 2001 im Ruhrgebiet gab (Abb. 6, Abb. 7).
b) Nenne Gründe für die Veränderungen.

1: Kohleabbau mit dem Presslufthammer 1955

2: Kohleabbau mit dem Walzenschrämlader 1999

Aufgaben

1. Mit welchen Maßnahmen versuchte man die Krise im Bergbau zu überwinden (Text, Abb. 1 und 2)?

2. In welchen beiden Bereichen hat Mannesmann in den Jahren 1970 und 1997 den größten Umsatz gemacht (Abb. 3)?

3. Heute ist es unwahrscheinlich, dass Mannesmann in Konkurs geht. Nenne Gründe dafür.

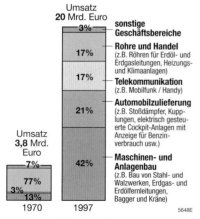

3: Wandel bei Mannesmann

Krisenbewältigung im Bergbau und in der Stahlindustrie

Um 1960 gab es im Ruhrgebiet viele kleinere Zechen, die weniger als 100 000 Tonnen Steinkohle pro Jahr förderten. Sie machten keinen Gewinn und wurden geschlossen. Kohle sollte nur noch in wenigen großen Bergwerken abgebaut werden. In den Bergwerken wurden immer mehr Maschinen eingesetzt. Diese werden von wenigen Bergleuten bedient, gewartet und überwacht. Heute fördert ein Bergmann umgerechnet 18 Tonnen Kohle pro Tag. Vor 40 Jahren waren es nur drei Tonnen.

In der Eisen- und Stahlindustrie waren zahlreiche Hochöfen veraltet. Sie wurden durch moderne Anlagen ersetzt wie zum Beispiel bei Mannesmann. Diese Firma gab Ende der sechziger Jahre die Herstellung von Walzwerkprodukten (z.B. Bleche) auf und konzentrierte sich auf die Produktion hochwertiger Röhren. Der wirtschaftliche Erfolg des Unternehmens hing nun allein vom Röhrengeschäft ab. Das Risiko, bei größeren Gewinneinbußen die Existenz des gesamten Werkes zu gefährden, war der Firmenleitung zu groß. Mannesmann kaufte daraufhin andere Firmen auf. Das Unternehmen stieg zum Beispiel in den Maschinenbau (1967), die Automobilzulieferung (1987) und die Telekommunikation (1990) ein. Dort waren hohe Gewinne zu erwarten. Mannesmann entwickelte sich zu einem **Konzern**. Heute wirken sich Verluste in einem der Geschäftsbereiche auf den Gesamterfolg des Unternehmens nicht zwangsläufig negativ aus, denn diese können durch Gewinne in anderen Bereichen wettgemacht werden.

Wirtschaft im Wandel – Beispiel Bochum

Oktober 1962: Im Opel-Werk Bochum rollt der erste Pkw vom Fließband. 10 000 Menschen haben eine neue Arbeitsstelle gefunden. Ein Teil von ihnen sind ehemalige Bergleute. Heute sind bei Opel in Bochum 14 300 Männer und 800 Frauen beschäftigt. Die Firma ist der größte Arbeitgeber im Ruhrgebiet. Zulieferfirmen in der Nähe des Opel-Werkes bieten weitere Arbeitsplätze. Opel baute die Automobilfirma auf dem Gelände der ehemaligen Bochumer Zechen Dannenbaum und Bruchstraße. Die Stadt Bochum verkaufte ihr die Grundstücke zu einem günstigen Preis. Außerdem investierte sie 51 Mio. Euro um Strom-, Gas- und Wasserleitungen auf dem Firmengelände zu verlegen.

Die Ansiedlung der Firma Opel war nicht der einzige Erfolg der Stadt Bochum. So sind an der 1961 gegründeten Ruhr-Universität heute 6600 Leute beschäftigt; ein Drittel davon sind Frauen. Und bei Nokia, einer Firma aus Finnland, arbeiten 2000 Menschen. Diese stellt seit 1989 zum Beispiel Handys und Monitore für Computer her.

Was für Bochum gilt, zeigt sich auch in anderen Städten im Ruhrgebiet. Der Verlust an Arbeitsplätzen im Bergbau sowie in der Eisen- und Stahlindustrie konnte durch die Ansiedlung neuer Betriebe weitgehend ausgeglichen werden. Die **Wirtschaftsstruktur** des Ruhrgebietes hat sich verändert; es hat sich ein **Strukturwandel** vollzogen.

	1961	1997
Beschäftigte insgesamt	180 000	132 000
davon:		
Bergbau	31 000	2 000
Industrie (z.B. Opel)	65 000	46 000
Dienstleistungen (z.B. Universität)	84 000	84 000

4: Beschäftigte in Bochum 1961 und 1997

Aufgaben

4. Wie hat sich die Zahl der Beschäftigten in Bochum
a) insgesamt und
b) in den einzelnen Wirtschaftsbereichen verändert (Abb. 4)?

5. Die Wirtschaft des Ruhrgebietes hat sich gewandelt. Erläutere am Beispiel von Bochum (Abb. 5).

1 Ruhr-Universität
2 Botanischer Garten
3 Universitäts-Center (Wohn- und Geschäftszentrum)
4 Fachhochschule
5 Opel-Werk

5: Blick über die Ruhr-Universität Bochum und das Opel-Werk

Standortfaktor

Als Standortfaktor bezeichnet man die Gründe, die dafür oder dagegen sprechen einen Betrieb an einem bestimmten Standort zu bauen.

Die Gründe, die für eine Ansiedlung sprechen, nennt man Standortvorteile. Gründe, die dagegen sprechen, heißen Standortnachteile.

Man unterscheidet harte und weiche Standortfaktoren.

Harte Standortfaktoren betreffen direkt die Ansiedlung des Betriebes wie zum Beispiel das Vorhandensein oder Fehlen von Arbeitskräften und den Ausbildungsstand der Arbeitskräfte.

Weiche Standortfaktoren sind vor allem die Angebote für die Arbeitnehmer an einem Standort wie zum Beispiel das Freizeit- und Kulturangebot einer Stadt.

Wandel in der Bedeutung der Standortfaktoren

Deutschland gehört zu den wichtigsten Industrieländern der Erde. Seine Industriegebiete sind nicht zufällig entstanden, sondern weil es hier bestimmte **Standortfaktoren** gab.

Für die Entstehung der ersten Industriegebiete waren die bedeutendsten Standortfaktoren die Vorkommen von Bodenschätzen wie zum Beispiel Kohle und Eisenerz. Sie liegen im Ruhrgebiet, im Saarland und im Gebiet um Halle-Leipzig. Neben den Vorkommen von Bodenschätzen war die Verkehrslage ein wichtiger Standortfaktor.

Heute sind andere Standortfaktoren wichtiger: gut ausgebildete Arbeitskräfte, preiswerte Energie, aber auch das Angebot an Schulen und die Wohnqualität der Region.

Bergbau

〰	Erdöl-/Erdgasvorkommen
⚑	Erdölgewinnung
⚑	Erdgasgewinnung
▨	Steinkohlevorkommen
▨	Braunkohlevorkommen
◆	Kalisalz
◈	Steinsalz

Industrie

▲	Eisen- und Stahlerzeugung
▲	Buntmetallverhüttung
▲	Aluminiumverhüttung
●	Eisen- und Metallverarbeitung (Maschinenbau, Stahl- und Leichtmetallbau, Metallwaren)
⇔	Kraftfahrzeugbau
⇔	Schiffbau
○	Veredelungsindustrie (Elektrotechnik, Elektronik, Feinmechanik, Optik)
🝊	Chemie, Kunststoff
▯	Erdölraffinerie
●	Textil, Bekleidung, Leder
●	Holz, Holzverarbeitung, Zellulose, Papier
●	Nahrungsmittel

1: Bodenschätze und Industriegebiete in Deutschland

HOLLYWOOD IN GERMANY

Die amerikanische Filmfirma „Warner Bros." hat in Bottrop einen „Movie- und Entertainmentpark" gebaut. Auf einer Fläche von 42 Hektar erwartet den Besucher „Hollywood zum Anfassen" mit Abenteuern und Attraktionen, die von Kinohits wie „Batman", „Die unendliche Geschichte", „Das Boot" und von Comic-Figuren beeinflusst sind. Aus 600 Tonnen Stahl wurde die Achterbahn „Lethal Weapon" gebaut, bei der zwei Züge auf einer 700 m langen Strecke gleichzeitig nebeneinander fahren.

Zusätzlich werden in den Studios auf dem Gelände Filme produziert. Das Personal des Parks besorgt zugleich den Studiobetrieb.

Der Konzern hat in den Filmpark 170 Millionen Euro investiert, zusätzlich erhielt er 31 Millionen Euro Wirtschaftsförderung von der Landesregierung in Nordrhein-Westfalen.

2: Ein weicher Standortfaktor in Bottrop

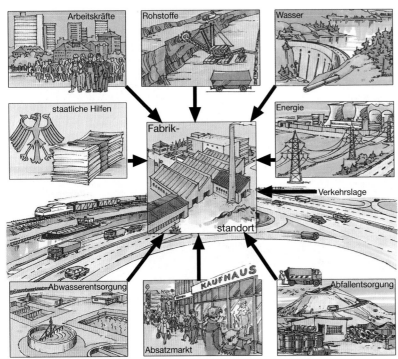

3: Standortfaktoren der Industrie (Auswahl)

Aufgaben

1. Erläutere den Begriff Standortfaktor (i-Text, Abb. 3).

2. Stralsund, Rostock, Wismar, Lübeck, Hamburg, Bremerhaven:
a) Welcher Industriezweig ist an allen Standorten vertreten (Abb. 1)?
b) Versuche dafür eine Begründung zu geben.

3. Überlege: Welche Standortfaktoren sind besonders wichtig
a) bei der Ansiedlung einer Chemiefabrik?
b) bei der Ansiedlung einer Fabrik für die Herstellung von Obstkonserven?

4. Der Park in Bottrop ist ein „weicher Standortfaktor" für die Ansiedlung eines Betriebes. Erläutere weshalb (Abb. 2).

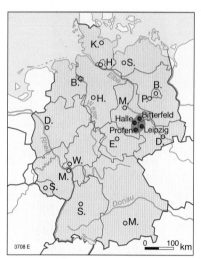

1: Lage des Industrieraums Halle-Leipzig

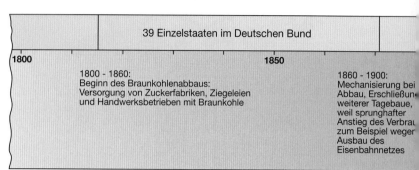

Die Industrieregion Halle-Leipzig

Um die Städte Halle und Leipzig herum entstand seit 1800 ein großes Bergbau- und Industriegebiet. Hier wurde zunächst Braunkohle abgebaut. Sie bildete die Grundlage für den Aufbau einer chemischen Industrie um 1900, denn aus Braunkohle lassen sich Chemikalien, Kunststoffe, Düngemittel, Lacke und vieles mehr herstellen. Auch zur Stromerzeugung, im Hausbrand sowie in Ziegeleien und Zuckerfabriken wurde Braunkohle genutzt. Selbst ein Verfahren zur Herstellung von Benzin auf Braunkohlenbasis wurde entwickelt.

In den folgenden Jahrzehnten wurde die Kohle dann zunehmend durch Erdöl ersetzt. Heute werden hier fast ausschließlich chemische Produkte auf der Grundlage von Erdöl hergestellt. Die Förderung der Braunkohle ging zurück. Die ausgekohlten Tagebaue werden rekultiviert. Nahezu die gesamte geförderte Braunkohle der Region wird heute zur Erzeugung von elektrischem Strom in Wärmekraftwerken genutzt.

Standortfaktoren für die Ansiedlung chemischer Großbetriebe im Raum Halle-Leipzig waren früher:

– große Vorkommen an Braunkohle als Rohstoff;
– genügend kostengünstig zu erwerbendes Bauland, auf dem sich die Werke und Siedlungen ausdehnen konnten;
– Flüsse, aus denen Brauchwasser entnommen werden konnte und in die Abwasser eingeleitet werden konnte;
– gute Anbindung an die Haupteisenbahnstrecken zum Abtransport der Produkte;
– viele Arbeitskräfte aus den umliegenden Dörfern.

2: Standortfaktoren für die Chemie-Industrie früher

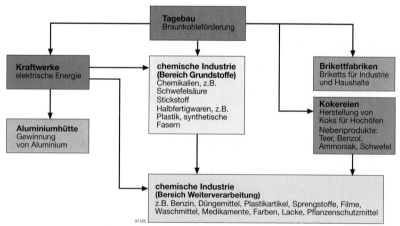

3: Verflechtungen von Braunkohle und Chemie-Industrie in der ehemaligen DDR

| Kaiserreich | | Weimarer Republik | National-sozialismus | F USA GB SU | Bundesrepublik Deutschland | | Bundesrepublik Deutschland |
| | | | | | Deutsche Demokratische Republik | | |

1900   1950   2000

1890 - 1945:
Großer Bedarf an Braunkohle als
Rohstoff für Energiegewinnung
und für chemische Produkte,
Bau von Kraftwerken für die
Elektrifizierung,
Entstehung der chemischen
Industrie

1945 - 1953:
Beginn des Wiederaufbaus nach
dem 2. Weltkrieg, aber gleichzeitig
Abbau von Anlagen als Reparationen
an die Siegermächte, Verstaatlichung
von Betrieben, Flucht von Fachkräften
in die Bundesrepublik Deutschland

Ab 1990:
Erste Stilllegungen von Tagebauen
und chemischen Betrieben

Ab 1958: Ausbau der Chemie-
Industrie, ständig wachsende
Braunkohlenförderung

3709E

Probleme nach der Wiedervereinigung

Die Wiedervereinigung Deutschlands im Jahr 1990 führte in den neuen Bundesländern zu großen wirtschaftlichen Veränderungen. Die hier gefertigten Produkte mussten jetzt von der Qualität und vom Preis her denen der westlichen Bundesländer entsprechen. Die Technik in den Chemie-Betrieben und in den Kraftwerken im Raum Halle-Leipzig war ebenso veraltet wie die im Braunkohlenabbau. Die Pro-Kopf-Industrieproduktion war hier nur ein Viertel so hoch wie in den führenden Industrieländern der Erde.

Trotz niedriger Löhne waren zahlreiche Betriebe der Region nach 1990 nicht mehr konkurrenzfähig und mussten schließen. Die Folge war, dass viele Menschen arbeitslos wurden. Ein Teil von ihnen zog in die westlichen Bundesländer um dort Arbeit zu finden. Einige Menschen bekamen über das Arbeitsamt eine Stelle im Rahmen einer **Arbeitsbeschaffungsmaßnahme** vermittelt, zum Beispiel im Straßenbau, beim Grünflächenamt oder im Naturschutz und Umweltbereich.

Arbeitsbeschaffungsmaßnahmen (ABM)

Um die Zahl der Arbeitslosen zu verringern werden spezielle Arbeitsplätze eingerichtet, bei denen der Staat einen Teil der Lohnkosten übernimmt. Die Stellen sind befristet (1999 auf maximal zwei Jahre).

Beschäftigte bis 1990: 74 000 Arbeitskräfte. Von 1000 Beschäftigten arbeiteten 440 in der chemischen Industrie, 80 im Braunkohlentagebau, 135 in der übrigen Industrie, 295 im Bereich Dienstleistungen und 50 in der Landwirtschaft.

Beschäftigte in der Chemie-Industrie: 1989:   32 600,   1991: 13 400,   1992: 7 950

Beschäftigte im Braunkohlentagebau: 1989:   6 000,   1991: 2 500,   1992: 2 300

5: Beschäftigte im Raum Bitterfeld vor und nach der Grenzöffnung

△
4: Geschichtliche Entwicklung des Braunkohlenabbaus und der Chemie-Industrie im Raum Halle-Leipzig

Aufgaben

1. Informiere dich in deinem Geschichtsbuch oder in einem Lexikon über die Begriffe „Wiedervereinigung", „Reparationen", „deutsche Teilung", „Besatzungszonen in Deutschland".
a) Ordne die Begriffe auf einer Zeitleiste ein.
b) Erkläre kurz jeden Begriff.

2. a) Erkläre die Verflechtungen von Braunkohle und der chemischen Industrie in der ehemaligen DDR (Abb. 3).
b) Was hat sich heute verändert?

3. Erläutere die Probleme in der Region Halle-Leipzig nach der Wiedervereinigung 1990 (Text, Abb. 5).

Wo früher veraltete Betriebe der chemischen Industrie die Umwelt belasteten, stehen heute moderne Produktionsanlagen. Weithin sichtbar ist auf dem 250 Hektar großen Gelände des neuen Chemieparks in Bitterfeld das Bayer-Kreuz. Der Leverkusener Chemie-Konzern errichtete hier 1992 eines der modernsten Arzneimittelwerke Europas.

Klärwerk Bitterfeld-Wolfen

Bayer Bitterfeld GmbH
Lacke, Tabletten

MILTITZ
Aromastoffe

TEXCO
Dispersionsfarben

IAB-Ionenaustauscher

WSZ Wolfener
Schwefelsäure und
Zement

Chemie GmbH
Bitterfeld-Wolfen

Chemie GmbH
Bitterfeld-Wolfen
Chemische Grundstoffe
Farbstoffe,
Pflanzenschutzmittel

ICR
Recycling von
Chemikalien

TDA
Technische Dienste
und Anlagenbau

VZB
Verpackungs-
zentrum Bitterfeld

1: *Teil des Chemieparks Bitterfeld-Wolfen*

Bitterfeld – heute Top-Adresse der Chemie-Industrie

Als im Raum Halle-Leipzig große Teile der alten chemischen Industrieanlagen stillgelegt wurden, stieg der Anteil der Arbeitslosen auf etwa 30 Prozent. Zunächst fanden sich keine Unternehmer, die neue Firmen gründen wollten. Es gab das Problem der **Altlasten** (siehe i-Text). Hinzu kam ein unzureichend ausgebautes und veraltetes Straßen- und Schienennetz. Des Weiteren gab es viel zu wenig Telefon- und Faxanschlüsse.

Die Bundesregierung beschloss den traditionsreichen Chemie-Standort zu erhalten. Es wurde ein Förderprogramm zur Schaffung von Arbeitsplätzen entwickelt. Dies beinhaltete die Zahlung von Subventionen bei der Modernisierung alter Betriebe und bei der Gründung neuer Firmen. Im neu geschaffenen Chemiepark Bitterfeld ließ sich zum Beispiel der Bayer-Konzern nieder. Er investierte in den Neuaufbau der Betriebe 385 Millionen Euro und erhielt vom Staat Subventionen von rund 40 Prozent.

Im Chemiepark Bitterfeld wurden die rentabel wirtschaftenden und umweltgerecht produzierenden ehemals staatlichen Betriebe zur Chemie GmbH Bitterfeld-Wolfen zusammengefasst. Alle anderen Anlagen wurden abgerissen.

Die Altlasten wurden vom Land Sachsen-Anhalt beseitigt.

Nahezu alle Dienstleistungen werden von selbstständigen Privatfirmen im Park erledigt. So muss sich keiner der Produktionsbetriebe mehr eine eigene Betriebsfeuerwehr, eine eigene Schlosserei oder eine firmeneigene Kantine leisten.

Altlasten

Schadstoffansammlungen auf ehemaligen Mülldeponien oder in vormaligen Industrieanlagen mit verseuchten Böden bleiben oft längere Zeit unbeachtet. Wenn ihr Gefahrenpotenzial plötzlich wieder entdeckt wird, werden sie von Fachleuten als Altlasten eingestuft. Meist sind sie nur das Ergebnis eines leichtfertigen Umgangs mit Giftstoffen. In diesen Fällen verlagert der Begriff Altlasten auf bequeme Weise die Verantwortung auf Urheber, die nicht mehr zur Rechenschaft gezogen werden können.

Aufgaben

1. Aus welchen Gründen haben sich Unternehmen wie Bayer in Bitterfeld angesiedelt (Text, Abb. 2)?

2. Welche Auswirkungen wird die Ansiedlung neuer Firmen im Raum Bitterfeld haben (Abb. 2)?

3. Wie unterscheidet sich der Wandel im Industrieraum Halle-Leipzig (Text, Abb. 1) von dem im Ruhrgebiet?

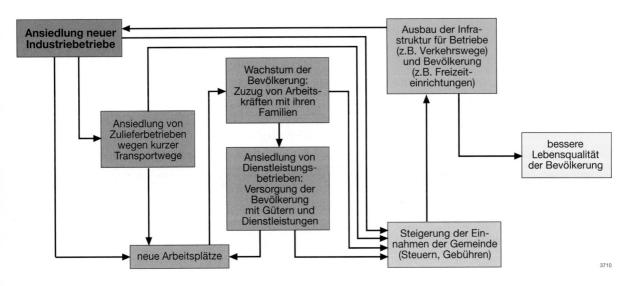

2: Mögliche Folgen einer Industrieansiedlung

1: In Bodenmais 1959 ...

2: ... und heute

Viel Wald und wenig Arbeit

Wirtschafts- sektoren	Bayerischer Wald	Deutschland (alte Bundes- länder)
Land- und Forstwirtschaft	45	24
Industrie	38	43
Dienst- leistungen*	17	33
Arbeitslosen- quote	30	5

* siehe auch Seite 175

3: Erwerbstätigkeit im Jahr 1950 (Angaben in %)

Sonntag, 24.7.1955: Die Mautners essen in der guten Stube ihres Bauernhauses zu Mittag – Xaver mit seiner Frau, den vier Kindern und seinen Eltern. Xaver Mautner sieht seine Angehörigen nur am Samstagabend und am Sonntag. Von Montag bis Samstag arbeitet er bei einer Baufirma in Passau. Er nutzt jede Gelegenheit um Überstunden zu machen und verdient deshalb in den Sommermonaten nicht schlecht. Mitte November wird er entlassen, denn im Winter gibt es auf dem Bau nicht viel zu tun. Wenn er wieder ständig zu Hause ist, hilft er den Eltern und seiner Frau auf dem Bauernhof. Nebenbei will er dann wieder Körbe flechten um sein Einkommen aufzubessern. Vielleicht kann er auch für ein paar Monate bei einem Sägewerk arbeiten. Ob er im nächsten Jahr bei der Baufirma in Passau wieder anfangen kann, weiß er noch nicht. Das entscheidet sich erst im Frühjahr.

Xaver Mautner und seine Familie wollen auf jeden Fall im Bayerischen Wald wohnen bleiben. Xaver würde gerne Bauer sein, doch der Mautnerhof ist mit vier Hektar Land nicht groß genug. Von der Landwirtschaft allein kann die ganze Familie nicht leben. Xaver ist gezwungen in der Großstadt zu arbeiten. Sieben andere junge Männer aus seinem Dorf tun das auch. Im Bayerischen Wald gibt es zu wenig Industrie und deshalb nicht genügend Arbeitsplätze. Fast jeder Dritte ist arbeitslos. Seit 1950 sind bereits 20 000 Menschen aus dem Bayerischen Wald weggezogen, weil sie hier keine Zukunftschance mehr sehen.

Aufgaben

1. Der Bayerische Wald ist ein „Grenz"-Gebirge. Erläutere (Lagebeschreibung).

2. Wie und wovon haben die Menschen im Bayerischen Wald um 1955 gelebt (Text, Abb. 3)?

Wohlstand durch Fremdenverkehr

Die schöne Landschaft und die unberührte Natur waren wichtige Voraussetzungen dafür, dass sich im Bayerischen Wald eine neue Erwerbsquelle für die Bevölkerung entwickelte: der Fremdenverkehr. Nach und nach entstanden Hotels, Gasthöfe, Pensionen und Feriendörfer. Es wurden Schwimmbäder und Tennisplätze für die Sommerurlauber sowie Rodelbahnen und Skilifte für die Wintersportler gebaut. Hoteliers, Privatpersonen und die Gemeinden selbst investierten Millionen Euro in die neuen Anlagen. Sie erhielten Zuschüsse oder Steuererleichterungen von der Bundesregierung und der bayerischen Landesregierung. Der Bayerische Wald sollte sich zu einer **Tourismusregion** entwickeln.

Der Strukturwandel ist gelungen. In den letzten 40 Jahren konnten auf diese Weise 35 000 neue Arbeitsplätze im Bereich des Tourismus geschaffen werden. Heute verbringen jedes Jahr über eine Million Menschen ihren Urlaub im Bayerischen Wald. Das Mittelgebirge gehört zu den beliebtesten Feriengebieten Deutschlands. Der Fremdenverkehr ist eine bedeutende Einkommensquelle geworden. Allein die Feriengäste geben pro Jahr über 460 Mio. Euro aus. Hinzu kommen mehrere hunderttausend Tagesausflügler. Der Bayerische Wald ist längst keine „arme Region" mehr.

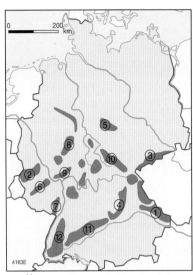

5: Übungskarte Mittelgebirge in Deutschland

i   Mittelgebirge

In einem Mittelgebirge sind die höchsten Berge in der Regel nicht höher als 1500 Meter. Steile Gipfel und hohe Felswände gibt es kaum. Die Oberflächenformen sind abgerundet, die Berge häufig bewaldet. Beispiele für Mittelgebirge in Deutschland sind Vogelsberg, Rhön, Schwarzwald, Taunus, Eifel, Harz, Bayerischer Wald.

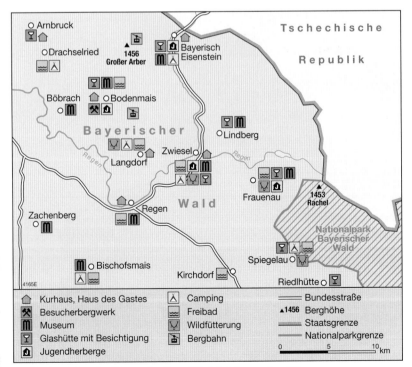

Kurhaus, Haus des Gastes · Camping · Bundesstraße
Besucherbergwerk · Freibad · ▲1456 Berghöhe
Museum · Wildfütterung · Staatsgrenze
Glashütte mit Besichtigung · Bergbahn · Nationalparkgrenze
Jugendherberge

4: Freizeitkarte Bayerischer Wald (Ausschnitt)

Aufgaben

3. Nenne Einrichtungen für den Strukturwandel im Bayerischen Wald (Text und Abb. 4).

4. Bodenmais hat durch den Strukturwandel ein völlig neues Gesicht bekommen. Erläutere.

5. Bearbeite die Übungskarte (Abb. 5).

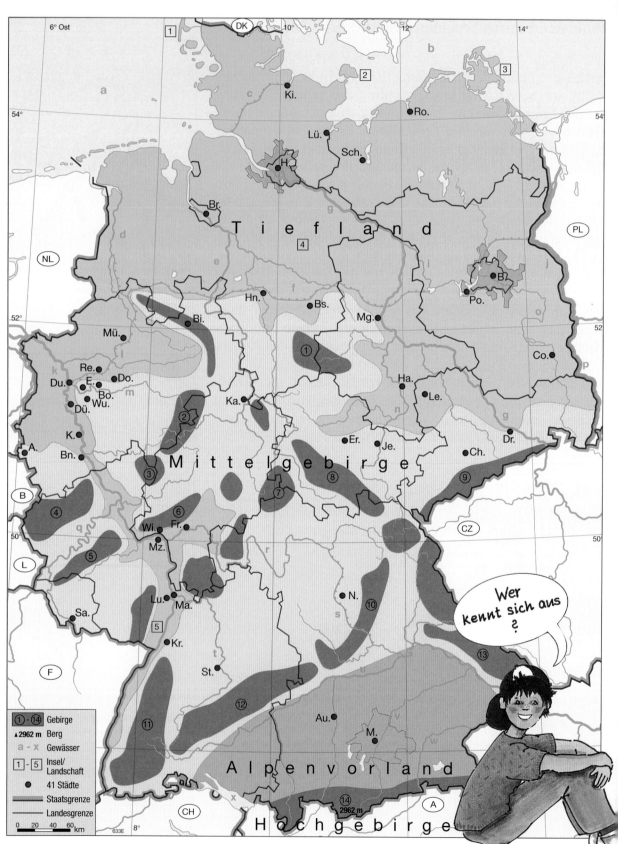

**Das Wichtigste
kurz gefasst:**

✿ Das Ruhrgebiet – früher und heute

Im Ruhrgebiet wird die Kohle seit 1832 im Untertagebau, das heißt mithilfe von Bergwerken (hier Zechen genannt), gewonnen. Kohlevorkommen liegen unter einem mächtigen Deckgebirge. Die Zechen liefern unter anderem die Kohle an Hütten- und Stahlwerke. Diese produzieren Eisen und Stahl, das anschließend weiterverarbeitet wird. Die Region entwickelte sich zu einem Zentrum der Montanindustrie.

In den 1960er Jahren kam es im Bergbau zur Kohlenkrise und um 1975 zur Eisen- und Stahlkrise. Die Kohle bekam als Energielieferant durch Erdöl Konkurrenz und später auch Stahl durch Kunststoffe. Wegen der abnehmenden Nachfrage bei Kohle und Stahl mussten viele Zechen, Hütten- und Stahlwerke schließen. Ein wirtschaftlicher Wandel wurde notwendig um eine höhere Arbeitslosigkeit zu verhindern: eine stärkere Mechanisierung und Modernisierung der alten Betriebe und eine Ansiedlung neuer Branchen, z.B. Dienstleistungsunternehmen. Die Wirtschaftsstruktur des Ruhrgebiets hat sich dadurch verändert.

✿ Standortfaktoren der Industrie

Zu Beginn der Industrialisierung war die Verfügbarkeit von Bodenschätzen ein wichtiger Standortfaktor. Heute sind zum Beispiel Steuervorteile, das Angebot an Arbeitskräften und die Verkehrslage für die Ansiedlung eines Betriebes bedeutend.

✿ Region Halle-Leipzig – Braunkohle und Chemie-Industrie

Riesige Braunkohlenvorkommen waren ausschlaggebend für die Ansiedlung der Chemie-Industrie im Raum Halle-Leipzig. Der Abbau und die Weiterverarbeitung der Braunkohle in chemischen Betrieben führten zu einer hohen Umweltbelastung. Nach der Wiedervereinigung mussten viele unrentable Betriebe in diesem Industrieraum geschlossen werden. Die Arbeitslosigkit ist hier noch heute hoch. Mithilfe von Förderprogrammen der Bundesregierung werden Beriebe modernisiert, neu gegründet oder neu organisiert.

Grundstoff für die chemische Industrie ist heute Erdöl. Braunkohle wird nur noch zur Stromerzeugung in Wärmekraftwerken verwendet.

✿ Bayerischer Wald – Hoffnung durch Fremdenverkehr

Noch Mitte der fünfziger Jahre lebten die Menschen im Bayerischen Wald überwiegend von der Land- und Forstwirtschaft. Heute ist dieses Mittelgebirge eine bekannte Tourismusregion. Die Landschaft sowie Investitionen in Millionenhöhe waren die Voraussetzung dafür.

Grundbegriffe

- ✿ **Montanindustrie**
- ✿ **Kohlenkrise**
- ✿ **Eisen- und Stahlkrise**
- ✿ **Konzern**
- ✿ **Wirtschaftstruktur**
- ✿ **Strukturwandel**
- ✿ **Standortfaktor**
- ✿ **Arbeitsbeschaffungsmaßnahme**
- ✿ **Altlast**
- ✿ **Tourismusregion**

ON THE
WAY TO
EUROPE

1957

EU – Gemeinschaft macht stark

1986

1981

1973

1995

2004

Farben in
Karte
prechen
en der
ne.

ärter-
ten

der, in
en der
2003
ungsmittel
de

50Ea_2

zu Russland

Rumänien

Bulgarien

Türkei

50E_2

50E_1

111

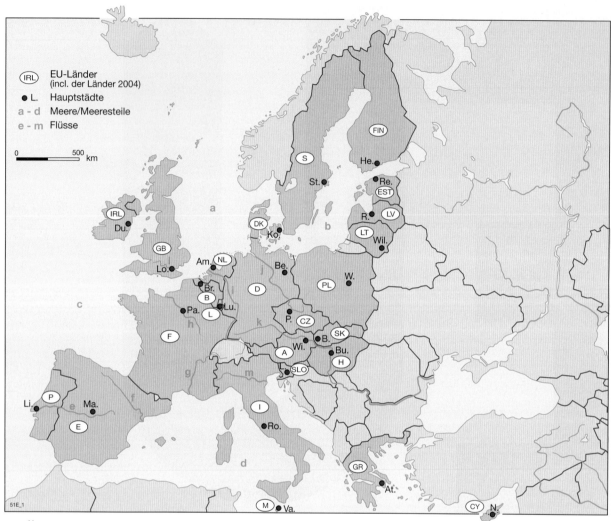

1: Übungskarte Europäische Union

Kleines EU - Quiz

1. Wie heißt das flächenkleinste Land der EU?
2. Wie heißt das flächengrößte Land der EU?
3. Welches Land der EU hat neun Nachbarstaaten?
4. In welchem EU-Land liegt der höchste Berg Europas?
5. Welches Land der EU wird „Land der Seen" genannt?
6. Welche Länder der EU sind Inseln?

Aus Omas und Opas Spielekiste: Stadt, Land, Fluss

Jemand sagt im Kopf das Alphabet auf. Jemand anderes sagt „stopp". Nun schreiben alle Mitspielerinnen und Mitspieler Länder, Hauptstädte und Flüsse in Europa auf, die mit dem ermittelten Buchstaben beginnen. Nach 30 Sekunden wird gestoppt und verglichen. Für jede richtige Antwort gibt es einen Punkt. Dann ist die oder der Nächste an der Reihe das Alphabet aufzusagen.

Europa wächst zusammen

1945, 1951

1945 endete der Zweite Weltkrieg. Millionen Menschen hatten ihr Leben verloren. Viele Städte waren durch Bomben zerstört. Damit nie wieder ein solcher Krieg stattfinden sollte, schlägt der französische Außenminister Robert Schumann vor, dass Deutschland und Frankreich sowie weitere europäische Länder ihre Kohle- und Stahlindustrie gemeinsam verwalten. Denn Kohle und Stahl sind für die Kriegsführung besonders wichtige Güter.

1951 gründeten die Länder Deutschland, Frankreich, Belgien, Italien, Luxemburg und die Niederlande die Europäische Gemeinschaft für Kohle und Stahl (EGKS), auch „Montanunion" genannt. Innerhalb dieser Gemeinschaft werden die Zölle für Kohle und Stahl abgeschafft.

1957

Dies ist das Gründungsjahr der Europäischen Wirtschaftsgemeinschaft (EWG). Um wirtschaftlich enger zusammenzuarbeiten sollen auch andere Zölle zwischen den Mitgliedsländern schrittweise verringert werden. Die Verträge, die zur Gründung der Gemeinschaft führten, werden „Römische Verträge" genannt, weil sie in Rom unterzeichnet wurden.

1967

Der EWG-Vertrag wird erweitert und der Name der Staatengemeinschaft wird in Europäische Gemeinschaft (EG) geändert. Soziale Unterschiede zwischen den Mitgliedsländern sollen abgebaut werden. Forschungs-, Technologie- und Umweltpolitik sollen eine Gemeinschaftsaufgabe werden.

1973, 1981, 1986
Weitere Staaten treten der Gemeinschaft bei.

1993

Die EG erweitert ihre Zusammenarbeit in dem Vertrag von Maastricht und dokumentiert das durch einen neuen Namen, die Europäische Union (EU). Die Mitgliedstaaten beschließen einen **Gemeinsamen Binnenmarkt**. Das bedeutet, dass die Grenzen zwischen den Mitgliedstaaten nun ohne Grenzkontrollen passiert werden können. Dafür finden an den Grenzen zu Nicht-EU-Ländern stärkere Kontrollen statt. Jede Bürgerin und jeder Bürger der EU kann sich in jedem Mitgliedsland einen Arbeits- oder Ausbildungsplatz suchen.

1995
Weitere Staaten treten der Union bei.

2002
Der Euro wird in zwölf Mitgliedstaaten eingeführt.

2004
Weitere Staaten treten der EU bei.

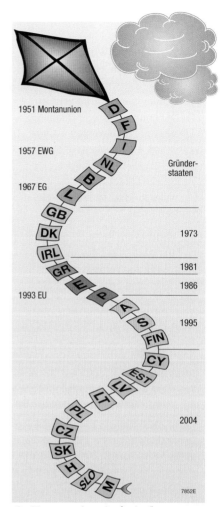

2: Europa im Aufwind

Aufgaben

1. a) Bearbeite die Übungskarte (Abb. 1).

b) Welche Gebirge liegen im Gebiet der EU, wie heißt der höchste Berg (Atlas, Karte: Europa – physische Übersicht)?

c) Notiere die Ländernamen der EU-Mitglieder und dahinter das Beitrittsjahr zur Gemeinschaft.

2. a) Betrachte die Abb. auf S. 110/111. Was ist im einzelnen dargestellt?

b) Setze die Gedanken, die du zur EU hast, in eine Zeichnung oder Collage um.

Aufgaben

1. a) Bestimme die Wirtschaftskraft folgender Regionen (Gebietseinheiten) in Abb. 1:
1 Großraum London, 2 Lombardei, 3 Ile-de-France, 4 Elsass, 5 Hamburg, 6 Oberbayern, 7 Antwerpen, 8 Cornwall/Devon, 9 Groningen, 10 Kalabrien, 11 Balearen, 12 Galicien, 13 Lissabon/Tejotal.
b) In welchen Ländern liegen diese Regionen (Atlas)?

✪ **2.** Berichte am Beispiel von Irland und Luxemburg über die unterschiedlichen Wege zur Verbesserung der Wirtschafts- und Lebensverhältnisse.

„Arm" und „Reich" in der EU

Die Mitglieder der EU erbringen im Weltvergleich eine hohe Wirtschaftsleistung. Die Unterschiede innerhalb der EU sind jedoch sehr groß. Es gibt ärmere Länder und Regionen mit einem hohen Anteil an Beschäftigten in der Landwirtschaft, die so genannten **Passivräume**. Sie liegen vor allem an den Rändern der EU. Auch die „alten" Industriegebiete innerhalb der EU gelten als Problemregionen. Hier ist die Zahl der Arbeitslosen überdurchschnittlich hoch.

Andere Regionen der EU, die so genannten **Aktivräume**, erwirtschaften dagegen ein weit überdurchschnittliches Bruttoinlandsprodukt. Dies sind vor allem die „reichen" Dienstleistungsregionen und Zentren der Hochtechnologie um die Metropolen London, Paris, Frankfurt/Main, München, Mailand oder Turin.

Irland – der Aufstieg des „keltischen Tigers"

Irland 1991: Mit 13 600 Euro BIP pro Einwohner (siehe Seite 79) dümpelt das Land von Kerry-Gold, Viehwirtschaft, Schafwolle und Kelly-Family-Folklore als Armenhaus am westlichen Rand Europas vor sich hin.

Irland 2003: Mit rund 23 000 Euro BIP pro Einwohner nimmt Irland heute genau den Durchschnittswert aller EU-Staaten ein. Das Armenhaus ist längst verlassen, ein sagenhafter wirtschaftlicher Aufstieg vom folkloristischen Schaf zum „keltischen Wirtschaftstiger" wurde in nur zwölf Jahren vollzogen.

Irland verkauft zwar auch heute noch Butter, Molkereiprodukte und Wolle, doch die Einnahmequellen des Landes sind im Jahr 2003 zuerst High-tech-Elektronik und Erzeugnisse der Metallverarbeitung, des Kraftfahrzeug- und Maschinenbaus sowie Dienstleistungen.

Irlands Aufschwung ist eine Folge der Mischung aus EU-Hilfen sowie einer freizügigen Wirtschaftpolitik und einer nicht einengenden Gesetzgebung hinsichtlich Industriesiedlungen. Steuerabgaben und Umweltschutzauflagen wurden in Irland im Vergleich zu anderen EU-Staaten niedrig gehalten, unternehmerische Freiheiten und Aktivitäten dagegen gestärkt. Weltunternehmen wie IBM, Dell oder Sony gründeten in Irland große Niederlassungen und wurden mit vielen anderen Industrieunternehmungen zum Motor des irischen Wirtschaftswunders.

Kritiker mahnen, dass dieser Aufschwung zu Lasten der Umwelt geht. Andererseits sprechen die rasante Verbesserung der Infrastruktur und der mittlerweile hohe Lebensstandard der Bevölkerung eine deutliche Sprache. Auf 1000 Einwohner kommen heute 700 Radios, 450 Fernsehgeräte, 750 Mobiltelefone, 470 PCs und 180 Internet-Anschlüsse.

In Ansätzen deuten sich allerdings auch Probleme des irischen Wirtschaftswunders an. So erlebte Dublin einen Anstieg der Immobilienpreise und Mieten in ungeahnte Höhen. Auch das schon erweiterte Verkehrsnetz muss für die Zukunft noch weiter verbessert werden.

(Nach Europäische Kommission: Eine Reise durch Europa. Luxemburg 2000 und Spiegel-Jahrbuch 2003. München 2002)

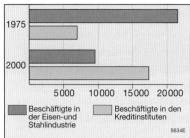

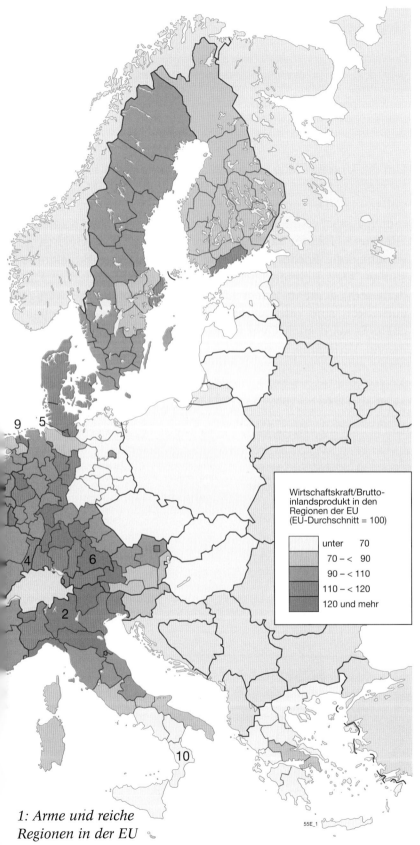

2: Strukturwandel in Luxemburg (1975 – 2000)

Luxemburg – EU-Finanzplatz

Zwischen Frankreich, Deutschland und Belgien liegt das nur 2586 km² große Luxemburg. Es ist ein waldreiches Hügelland. Seine Landesfläche wird zur Hälfte landwirtschaftlich genutzt; im Moseltal wird Wein angebaut.

Im Süden des Landes gibt es Eisenerzlagerstätten. Hier ist das „alte" Industriegebiet mit Eisen- und Stahlindustrie. Hauptausfuhrgüter sind Metalle und Metallerzeugnisse.

Der Wohlstand Luxemburgs wird jedoch im Dienstleistungsbereich erwirtschaftet. Dies ist das Ergebnis eines langfristigen und erfolgreichen Strukturwandels. Bis in die sechziger Jahre war die Eisen- und Stahlindustrie der vorherrschende Wirtschaftszweig. Durch die Stahlkrise mussten die Stahlwerke jedoch Einbußen hinnehmen und Personal abbauen. Demgegenüber gewann der Dienstleistungsbereich an Bedeutung. Er konzentriert sich vor allem auf die Hauptstadt Luxemburg. Dort, am Sitz europäischer Behörden, sind über 70 Prozent der Erwerbstätigen im Dienstleistungsbereich beschäftigt.

Luxemburg ist heute zu einem wichtigen Zentrum der Finanzwirtschaft in der EU geworden. Entsprechend der Zunahme der Banken von 80 im Jahr 1975 auf über 230 im Jahr 2000 stieg auch die Zahl der Beschäftigten im Kreditgewerbe. Die etwa 400 000 Luxemburger erwirtschaften das höchste Bruttoinlandsprodukt pro Einwohner in der EU. Die Arbeitslosenquote liegt unter drei Prozent und ist die niedrigste in der EU.

(Nach Europäische Kommission: Eine Reise durch Europa. Luxemburg 2000)

1: Arme und reiche Regionen in der EU

55E_1

Aufgaben

1. a) Notiere mindestens fünf Gebiete in Europa, die nach Ziel 1 gefördert werden.

b) Was fällt dir bezüglich der Lage dieser Gebiete auf?

2. a) Welche Gebiete in Deutschland werden nach Ziel 2 gefördert, welche nach Ziel 1?

✿ b) Begründe die Förderung anhand von Beispielen.

Gegenseitige Hilfe

Die Europäische Union versteht sich als Solidargemeinschaft. Das heißt, sie sorgt dafür, dass die Stärkeren den Schwächeren helfen, dass den ärmeren Regionen mehr Gelder zufließen als den reicheren. Dadurch soll den Menschen in den benachteiligten Gebieten zu einem Lebensstandard verholfen werden, wie er in anderen Gebieten selbstverständlich ist.

(Nach C. D. Grupp: Sechs - Neun - Zehn - Zwölf; EG. Köln 1986, S. 61)

Um die Unterschiede zwischen den Ländern der EU abzubauen werden in der EU weniger entwickelte Gebiete finanziell unterstützt. Das notwendige Geld kommt aus einer „gemeinsamen Kasse". Alle Mitgliedsländer zahlen in diese Kasse ein. „Reichere" Länder zahlen mehr als „ärmere". Das Geld ist für verschiedene **Förderprogramme** oder bestimmte Projekte bestimmt. Dies können auch Projekte in den „reicheren" Ländern sein, denn in jedem Land gibt es Gebiete, die weniger entwickelt sind oder wirtschaftlich einen Wandel durchmachen. Es wird auch Geld für besondere Ausbildungsprogramme zur Verfügung gestellt.

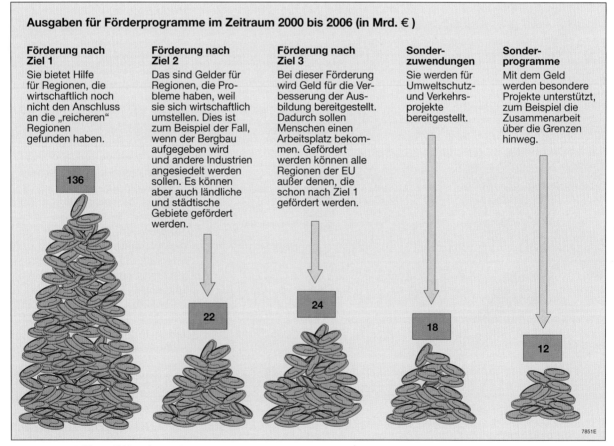

Ausgaben für Förderprogramme im Zeitraum 2000 bis 2006 (in Mrd. €)

Förderung nach Ziel 1
Sie bietet Hilfe für Regionen, die wirtschaftlich noch nicht den Anschluss an die „reicheren" Regionen gefunden haben.

136

Förderung nach Ziel 2
Das sind Gelder für Regionen, die Probleme haben, weil sie sich wirtschaftlich umstellen. Dies ist zum Beispiel der Fall, wenn der Bergbau aufgegeben wird und andere Industrien angesiedelt werden sollen. Es können aber auch ländliche und städtische Gebiete gefördert werden.

22

Förderung nach Ziel 3
Bei dieser Förderung wird Geld für die Verbesserung der Ausbildung bereitgestellt. Dadurch sollen Menschen einen Arbeitsplatz bekommen. Gefördert werden können alle Regionen der EU außer denen, die schon nach Ziel 1 gefördert werden.

24

Sonderzuwendungen
Sie werden für Umweltschutz- und Verkehrsprojekte bereitgestellt.

18

Sonderprogramme
Mit dem Geld werden besondere Projekte unterstützt, zum Beispiel die Zusammenarbeit über die Grenzen hinweg.

12

1: Finanzielle Hilfen der EU

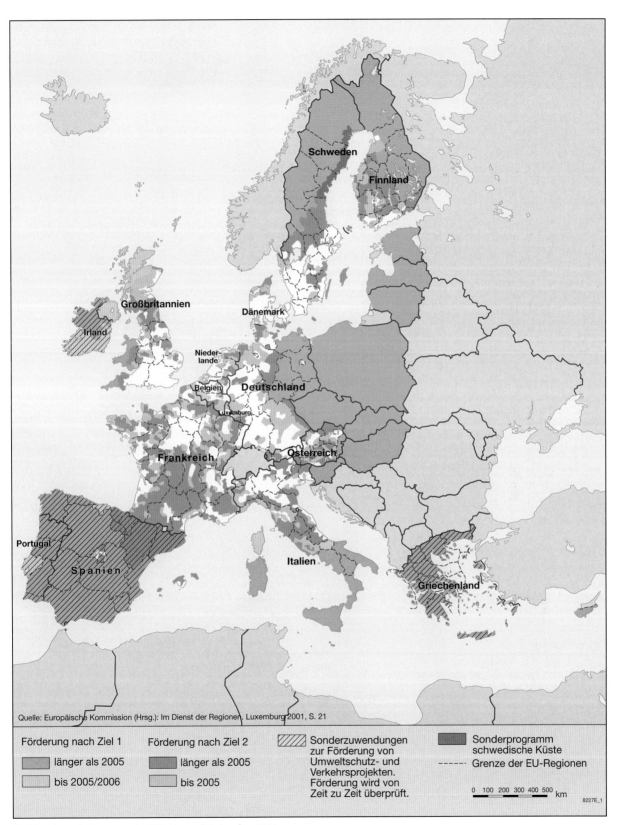

Quelle: Europäische Kommission (Hrsg.): Im Dienst der Regionen. Luxemburg 2001, S. 21

Förderung nach Ziel 1	Förderung nach Ziel 2	Sonderzuwendungen zur Förderung von Umweltschutz- und Verkehrsprojekten. Förderung wird von Zeit zu Zeit überprüft.	Sonderprogramm schwedische Küste
länger als 2005	länger als 2005		----- Grenze der EU-Regionen
bis 2005/2006	bis 2005		

0 100 200 300 400 500 km

8227E_1

2: Regional begrenzte Fördergebiete der EU

Aufgaben

1. Ermittle die Namen in der Übungskarte mithilfe des Atlas.

2. Suche aus den Buchstabenblöcken jeweils zehn europäische Gebirge, Städte, Flüsse. Du findest sie entweder in den Zeilen von links nach rechts gelesen oder in den Spalten von oben nach unten gelesen (Ä = AE, Ü = UE). Ermittle die dazugehörigen Staaten.

Zehn Gebirge

```
R E U Z V T I S G E M
F K A U K A S U S R W
P I N D O S U L B R X
Y B L B U F D X A I V
R H O D O P E N L E S
E A K D O S T A K F U
N L R W U F E M A U R
A P E N N I N E N E A
E E X L G A L B O S L
E N I R S H I K R B D
N S T K A R P A T E N
```

Zehn Städte

```
A C O D R D B P I G X
M F Z X B M C A W E H
O L M G H E P R A M A
F O H S N F O I R N C
Q N M B R U E S S E L
T D T H R S K B C G M
S O S L O H D C H M A
X N F E M O S K A U D
D B E R L I N A U D R
A T Q S O L K B P F I
B U K A R E S T L T D
```

Zehn Flüsse

```
G E L B D K D U S H C
B S C K A R E S O S B
R W E I C H S E L D A
P O L K C E H L I O F
T L A T E I O B A N T
Q G U H L N C E U A M
D A K E F U T K E U E
X S I M U F A Z T B F
Z D B S C H J R T N R
M R I E B R O N L I S
U X J Z D L O I R E X
```

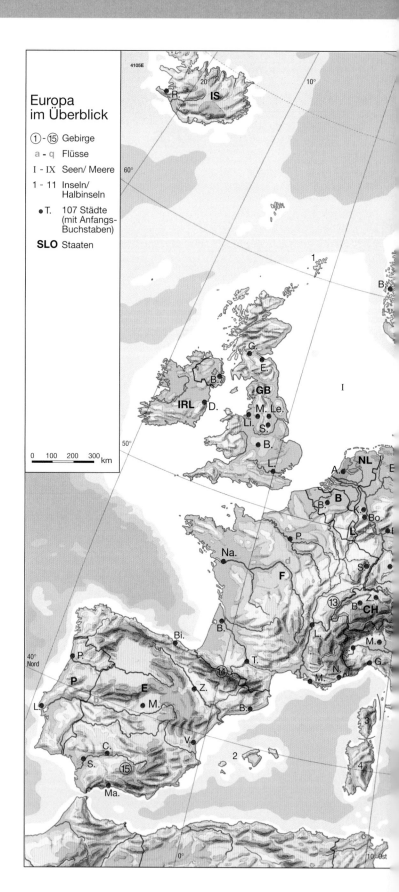

Europa
im Überblick

① - ⑮ Gebirge
a - q Flüsse
I - IX Seen/ Meere
1 - 11 Inseln/ Halbinseln
● T. 107 Städte (mit Anfangs-Buchstaben)
SLO Staaten

1. Schau dir Euro- und Centmünzen aus den jeweiligen Ländern im Internet an.
Lege eine Liste an, was welche Länder abbilden.

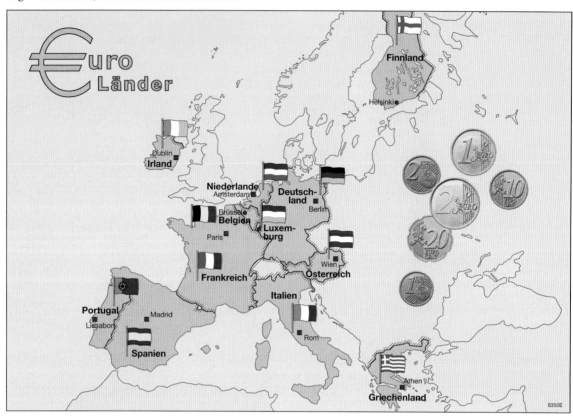

1: Die EU-Eurozone

1 Großherzog Henri	2 National-symbol Harfe	3 Moltebeeren mit Blüten	4 König Juan Carlos	5 König Albert II.	6 Bertha von Suttner
7 Fruchtbarkeits-symbol	8 Wappenadler	9 Zeus entführt Europa	10 Königliches Siegel von 1144	11 Königin Beatrix	12 Dante Alighieri

*2: Die 2-Euro-Münze mit allen zwölf nationalen Rückseiten. Informiere dich zum Beispiel
unter www.euro.ecb.int/de/section/euro0/specific.IT.html, aus welchem Land welche
Münze stammt.*

Das Wichtigste kurz gefasst:

Mitgliedstaaten und Entwicklung

1951 gründeten sechs Staaten die „Montanunion". Aus ihr ging 1957 die „Europäische Wirtschaftsgemeinschaft (EWG)" hervor, die 1967 zur „Europäischen Gemeinschaft (EG)" wurde und 1993 zur „Europäischen Union (EU)". Bis 2004 wuchs die Staatengemeinschaft auf 25 Mitgliedstaaten an. Die Europäische Union wurde zum Motor der Europäischen Einigung. Ein gemeinsamer Binnenmarkt und eine gemeinsame Währung sind unter anderem Kennzeichen der EU.

Unterschiede in der EU

Die Wirtschaftsleistungen, die die einzelnen EU-Staaten erbringen, sind sehr unterschiedlich. Entwicklungen wie in Irland zeigen, dass ehemals ärmere EU-Staaten durch Hilfen der Gemeinschaft in kurzer Zeit wirtschaftlich erstarken können. In den ärmeren Ländern gibt es einen hohen Anteil von Beschäftigten in der Landwirtschaft. Als Problemregionen gelten auch die „alten" Industriegebiete, die vor allem durch die Schwerindustrie geprägt worden sind. Die reichen Dienstleistungsregionen und Zentren der Hochtechnologie erwirtschaften ein weit überdurchschnittliches Bruttoinlandsprodukt.

Grundbegriffe

Gemeinsamer Binnenmarkt
Passivraum
Aktivraum
Förderprogramm

Hilfen für benachteiligte Gebiete

Um die Unterschiede zwischen den Ländern und Regionen der EU abzubauen stellt die EU Fördermittel bereit. Sie sollen zum Beispiel Industriegebiete mit rückläufiger Entwicklung stärken, die Langzeitarbeitslosigkeit bekämpfen und einen Beitrag zur Entwicklung des ländlichen Raumes leisten. Auch können Projekte in den reicheren Ländern gefördert werden, da es in jedem Land Regionen gibt, die weniger entwickelt sind oder einen Wandel durchmachen.

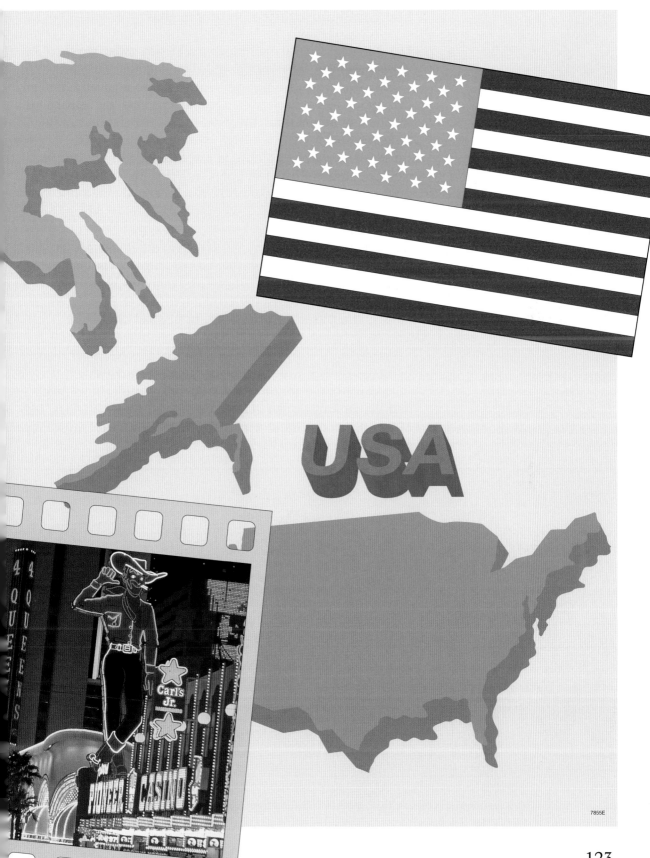

7855E

1: Die Großlandschaften Nordamerikas

Aufgaben

1. Miss die Ausdehnung der USA von Westen nach Osten und von Norden nach Süden (Atlas: Karte Nordamerika – physisch).

2. Auf welchen Kontinenten liegen die größten Seen der Erde (Abb. 4) (Atlas: Register und entsprechende Atlasseiten)?

Die Großlandschaften Nordamerikas

Der Kontinent Nordamerika erstreckt sich zwischen dem Pazifischen Ozean im Westen und dem Atlantischen Ozean im Osten. Während in Europa die meisten Gebirge und Tiefländer von Westen nach Osten verlaufen, sind die Großlandschaften Nordamerikas überwiegend in nord-südlicher Richtung angelegt.

Im Norden erstreckt sich der Kanadische Schild. Die flachwellige Landschaft wurde während der Eiszeiten von Gletschern bedeckt und abgehobelt. Nach dem Abtauen des Eises füllten sich Senken und Täler mit Wasser. Hier gibt es heute viele Seen und Sümpfe.

Im Westen liegt ein gewaltiges Gebirge: die Rocky Mountains. Sie gliedern sich in mehrere Gebirgszüge, zwischen denen sich tief eingeschnittene Täler, die **Canyons,** befinden. Der berühmteste Canyon ist der Grand Canyon. Die Rocky Mountains sind ein Hochgebirge wie zum Beispiel die Alpen.

Im Osten liegen die Appalachen. Sie erstrecken sich von Kanada im Norden bis Alabama im Süden. Die Appalachen sind ein Mittelgebirge wie zum Beispiel der Schwarzwald.

In der Mitte und im Süden der USA liegen die Inneren Ebenen. Es ist ein riesiger Raum. Er hat die Form einer großen Mulde. Es ist das Land der großen Ebenen (Great Plains) und großen Seen (Great Lakes).

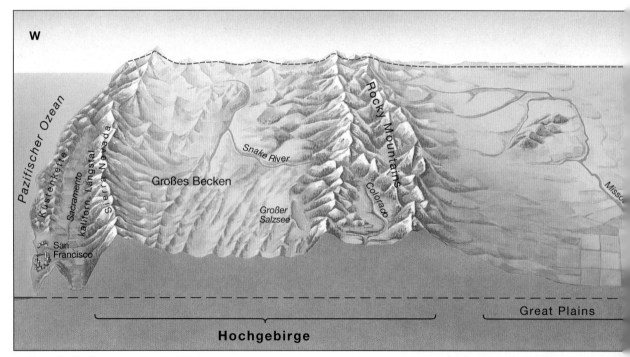

2: Landschaftsquerschnitt USA

Der Fluss Colorado hat im Laufe der Erdgeschichte das Gestein abgetragen und sich tief eingeschnitten.

3: Im Grand Canyon

Kaspisches Meer:	371 000 km²	Aralsee:	66 500 km²
Oberer See:	82 414 km²	Huronsee:	59 596 km²
Viktoriasee:	69 484 km²	Michigansee:	58 016 km²

4: Die größten Seen der Erde

 Great Lakes

Die fünf Großen Seen (Great Lakes) liegen auf der Staatsgrenze von USA und Kanada. Sie bilden zusammen einen der größten Süßwasser-Speicher auf der Erde. Der Wasserspiegel der Seen liegt verschieden hoch. Den Höhenunterschied zwischen Erie- und Ontariosee überwindet der Niagarafluss in den riesigen Niagarafällen. Hier stürzen die Wassermassen etwa 50 Meter in die Tiefe.

Aufgabe

3. a) Lege Transparentpapier auf Abb. 2. Trage Großlandschaften deiner Wahl mit Höhenangaben, Städte, Flüsse, die Niagarafälle und den Grand Canyon ein.
b) Notiere zu jeder Großlandschaft zwei Nutzpflanzen, die dort angebaut werden (Atlas, Karte: Nordamerika – Wirtschaft).

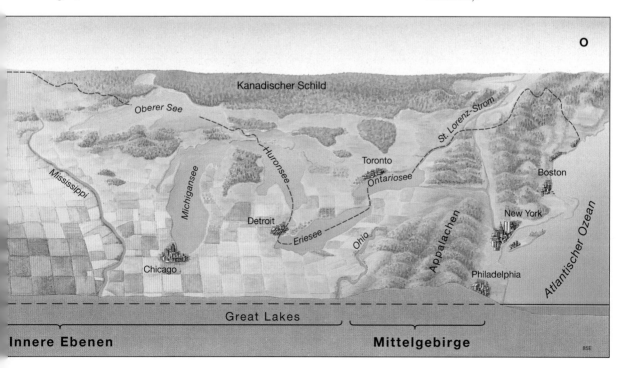

Jahr	Schulden
1960	3 000 Dollar
1970	10 000 Dollar
1980	35 000 Dollar
1990	37 000 Dollar
2000	49 000 Dollar

1: Schulden in Dollar pro Farm in den USA

Das große Elend der kleinen Farmer

Melvin und Liza Shultz bewirtschafteten einen Bauernhof in Battle Creek/Iowa, ca. 100 km östlich von Sioux City. Mehr als 20 Jahre lang haben sie den 190 Hektar großen Betrieb gemeinsam geführt. Weizen, Sojabohnen und Mais waren die wichtigsten Anbauprodukte. Die Rinderhaltung umfasste etwa 500 Tiere. Doch dann kam letzte Woche das Ende: Der Hof wurde versteigert.

Als in den siebziger Jahren die Nachfrage nach Weizen stark zunahm, haben sie investiert. Mit einem Kredit kauften sie einen neuen Traktor und ein Kombi-Gerät für die Bodenbearbeitung. Durch neue Weizensorten und besseren Dünger konnten die Erntemengen von 25 auf über 30 Dezitonnen pro Hektar gesteigert werden.

In den folgenden Jahren sanken die Weizenpreise, weil viele Landwirte ähnlich handelten. Es entstand ein Überangebot an Weizen. Außerdem kürzte die Regierung die Subventionen (Geldzahlungen des Staates) für die Landwirtschaft. So konnte die Familie Shultz ihre Schulden nicht mehr zurückzahlen. Nach der Versteigerung wurde der Hof abgerissen. Der neue Besitzer, Ken Russel, will hier ein **Feedlot** (einen Viehmastbetrieb) für 80 000 Rinder anlegen.

Etwa 50 000 Farmen in den USA werden jährlich versteigert. 40 Prozent der zwei Millionen amerikanischen Landwirte kämpfen gegen den wirtschaftlichen Ruin. Melvin arbeitet jetzt auf dem Schlachthof in Sioux City als Angestellter.

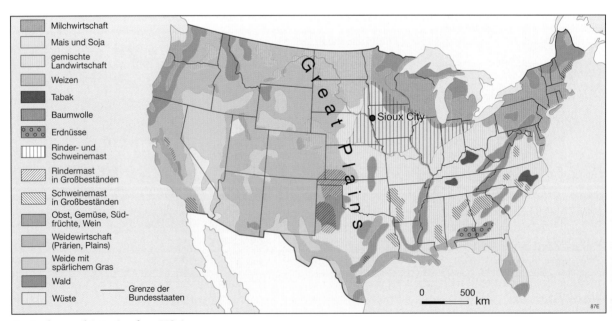

2: Anbaugebiete in den USA

Die Bedeutung der Landwirtschaft in den USA

Die Anbauflächen in den USA umfassen nur 20 Prozent des Landes, sind aber mit 170 Millionen Hektar größer als die gesamte Anbaufläche in der Europäischen Union. Die besten Ackerbaugebiete liegen in den Great Plains. Hier können mithilfe von Maschinen die anfallenden Arbeiten schnell durchgeführt werden. Weiterhin begünstigt ein ausgeglichenes Klima den Anbau. 70 Prozent der Höfe sind Familienbetriebe mit 100 000 bis 500 000 US-Dollar Jahresumsatz. Einige von ihnen sind hoch verschuldet. 30 Prozent sind Großbetriebe mit zum Teil über fünf Millionen Dollar Jahresumsatz.

Feedlot

Feedlots sind Betriebe mit industrieller Agrarproduktion zur Erzeugung von Rindfleisch. Sie haben bis zu 100 000 Tiere, die auf eingezäunten Parzellen im Freien gehalten werden.

Die Tiere werden regelmäßig gefüttert, denn die Parzellen sind keine Weideflächen. Auf jeder Parzelle stehen etwa 250 Rinder. In einem Feedlot können mehr als 200 000 Tiere im Jahr gemästet werden, weil die Parzellen zwei- bis dreimal im Jahr belegt werden.

Die Feedlots verfügen über große Anbauflächen für Futtergetreide, automatische Futteranlagen und häufig einen eigenen Schlachthof. Ein Arbeiter kann pro Tag etwa 6000 Rinder versorgen.

Abnehmer des Fleisches sind meist die großen Fast-Food-Ketten. Drei Viertel der Rindfleischproduktion der USA stammen bereits aus Feedlots.

Aufgaben

1. Melvin und Liza Shultz haben mehr als 20 Jahre einen Bauernhof in Iowa geführt. Jetzt mussten sie ihren Hof aufgeben.
a) Wie kam es zur Versteigerung des Hofes?
b) Die Versteigerung des Hofes ist kein Einzelfall. Erläutere.

2. Beschreibe die Entwicklung der Landwirtschaft in den USA (Abb. 4).

3. In einem Feedlot werden bis zu 100 000 Rinder gehalten. Informiere dich über „Massentierhaltung" (Lexikon) und nimm Stellung.

3: Feedlot

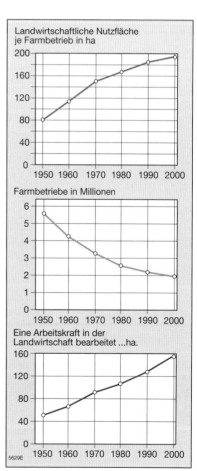

4: Daten zur Entwicklung der Landwirtschaft

127

1: Der Manufacturing Belt zu Beginn des 20. Jahrhunderts

Aufgabe

1. a) Erläutere den Begriff „Manufacturing Belt".

b) Beschreibe seine Ausdehnung und seine günstige Lage zwischen 1890 und 1930 (Abb. 1 und i-Text).

Manufacturing Belt

Der Manufacturing Belt (manufactory: Fabrik, belt: Gürtel) liegt im Nordosten der USA. Im Zentrum befindet sich die Stadt Pittsburgh. Hier wurde bereits um 1890 in Hochöfen Eisen erzeugt. Der Standort war ideal. Über zwei Meter mächtige Kohleflöze am Rande der Appalachen konnte man im Tagebau abbauen. Auch Eisenerz-Lagerstätten waren vorhanden. Als um 1930 die Eisenerzlager erschöpft waren, wurde das Eisenerz per Schiff aus der Mesabi-Bergkette am Oberen See herantransportiert. Neue Hochöfen und Stahlwerke entstanden „auf der Kohle" in und um Pittsburgh. Bereits um die Jahrhundertwende war die Ostküste der USA dicht besiedelt und bildete ein großes Absatzgebiet für Stahlprodukte. Zahlreiche Arbeitskräfte aus Europa und anderen Gebieten der USA fanden hier eine Beschäftigung.

Pittsburgh – eine Region in der Krise

Eine halbe Autostunde südlich von Pittsburgh, am Fluss Ohio, liegen die stillgelegten Stahlwerke der US-Steel-Corporation. Hier im **Manufacturing Belt** wurde zu Beginn der achtziger Jahre mehr Stahl produziert als in jedem anderen Revier der Welt. Heute gehört es zu den ärmsten Gebieten der USA. Früher verdiente ein amerikanischer Arbeiter hier im Durchschnitt 34 000 Dollar im Jahr; das waren rund 5000 Dollar mehr als in anderen Gebieten der USA. Dann kam der wirtschaftliche Einbruch. Mehrere Stahlwerke mussten schließen. Im November 1984 verloren 2000 Stahlarbeiter ihre Arbeit. Heute sind hier 20 000 Menschen arbeitslos.

Die einst blühende Region ist aus zwei Gründen vom Niedergang gezeichnet:

– Die Fabriken sind veraltet und verbrauchen zu viel Energie und Rohstoffe.

– Heute wird weltweit weniger Stahl benötigt als früher. So werden zum Beispiel in der Automobil-Industrie Kotflügel und Stoßfänger aus Kunststoff gefertigt. Dadurch werden die Fahrzeuge leichter, sie sind billiger in der Herstellung und der Benzinverbrauch wird geringer. Durch eine Absatzkrise in der Automobil-Industrie Mitte der achtziger Jahre verringerte sich zusätzlich der Stahlbedarf.

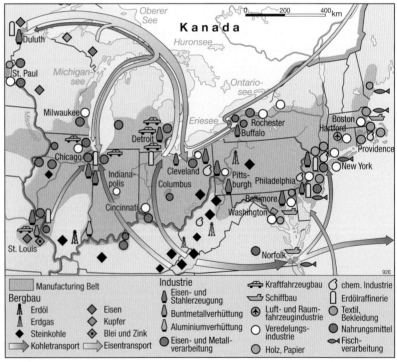

2: Der Manufacturing Belt – Bodenschätze und Industrie

Detroit – Hauptstadt der Automobil-Industrie

Detroit gilt als „Stadt des Autos". Hier führte Henry Ford 1908 mit dem berühmten „Modell T" die Fließband-Produktion in der Automobil-Industrie ein. Die Automobil-Industrie gehört heute zu den wichtigsten Industriezweigen des Manufacturing Belts. 45 Prozent aller Industrie-Beschäftigten dieser Region sind hier tätig.

In den siebziger Jahren begannen japanische Automobil-Firmen in den USA mit dem Bau moderner Fabriken. Die japanischen Kraftfahrzeuge waren billiger und oft auch besser als die amerikanischen. Dadurch geriet die amerikanische Automobil-Industrie im Manufacturing Belt in eine schwere Krise. Fabriken wurden geschlossen, Menschen zogen weg.

Heute hat sich die Lage gebessert. Die Firmen machen wieder Gewinne. Dieses Jahr hat die Ford Motor Company 600 000 Fahrzeuge mehr abgesetzt als letztes Jahr. Die neuen Vans (Kleinbusse) und Jeeps verkaufen sich sehr gut, zumal sie die japanische Industrie so nicht im Angebot hat. Aber nicht nur neue Modelle, auch neue Fabrikhallen und moderne, Computer gesteuerte Maschinen senken langfristig die Herstellungskosten. Durch die Ansiedlung von Betrieben der Elektroindustrie, der Kohlechemie und aus dem Hightech-Bereich konnte die Abwanderung verringert werden.

3: „Modell T" von 1908

Aufgaben

2. Beschreibe die Grundlagen (Herkunft der Bodenschätze Kohle und Eisenerz) der Eisen- und Stahlerzeugung in Pittsburgh (Abb. 2).

3. a) Erläutere den Niedergang des Manufacturing Belts.
b) Beschreibe die Entwicklung in der Automobil-Industrie (Abb. 4).
c) Seit Mitte der neunziger Jahre geht es mit der Automobil-Industrie wieder aufwärts. Warum?

4. Das Stadtbild von Pittsburgh (Abb. 5 und 6) hat sich verändert. Beschreibe und erkläre.

Jahr	Chrysler	Ford	General Motors	Honda	Nissan	Toyota
1985	1 270	1 640	4 890	240	40	–
1998	440	1250	2270	648	280	554

4: Automobil-Produktion in den USA (in 1000)

5: Das alte ...

6: ... und das neue Pittsburgh

129

Mikrochip

Ein Mikrochip (siehe Foto Seite 155) ist ein winziges Plättchen aus dem chemischen Grundstoff Silicium. Dieser Chip ist kleiner als ein Fingernagel. Hierauf lassen sich Millionen von Informationen speichern. Die Verwendung von Silicium (engl. silicon; Achtung: nicht verwechseln mit dem Kunststoff Silikon) gab dem „Silicon Valley" südlich von San Francisco seinen Namen, der übersetzt „Tal des Siliciums" bedeutet. Hier haben sich besonders viele Fabriken angesiedelt, in denen Mikrochips hergestellt werden.

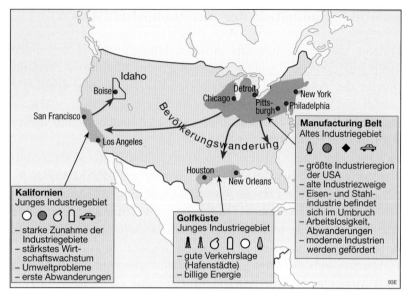

1: USA – alte und junge Industriegebiete

Wachstumsregionen im Süden und Westen der USA

Die Erdöl- und Erdgasvorkommen im Golf von Mexiko sind die Grundlagen für das Wirtschaftswachstum *im Süden* der USA, besonders in Texas. Raffinerien und Fabriken der chemischen Industrie und der Kunststoff-Herstellung bestimmen das Bild der Landschaft. In Houston haben sich zusätzlich Hightech-Betriebe angesiedelt. Weltbekannt ist die dortige Raumfahrt-Zentrale, von der aus 1969 die erste Mondlandung gesteuert wurde.

Im Westen der USA haben sich im **Silicon Valley** in Kalifornien über 3000 Elektronik- und Computerfirmen niedergelassen. Für diese sind besonders die Kontakte zu den nahe gelegenen Universitäten wichtig, die sich auf die Entwicklung neuer Technologien spezialisiert haben. Allerdings verlassen Firmen heute bereits wieder das Silicon Valley.

Aufgaben

1. Alte und neue Industriegebiete in den USA: Beschreibe die Entwicklung (Abb. 1).

2. Nenne drei Industriezweige, die im Silicon Valley besonders stark vertreten sind (Abb. 2).

3. Lege Transparentpapier auf Abb. 3 und trage ein: Autobahn, Fabriken mit Parkplätzen, Wohngebiete am Rand, Hügelketten im Bildhintergrund.

4. Welche Standortnachteile zeigen sich im Silicon Valley? Wie reagieren manche Unternehmen darauf?

5. „From potato chips to computer chips" – Erläutere diesen auf den Bundesstaat Idaho bezogenen Satz.

„From potato chips to computer chips" ...

... „Von Kartoffelchips zu Halbleitern": So lassen sich schlagwortartig die Veränderungen in der Wirtschaft des Staates Idaho beschreiben. Idaho ist nach wie vor der wichtigste Kartoffelproduzent Amerikas, aber seit einigen Jahren kommen auch Hightech-Betriebe hierher. In Boise gibt es mittlerweile über 180 Neuansiedlungen. Eine dieser Firmen ist Hewlett Packard. Sie produziert Laserdrucker und bietet knapp 5000 Menschen Arbeit. Als Gründe für ihre Standortwahl in Idaho gibt die Unternehmensleitung an: Im Silicon Valley befinden sich Arbeitnehmer durchschnittlich neunzig Minuten im Stau um zur Arbeit zu kommen, hier dagegen höchstens eine halbe Stunde. Löhne, Steuern und Lebenshaltungskosten sind in Idaho weitaus geringer als im Silicon Valley.

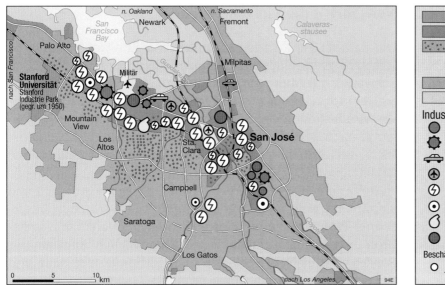

2: *Industrie südöstlich von San Francisco im Silicon Valley*

3: *Elektronik- und Computerfirmen im Silicon Valley bei San José*

1: Einwanderer in New York

New York – die Vielvölkerstadt

Die meisten New Yorker stammen von Einwanderern ab. Es gibt 178 verschiedene Gruppen: darunter 2,3 Millionen Schwarze, 1,8 Millionen Lateinamerikaner, 800 000 Italiener, 600 000 Iren, jeweils 400 000 Polen und Griechen. Einige dieser **Minderheiten** haben eigene Volksfeste. Am ersten Vollmond nach dem 21. Januar feiern die Chinesen ihr Neujahrsfest mit einem prachtvollen Feuerwerk und einer Drachenparade. Viele Minderheiten leben in eigenen Wohnvierteln, so genannten **Gettos**. Armut, Drogenmissbrauch und Kriminalität sind in einzelnen Vierteln sehr verbreitet. Ausgedehnte Wohngebiete in Queens, Brooklyn, Harlem und in der Bronx verkommen allmählich zu **Slums.** Nach Angaben der Polizei wird in New York alle sieben Minuten ein Raub und alle sechs Stunden ein Mord begangen. Jeder dritte Einwohner ist Sozialhilfeempfänger. In New York entsteht eine soziale Schicht ohne Schulabschluß, ohne Arbeitsplatz, ohne Zukunft. Diese Menschen werden in den USA als „drop outs" bezeichnet. In Schulen mit überwiegend schwarzer Bevölkerung beträgt ihr Anteil 60 Prozent.

Getto

Allgemein bezeichnet der Begriff heute Wohnviertel von Minderheiten. Diese leben – freiwillig oder gezwungen – getrennt von der übrigen Bevölkerung und werden dann häufig von dieser diskriminiert (herabgesetzt). In den amerikanischen Städten liegen Gettos in den älteren Wohnvierteln, oft am Rande der City.

Herkunft und Zahl der Einwanderer von 1995–1998	
Dominikan. Republik	59 000
Jamaika	35 000
China	26 000
Guyana	25 000
Haiti	21 000
Kolumbien	13 000
Indien	10 000
Korea	10 000
Ecuador	9 000
Philippinen	6 000

2: Einwanderer in den neunziger Jahren

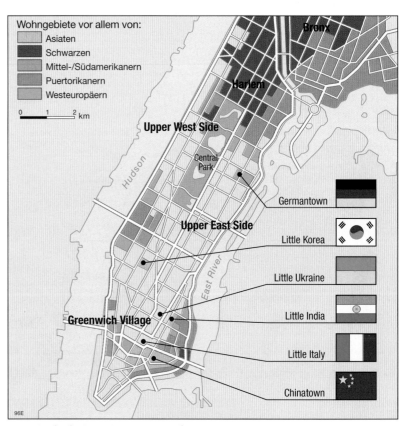

3: Minderheiten in New York

4: Chinatown – In Manhattans chinesischem Viertel leben
250 000 Menschen

Leben in der Bronx

Wir stehen in einer Straße voller Schlaglöcher, auf der sich der Dreck türmt. Rechts und links sieht man bedrückend leere Grundstücke, hier und da die Überreste eingestürzter Häuser, bröckelnde Treppen, armselige Unkrautbüschel. Aus der Trostlosigkeit ragen Ruinen von Mietskasernen auf. Ein paar einsame Gestalten stapfen durch die Trümmerwüste. Jugendliche kicken einen Ball gegen eine eingestürzte Häuserwand.
Brände haben einen Teil der Häuser verwüstet. Der überwiegende Rest ist unbeschreiblich in seiner Baufälligkeit und seinem Dreck. Nach Einbruch der Dunkelheit ist es hier lebensgefährlich, am Tage unsagbar bedrückend.
(nach: Geo-Spezial New York 4/1986, S 72/74)

6

5: Harlem

Aufgaben

1. Vergleiche die beiden Fotos (Abb. 4 und 5).
a) Berichte über das Aussehen der Gebäude, die Reklame, die Menschen.
b) Verorte die Fotos auf der Karte (Abb. 3) (Himmelsrichtung).
c) Das Zusammenleben von Minderheiten hat Vorteile und Nachteile. Erläutere.

2. „Drop outs" gibt es nicht nur in den USA. Notiere, was dir zu diesem Satz einfällt.

3. Was versteht man unter einem „Getto"?

Die USA sind führend bei der Produktion von:	
Plastik	vor Japan
Aluminium	vor Russland
Gummi	vor Japan
Kühlschränken	vor China
Kunstfasern	vor China
Papier	vor China
Elektroenergie	vor China

1: Die USA im Welthandel

Aufgaben

1. Beschreibe die Stellung der USA im Welthandel (Abb. 1 und 2, Atlas).

2. a) Erkläre, wieso die USA als Weltpolizist bezeichnet werden.
b) Informiere dich im Internet und in Lexika über die Rolle der USA in der NATO und stelle sie kurz dar.
c) Siehst du Kritikpunkte an der Rolle der „USA als Weltpolizist"?

Weltpolizist USA

Die USA sind der führende Industriestaat der Welt. Sie sind die größte Wirtschaftsmacht mit einem Bruttoinlandsprodukt (BIP) von etwa zehn Billionen Dollar (2000). Aufgrund der guten wirtschaftlichen Situation und der geschichtlichen Rolle als Gegenspieler der Kommunisten in der ehemaligen Sowjetunion nach dem Zweiten Weltkrieg haben die USA eine sehr gute militärische Ausstattung. Im Jahr 2003 gaben sie etwa 432 Milliarden Euro für die Rüstung und das Militär aus (Deutschland: 25 Milliarden Euro).

Vor allem wegen der militärischen Möglichkeiten und ihres Einflusses in der UN spielen die USA in den „kriegerischen" Auseinandersetzungen auf der Welt eine wichtige Rolle. Dabei erfolgt ein militärischer Einsatz nicht nur aus nationalen oder wirtschaftlichen Interessen, sondern um Diktaturen aufzulösen und unterdrückten Völkern Rechte zu verschaffen.

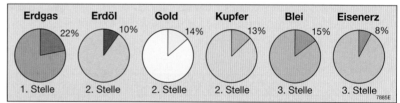

2: Anteile der USA an der Produktion ausgewählter Rohstoffe

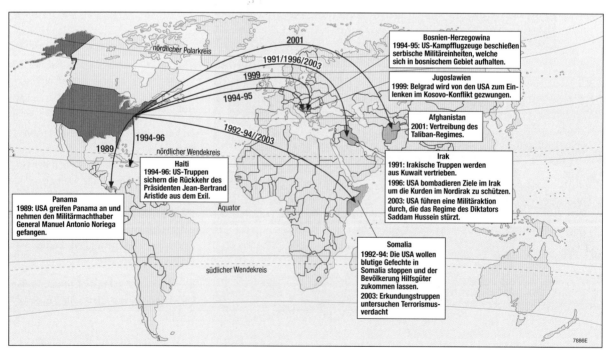

3: Militärische Eingriffe der USA seit 1989 (Auswahl)

134

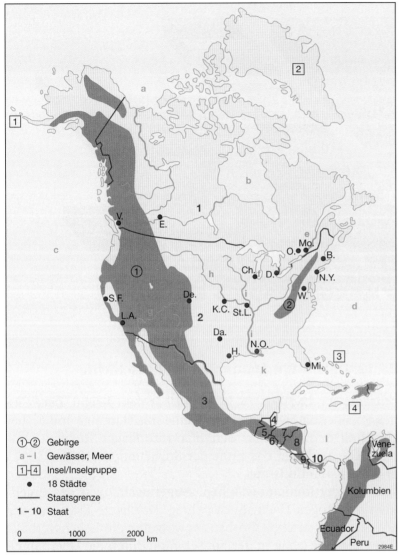

①-②	Gebirge
a – l	Gewässer, Meer
1–4	Insel/Inselgruppe
●	18 Städte
—	Staatsgrenze
1 – 10	Staat

0   1000   2000
km

1: Übungskarte Nordamerika

Ein Kontinent – drei Staaten?

Viele Menschen verstehen unter Nordamerika nur die USA. Sie vergessen dabei, dass auch Kanada zu Nordamerika gehört. In beiden Staaten wird überwiegend englisch (= anglo) gesprochen. Daher verwendet man auch den Begriff Angloamerika. Betrachtet man die Gestalt des Kontinents, reicht Nordamerika weiter nach Süden bis zur Halbinsel Yucatán in Mexiko. Außerdem gehört dann Grönland (Insel Dänemarks) noch dazu. Oft wird zu Nordamerika auch die ganze Landbrücke von Mittelamerika gerechnet. Dann reicht der Kontinent bis zum Panamákanal in Panamá, der schmalsten Stelle zwischen Nord- und Südamerika.

Panamákanal

Der Panamákanal ist 81,6 km lang. Er liegt am Isthmus (Landenge) von Panamá und verbindet den Atlantischen und Pazifischen Ozean. Ein Schiff benötigt etwa 15 Stunden zur Durchquerung der Landenge zwischen den beiden Weltmeeren. Täglich fahren etwa 30 Schiffe durch den Kanal. Die Gebühr für eine Durchfahrt beträgt etwa 25 000 US-$.

Aufgaben

1. Bearbeite die Übungskarte (Abb. 1).

2. Nenne drei verschiedene Möglichkeiten Nordamerika abzugrenzen.

3. Angloamerika: Welche Staaten gehören dazu?

4. Als Lateinamerika bezeichnet man die Staaten in Mittel- und Südamerika. Hier werden die Sprachen Spanisch und Portugiesisch gesprochen, die sich aus dem Lateinischen entwickelt haben.
a) Welche Staaten Lateinamerikas kann man zu Nordamerika zählen?
b) Mexiko gehört zu Nordamerika und zu Lateinamerika, aber nicht zu Angloamerika. Erläutere.

135

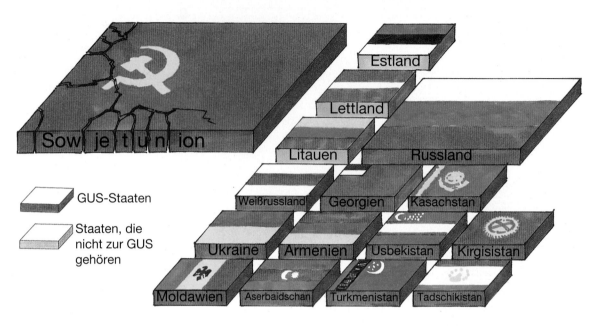

1: Zerfall einer Weltmacht – die Nachfolgestaaten der Sowjetunion (UdSSR)

25.12.1991 – Ein Datum der Weltgeschichte

Moskau, 25.12.1991, 18.35 Uhr: Über dem Kreml, dem Sitz des Präsidenten, wird die rote Fahne mit Hammer und Sichel eingeholt und dafür die weiß-blau-rote Flagge Russlands gehisst. Das bedeutet das Ende der Sowjetunion (1922 – 1991) und des **Kommunismus**.

Der Fall der kommunistischen „Supermacht" war das Ergebnis einer langen (Fehl-)Entwicklung. Der letzte Präsident der Sowjetunion, Michail Gorbatschow, wollte die Lebensverhältnisse der Menschen in der Sowjetunion durch die Übernahme einiger demokratischer Prinzipien verbessern. Auf diese Weise glaubte er den Fortbestand der Sowjetunion retten zu können.

Seine Bemühungen um mehr Offenheit in der Gesellschaft („Glasnost") und um einen demokratischen Umbau von Politik und Wirtschaft („Perestroika") kamen jedoch zu spät. Von 1990 – 1991 erklärten alle bisherigen Sowjetrepubliken ihren Austritt aus der Sowjetunion. Zwölf frühere Sowjetrepubliken schlossen sich zusammen zur Gemeinschaft Unabhängiger Staaten (GUS).

Russland ist in diesem Staatenbund der mächtigste Staat. Der demokratisch gewählte russische Präsident und seine Regierung mussten und müssen heute noch ein schweres Erbe aus Staatsschulden, Wirtschaftsproblemen und Umweltkatastrophen bewältigen.

Kommunismus, kommunistisches System

Der Kommunismus (von lateinisch: communis „allen gemeinsam") ist eine politische Lehre. Er strebt als politisches System eine Form der Gesellschaft an, in der der Einzelne zugunsten der Gemeinschaft weitgehend auf privates Eigentum verzichtet; alle sollen alles besitzen. In früheren kommunistischen Systemen wie der Sowjetunion hatte die kommunistische Partei die unumschränkte Macht. Das Leben des Einzelnen war stark durch Vorschriften eingeengt.

2: Russisch-orthodoxe Kathedrale östlich von Moskau

Russland…
– ist mit 17 075 000 km² das flächengrößte Land der Erde.
– misst 9000 km in West-Ost-Richtung und 4000 km in Nord-Süd-Richtung.
– ist 48-mal so groß wie Deutschland.
– hat den kältesten bewohnten Ort der Erde (-77,8° C in Oimjakon, gemessen 1938).
– besitzt die größten Mineralvorkommen und Rohstoffreserven aller Länder der Erde.
– hat mit der 12-Millionen-Stadt Moskau die größte Hauptstadt Europas.

Aufgaben

1. Liste die Nachfolgestaaten der ehemaligen Sowjetunion in einer Tabelle auf. Unterscheide GUS-Staaten und Staaten, die nicht zur GUS gehören. Schreibe die Hauptstädte dazu (Abb. 1; Atlas, Karte: Asien – Staaten).

2. „Glasnost" und „Perestroika" standen für die Neuorientierung der sowjetischen Politik.
a) Was bedeuten die Begriffe?
b) Welche Ziele sollten erreicht werden?
c) Wie ist die Entwicklung tatsächlich verlaufen?

3. Bearbeite die Übungskarte (Abb. 3; Atlas, Karte: Nordasien – physisch).

4. Welches Gebirge und welcher Fluss Russlands gehören gleichzeitig zu Europa und Asien (Abb. 3; Atlas, Karte: Nordasien – physisch)?

5. Miss entlang des 60°-Kreises nördlicher Breite die ungefähre Entfernung zwischen Sankt Petersburg und der Halbinsel Kamtschatka (Atlas, Karte: Nordasien – physisch).

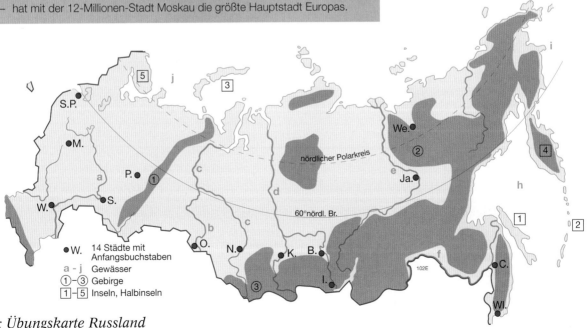

3: Übungskarte Russland

Aufgaben

1. Nenne Unterschiede zwischen der Planwirtschaft in der ehemaligen Sowjetunion und der Marktwirtschaft im heutigen Russland.

2. Welches Problem im heutigen Russland spiegelt Abb. 1 wider?

3. Warum kann sich der Wechsel von der Plan- zur Marktwirtschaft in Russland nur sehr langsam vollziehen?

Von der Planwirtschaft zur Marktwirtschaft

Ein großer Teil der Wirtschaft wurde in der Sowjetunion von den Behörden in der Unionshauptstadt Moskau geplant. Doch diese **Planwirtschaft** funktionierte sehr schwerfällig. Bei jedem Problem mussten die Betriebe erst auf eine Entscheidung aus Moskau warten – das dauerte, denn viele Behörden wollten gefragt werden. Häufige Produktionsausfallzeiten waren die Folge. Die Einführung der **Marktwirtschaft** soll dieses Problem lösen. Firmenchefs sind jetzt allein für ihre Betriebe verantwortlich. Sie müssen alles selbst regeln, aber das ist schwieriger als angenommen. Eigenverantwortliches Handeln war früher nicht gefragt und muss erst erlernt werden. Darüber hinaus konnte es vorkommen, dass nach der Gründung neuer Länder Betriebe plötzlich durch Staatsgrenzen von ihren früheren Zulieferbetrieben getrennt wurden.

Vergleich Planwirtschaft – Marktwirtschaft

Planwirtschaft (Zentralverwaltungswirtschaft)	Marktwirtschaft
Kennzeichen: • In der Planwirtschaft werden alle wirtschaftlichen Vorgänge vom Staat zentral gelenkt. • Produktion, Handel und Verbrauch werden von staatlichen Stellen über Jahre hinaus geplant (meist Fünfjahrespläne). • Preise und Löhne werden vom Staat festgesetzt und der Arbeitseinsatz wird gelenkt. • Industrie, Bankwesen und Verkehrsbetriebe sind weitgehend oder völlig verstaatlicht. • Ackerland und Weiden werden durch Staats- oder Genossenschaftsbetriebe bewirtschaftet.	**Kennzeichen:** • Die Marktwirtschaft ist eine Wirtschaftsform mit freien Unternehmern und einem freien Wettbewerb um Waren und Märkte. • Nahezu alle Wirtschaftsbereiche, wie z. B. Industrie, Banken, Handel und Dienstleistungen, sind privatisiert, d. h. in der Hand einzelner Unternehmer (Einzelpersonen/Firmen/Gesellschaften). • Jeder Unternehmer kann in freier Entscheidung produzieren, was und wie viel er mag. • Die Preise richten sich nach dem Angebot und der Nachfrage der Verbraucher (ist eine Ware knapp, so steigt deren Preis; besteht ein Überangebot, so fällt der Preis dieser Ware). • Löhne und Gehälter werden zwischen Arbeitgebern und Arbeitnehmern (Gewerkschaften) in Tarifverhandlungen festgelegt oder frei ausgehandelt.
Politischer Grundgedanke: Durch die Planwirtschaft soll verhindert werden, dass einzelne Personen (private Unternehmer) wirtschaftliche Überlegenheit und Profit erringen und weniger Begüterte (Arbeitnehmer) benachteiligt werden; der erwirtschaftete Gewinn soll der Allgemeinheit zufließen.	**Politischer Grundgedanke:** Die Marktwirtschaft gehört zum Wesen einer demokratischen, freien Gesellschaft. Sie geht von dem Bedürfnis des Menschen aus selbstständig und frei zu wirtschaften um dadurch Privateigentum und privates Vermögen zu erwerben.

Haie
und kleine Fische

Bis Ende 1991 war es in Russland ein Verbrechen, freier Unternehmer zu sein. Jetzt nach dem Ende der Planwirtschaft soll die Marktwirtschaft eingeführt werden, aber keiner weiß so richtig wie.

Gute Geschäfte machen bislang vor allem die „Geldhaie", die sich an der Not ihrer Landsleute bereichern.

Mit dem Beginn des Umbaus in Russland wurde das alte System zerstört. Viele der Moskauer Behörden, die das Land einst von der Schraube bis zum Flugzeug zentral versorgten, sind inzwischen geschlossen worden.

Heute knüpfen private Handelsvertreter den Kontakt zwischen Anbietern und Käufern. Tausende von Handelshäusern wurden gegründet. Über 400 Börsen, an denen aber kaum Aktien den Besitzer wechseln, handeln mit Rohstoffen und Waren: Kupfer und Stahl, Getreide und Dünger, Autos und Lokomotiven. Ehemalige Kommunisten, die jetzt zu Kapitalisten wurden, wissen aus früheren Jahren sehr genau, welchen Leiter eines Industriebetriebs sie ansprechen müssen um an eine bestimmte Warenlieferung zu kommen. Noch herrschen die Warenschieber, verschwinden Lebensmittel gleich waggonweise und tauchen erst auf dem Schwarzmarkt wieder auf.

Die Inflation (Geldentwertung) stieg 1999 auf über 50 Prozent an. Es gibt immer mehr Arbeitslose, weil in- und ausländische Firmen Personal abbauen. Die ohnehin geringe Industrieproduktion sinkt. Banken sind zusammengebrochen und internationale Milliardenkredite wurden eingefroren. Während die kleine neureiche Oberschicht „in Saus und Braus lebt", steht rund die Hälfte der Bevölkerung Russlands (etwa 80 Millionen Menschen) an der Schwelle des Existenzminimums. „Dieses sind die Flegeljahre des Kapitalismus", sagt ein Wirtschaftsexperte. „Es wird eine Generation, vielleicht auch zwei dauern, ehe wir in Russland wirklich von einer geordneten Marktwirtschaft sprechen können."

(Nach: GEO Special Russland und Rhein-Zeitung vom 1.1.1999)

Aufgaben

4. Lies den Text „Haie und kleine Fische". Begründe mithilfe der Textaussagen die Überschrift.

5. a) Beschreibe die beiden Fotos in Abb. 1.
b) Welche Empfindungen hast du beim Anblick der Bilder?

1: Arme und reiche Russen

Sibirien – Industrieproduktion um jeden Preis?

Sibirien ist die große Hoffnung Russlands. Die Erschließung der dort lagernden, reichen Bodenschätze ist schon seit Jahrzehnten im Gang. Die Industrialisierung erfolgte zunächst im Bereich der Transsibirischen Eisenbahn und der Baikal-Amur-Magistrale. Entlang dieser Strecken baute die einstige Sowjetunion mehrere große Industrieräume aus.

Es wurden Bergwerke angelegt, Flüsse aufgestaut, Kraftwerke und Produktionsstätten errichtet, Städte aus dem Boden gestampft. Planziel war es Sibirien zu besiedeln und seine schier unbegrenzten Energie- und Rohstoffreserven zu nutzen. Die Natur wurde dabei ohne Rücksicht auf Folgeschäden ausgebeutet.

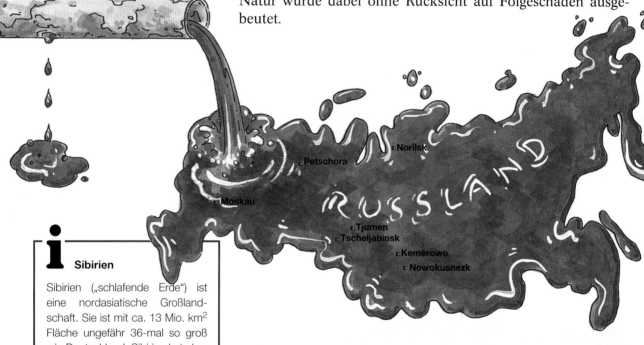

i Sibirien

Sibirien („schlafende Erde") ist eine nordasiatische Großlandschaft. Sie ist mit ca. 13 Mio. km² Fläche ungefähr 36-mal so groß wie Deutschland. Sibirien hat aber nur etwa 40 Mio. Einwohner, vor allem Russen. Einige Gebiete haben mehr als neun Monate Frost. Sibiriens Bedeutung liegt in seinem Reichtum an Bodenschätzen. Die Wälder bieten beste Voraussetzungen für eine intensive Holzindustrie.

Heute erhofft sich Russland durch eine schnelle Privatisierung der Industrie – in Zusammenarbeit mit westlichen Banken und Firmen – eine Steigerung der Produktion. Doch das alte Konzept der gigantischen Industrie-Komplexe steht wegen seiner ökologischen Auswirkungen unter massiver Kritik: Waldrodungen, Luftschadstoffe, Pipelines und Abwässer belasten die Umwelt in bisher nie dagewesener Weise. So gelten zum Beispiel das nordsibirische Norilsk, das Kusnezk-Becken und das Uralgebiet als ökologische Katastrophen-Regionen. Wie sich mehr und mehr zeigt, hinterließ die Sowjetunion in nahezu allen Teilen des Riesenreiches eine weitflächig zerstörte Natur. Experten haben bisher etwa 300 extrem verschmutzte und verseuchte Gebiete ermittelt. Insgesamt ist ein Gebiet von der Größe Westeuropas verstrahlt, verölt und vergiftet.

Was die Welt alarmiert, ist in Russland Alltag

Ein brennender Strom durchzieht rot die Tundra. Dicker, schwarzer Rauch steigt in den Himmel. Nördlich von Petschora breiten sich Ölseen aus, die mehr als einen halben Meter tief sind. Noch weiß niemand, wie viel Öl aus porösen Pipelines gelaufen ist und wie stark die arktische Landschaft geschädigt wurde. Schlimmes ist zu befürchten, doch auch diese Katastrophe ist nicht die Ausnahme, sondern Teil einer Industriewirtschaft, die in der Sowjetunion auf Kosten der Natur und der Volksgesundheit betrieben wurde.

Jedes dritte Kind, so die Behörden, sei durch Umweltbelastung chronisch krank. Derzeit müssen 110 Millionen der 150 Millionen Russen mehr Luftschadstoffe ertragen, als die Grenzwerte zulassen. Am schlimmsten betroffen sind die Städte Moskau, Tscheljabinsk sowie Norilsk in Nordsibirien und Kemerowo in Südsibirien. Die Hälfte der russischen Bevölkerung nutzt Trinkwasser, dessen Qualität nicht den gesundheitlichen Anforderungen entspricht. In Kemerowo findet sich 320-mal so viel Chloroform im Trinkwasser wie erlaubt. Sieben von zehn Kindern kommen dort krank zur Welt. Industrieabwässer, die in Flüsse und Seen eingeleitet werden, sind – wenn überhaupt – nur unzureichend geklärt.

Doch den schlimmsten Beitrag zur Umweltlage leistet die Energiegewinnung. 1989 verseuchten 500 000 Tonnen Öl die südliche Tjumen-Region. Mitte 1993 liefen 420 000 Tonnen südlich von Moskau in den Fluss Oka. Bei den niedrigen Temperaturen dauert es fünfzig Jahre, bis Öl von der Natur abgebaut ist. Aber es sind nicht nur die großen Katastrophen, die die Umwelt zerstören. Niemand schert sich um Lecks, sodass nach Angaben von Greenpeace in Moskau zehn Prozent des Öls beim Transport verloren gehen.

(Nach: Die Zeit, Dossier, Nr. 46, 1994)

Aufgaben

1. Erkläre nach den Worten des Schriftstellers Sasurbin, wie man in früheren Jahren in der Sowjetunion über Umweltschutz und die Erschließung Sibiriens dachte.

2. Grenze Sibirien ab (Gebirge, Meere, Staat als Begrenzung).

3. Notiere vier industrielle Schwerpunkt-Räume in Sibirien. Ordne den dort liegenden Produktionsstandorten (Städten) die jeweiligen Rohstoffe und Industrien zu (Atlas, Karte: Nordasien – Wirtschaft).

4. Sammle Zeitungsberichte zu Umweltproblemen in Russland. Ordne sie nach Belastungen der Luft, der Gewässer und des Bodens.

1: Luftverschmutzung in Nowokusnezk

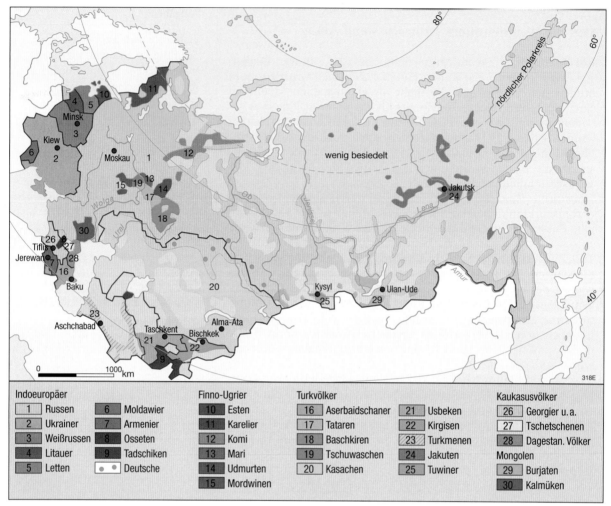

1: Völker in Russland und seine Nachbarstaaten

Indoeuropäer
- 1 Russen
- 2 Ukrainer
- 3 Weißrussen
- 4 Litauer
- 5 Letten
- 6 Moldawier
- 7 Armenier
- 8 Osseten
- 9 Tadschiken
- • • • Deutsche

Finno-Ugrier
- 10 Esten
- 11 Karelier
- 12 Komi
- 13 Mari
- 14 Udmurten
- 15 Mordwinen

Turkvölker
- 16 Aserbaidschaner
- 17 Tataren
- 18 Baschkiren
- 19 Tschuwaschen
- 20 Kasachen
- 21 Usbeken
- 22 Kirgisen
- 23 Turkmenen
- 24 Jakuten
- 25 Tuwiner

Kaukasusvölker
- 26 Georgier u. a.
- 27 Tschetschenen
- 28 Dagestan. Völker

Mongolen
- 29 Burjaten
- 30 Kalmüken

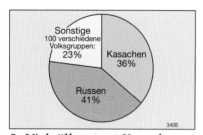

2: Vielvölkerstaat Kasachstan

Aufgaben

1. Liste die Staatsnamen auf, die von Völkergruppen abgeleitet sind (z.B. Kasachstan: Kasachen) (Abb. 1, Atlas).

2. Erläutere das „Problem Vielvölkerstaaten" anhand von Abb. 1 und Abb. 2.

Problem Vielvölkerstaaten

Nach dem Zerfall der Sowjetunion hat sich das „Problem Vielvölkerstaat" auf die einzelnen unabhängigen Staaten verlagert. In jedem dieser Staaten gibt es große Minderheiten, zum Teil mit anderer Religion und eigener Sprache. Dies ist ein Erbe aus der Zeit der Sowjetunion. Jahrzehntelang hatte die sowjetische Zentralregierung versucht die 128 Völker zu einem sowjetischen Volk zu verschmelzen. Oft geschah dies mit Gewalt. Russen wurden in nahezu allen Sowjetrepubliken angesiedelt.

Der Wunsch, vor allem der Kaukasus-Republiken, nach mehr politischem Einfluss oder gar nach Unabhängigkeit stellt Russland vor große Probleme. So gab es bereits zwei Kriege zwischen russischem Militär und tschetschenischen Guerilla-Kämpfern (1994 – 96 und 1999).

Das Wichtigste kurz gefasst:

✪ USA – Natur und Raumnutzung

Die Vereinigten Staaten von Amerika (USA) liegen auf dem Kontinent Nordamerika. Er erstreckt sich zwischen dem Pazifischen Ozean im Westen und dem Atlantischen Ozean im Osten. Im Norden des Kontinents liegt der Kanadische Schild, im Westen das Hochgebirge der Rocky Mountains und im Osten das Mittelgebirge der Appalachen. Dazwischen befinden sich die Inneren Ebenen. Die landwirtschaftlichen Anbauflächen umfassen nur 20 Prozent des Landes, sind aber mit 170 Millionen Hektar größer als die gesamte Anbaufläche in der Europäischen Union. Die besten Anbaugebiete liegen in den Great Plains. 70 Prozent der Höfe sind Familienbetriebe. Viele sind hoch verschuldet. Bei einem Überangebot eines Agarprodukts fallen die Preise und die Farmer können ihre Schulden nicht mehr zurückzahlen. Die Höfe werden versteigert. Einige neue Besitzer wandeln die Farmen in Viehmastbetriebe um. Die Keimzelle der Industrie in den USA liegt im Manufacturing Belt um Pittsburgh. Diese einst blühende Industrieregion ist vom Niedergang bedroht. Durch den Rückgang der Stahlnachfrage wurden Fabriken stillgelegt. Zwei junge Industriegebiete liegen im Westen (Silicon Valley) und Süden (Texas) der USA. Hier sind vor allem High-tech-Betriebe angesiedelt.

✪ Zusammenleben in New York

Die meisten New Yorker stammen von Einwanderern ab. New York ist eine multikulturelle Stadt, in der 178 verschiedene Bevölkerungsgruppen leben. Viele Minderheiten wohnen in eigenen Vierteln. Einige dieser Wohngebiete, z.B. in Queens, Brooklyn, Harlem und in der Bronx, verkommen zu Slums.

✪ Weltmacht USA

Die USA sind der führende Industriestaat der Welt. Aufgrund ihrer wirtschaftlichen Situation verfügen sie über eine hochtechnisierte militärische Ausstattung. Ihren Einfluss machen sie geltend um Diktaturen aufzulösen und unterdrückten Völkern Rechte zu verschaffen, aber auch um nationale und wirtschaftliche Interessen zu verwirklichen.

Grundbegriffe

- ✪ **Canyon**
- ✪ **Feedlot**
- ✪ **Manufacturing Belt**
- ✪ **Silicon Valley**
- ✪ **Minderheit**
- ✪ **Getto**
- ✪ **Slum**
- ✪ **Kommunismus**
- ✪ **Planwirtschaft**
- ✪ **Marktwirtschaft**

✪ Russland – Staat im Umbruch

Nach dem Zerfall der Sowjetunion 1991 schlossen sich zwölf frühere Republiken der Sowjetunion zur Gemeinschaft Unabhängiger Staaten (GUS) zusammen. Russland ist in dieser Staatengemeinschaft das größte und mächtigste Land. Der Umbruch von der Planwirtschaft zur Marktwirtschaft bringt Probleme mit sich. Mit der demokratischen Öffnung Russlands wird das Ausmaß der gewaltigen Umweltschäden deutlich, die die alten Industrien vor allem in Sibirien hinterlassen haben. Der Wandel Russlands zur Demokratie birgt auch die Gefahr nationaler Konflikte und Bürgerkriege. 128 Völker leben in Russland und viele von ihnen wollen sich aus der Vorherrschaft der Russen lösen.

Handprinted in Australia   Produit d'Algéri

Made in Poland

Prodotto d' Italia

Маде ин Руссця   Made in Japan

KAFFEE

roduct of Malaysia   *Made in Germany*

Handcrafted in England

Made in China

Swiss made

roduit de France   *Handmade in Cleveland, USA*

1: Lage von Indien

Aufgaben

1. Berichte über die Bedeutung Indiens als Software-Produzent.

2. Wie konnte Indien zu einem der führenden Software-Produzenten werden?

3. Wieso ist der Aufbau von High-tech-Industrie für Entwicklungsländer günstig?

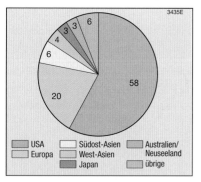

2: Abnehmer indischer Software (Angaben in %)

1987	ca.	20
1990	ca.	65
1993	ca.	225
1997	ca.	1000

3: Indische Software-Exporte in Mio. Dollar

4: In der City von Bangalore (Bangalore hat ca. 5 Mio. Einwohner)

Indische Denkfabriken – für die Welt

Indien ist heute einer der führenden Hersteller von Software weltweit. Für das Entwicklungsland sind Computer-Programme ein ideales Ausfuhrgut. Für die Software-Produktion benötigt man außer einem Datennetz keine Infrastruktur, man braucht keine Rohstoffe und am Anfang nicht viel Kapital.

Indien hat seit einigen Jahren konsequent eine eigene **Software-Industrie** aufgebaut. Das große Know-how und die geringen Kosten im Niedriglohnland Indien haben daher auch viele ausländische Computerfirmen angelockt. Alle Firmen der Software-Branche mit Rang und Namen haben hier Niederlassungen: IBM, Motorola, Intel, Microsoft, Texas Instruments, Hewlett-Packard usw. Allein Siemens beschäftigt in Bangalore 200 Mitarbeiter.

Die jungen Software-Spezialisten mit Hochschulabschluss, die neue Programme erstellen, erhalten deutlich weniger als ihre deutschen Kollegen und englischsprachige Bildschirmarbeiterinnen tippen zu einem Stundenlohn von 50 Cents Daten in die Computer: Personaldaten aus den USA, Krankenversicherungsdaten aus Deutschland und Aktienlisten aus der Schweiz. Die Papiervorlagen werden per Luftpost morgens gebracht und wandern dann per Unterseekabel oder Satellit zurück.

Die Exoten auf dem Info-Highway

Die Firma Infosys Technologies in der südindischen Stadt Bangalore hat 900 Mitarbeiter, 20 Millionen Dollar Jahresumsatz und ist 120 Millionen Dollar wert. Die Großraumbüros sind ausgestattet mit 1043 vernetzten Workstations, an denen junge Inder Software-Pakete maßschneidern. Ein Tastendruck und der PC in Bangalo-

re ist verbunden mit dem Computerzentrum der Hotelkette Holiday Inn in Amerika, für die Infosys die Buchungs-Software erstellt hat. In Indien hat das Geschäft mit Export-Software Hochkonjunktur. 547 Unternehmen arbeiten in der Software-Branche. 34 000 vornehmlich junge Spezialisten erstellen neue Programme – für wesentlich geringere Löhne als die ausländische Konkurrenz.

Mitte der achtziger Jahre wurden wöchentlich Hunderte junge Inder nach Kalifornien geflogen um dort zu programmieren. Heute klinken sich indische Software-Firmen per Satellitenleitung in die Computer ihrer amerikanischen Kunden ein. Vorteil: Wegen der 13 Stunden Zeitunterschied arbeitet Indien, während Amerika schläft – und den US-Kunden stehen so an ihren Computern praktisch 24 Stunden Arbeitszeit zur Verfügung.

In einem Land, in dem mehr als die Hälfte der Kinder keine Schule besuchen, träumen in den Schulen der Bessergestellten schon Zehnjährige von Jobs im Programmier-Paradies. Der kleine Sibin von der Anthony Public School in Bangalore hat bei einem Software-Wettbewerb den ersten Preis gewonnen – er hat ein Programm geschrieben, das den Aufbau des menschlichen Gehirns erklärt.

(Nach: Uli Rauss, Die Exoten auf dem Info-Highway, In: Stern 17/95, S. 62 ff)

5: Software-Produzent Indien

MADE IN INDIA

An den Containerkais in Bremerhaven sorgen Programme aus Bombay (Mumbai) dafür, dass die Behälter von den Verladekränen aus genau auf den Schiffen platziert werden. Junge Informatiker in Indien wickeln Buchungen der Lufthansa ab, planen Kraftwerke für amerikanische Firmen, organisieren die Lagerhaltung von Reebok und die Kontobuchungen internationaler Banken, organisieren die Abläufe auf dem Flughafen in Singapur, warten die Software von Shell in London und der Continental-Versicherung in New York.

6: Indische Software in aller Welt

STANDORT INDIEN

Indien hat eine katastrophale Infrastruktur: Das Verkehrsnetz, das Telefonnetz und die Energieversorgung sind völlig unzureichend, aber:

Indien ist ein Niedriglohnland! Ein hochbezahlter Software-Spezialist erhält 400 Euro im Monat und arbeitet 300 Tage im Jahr (in Deutschland 225). Für ihn muss der Arbeitgeber kaum Sozialabgaben (Versicherung, Rente) zahlen.

Es gibt eine riesige Reserve gut ausgebildeter EDV-Spezialisten: Allein NIT, das größte EDV-Ausbildungsunternehmen der Welt, hat 50 000 Schüler. Etwa 15 000 Informatiker verlassen jährlich die Universitäten. Die meisten sprechen neben Englisch auch Französisch oder Deutsch und sind gewöhnt im Team zu arbeiten. Das Datennetz im Land ist sehr gut ausgebaut, viel besser als das Telefonnetz. Es gibt sieben staatlich geförderte „Software Technology Parks".

Die Nachfrage in den Industrieländern ist groß: Allein Siemens hat in den nächsten Jahren Arbeit für mehrere Hundert Software-Spezialisten.

7: Niedriglohnland Indien

1: Die vier kleinen Tiger

2: Wirtschaftszentrum Singapur

„Kleine Tiger" haben scharfe Krallen

Noch vor 30 Jahren waren Hongkong, Singapur, Taiwan und Südkorea Entwicklungsländer. Mittlerweile haben diese Staaten und das zu China gehörende Hongkong eigene Industrien aufgebaut. Sie bieten moderne Industrieprodukte auf dem Weltmarkt an: Fernseher, Videogeräte, Fotoapparate, Computer oder Kraftfahrzeuge. Die Waren sind von guter Qualität. Sie sind auch preiswerter als vergleichbare Produkte aus den Industrieländern. In Ostasien können die Firmen billig produzieren. Dort sind die Löhne, Steuern, Strom- und Transportkosten niedriger als zum Beispiel in Europa.

Singapur, Hongkong, Taiwan und Südkorea haben die Konkurrenz das Fürchten gelehrt und sie mutig wie Tiger in die Flucht geschlagen. Diese Länder nennt man daher auch die vier kleinen Tiger. Sie gehören heute zu den 15 größten Handelsnationen der Erde. Sie haben den Sprung aus der Armut geschafft und haben wirtschaftlich gesehen Anschluss an die reichen Länder wie Japan oder Deutschland gefunden. Die kleinen Tiger sind junge aufstrebende Industrieländer. Sie werden **Newly Industrializing Countries (NIC)** genannt. Auch andere südostasiatische Staaten wollen Industrieländer werden: zum Beispiel Malaysia, Thailand und Indonesien.

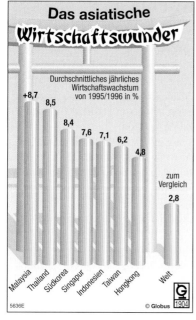

3: Wirtschaftswachstum

Sie kleiden die Welt
Ausfuhr von Bekleidung 1997 in Milliarden Dollar

- China — 31,8 Mrd. $
- Hongkong — 23,1
- Italien — 14,9
- USA — 8,7
- Deutschland — 7,3
- Türkei — 6,7
- Frankreich — 5,3
- Großbritannien — 5,3
- Südkorea — 4,2
- Thailand — 3,8
- Niederlande — 3,7
- Taiwan — 3,4
- Portugal — 3,3
- Belgien, Lux. — 3,0
- Indonesien — 2,9

© Glob

4

Die Elektronik-Exporteure
Ausfuhr von Büromaschinen und Telekommunikationsausrüstungen in Milliarden Dollar

- USA — 105
- Japan — 94
- Singapur — 65
- Großbritannien — 39
- Taiwan — 36
- Malaysia — 35
- Hongkong — 35
- Südkorea — 32
- Deutschland — 31
- Niederlande — 24
- Frankreich — 23
- China — 17
- Thailand — 13
- Irland — 13
- Kanada — 12

EXPORT

Quelle: WTO
Stand 1996
© Globus 4631

5

Aufgaben

1. Singapur, Hongkong, Taiwan und Südkorea sind junge Industrieländer. Erkläre.

2. a) Beschreibe die Entwicklung der Importe und Exporte der vier kleinen Tiger (Abb. 6).
❂ b) Vergleiche den Außenhandel (Import und Export) der Tigerstaaten mit dem von Japan (Abb. 6).

3. Gehe in ein Kaufhaus. Erkunde, welche Waren aus Singapur, Hongkong, Taiwan und Südkorea angeboten werden. Fertige eine Liste an (siehe auch Abb. 4 und 5).

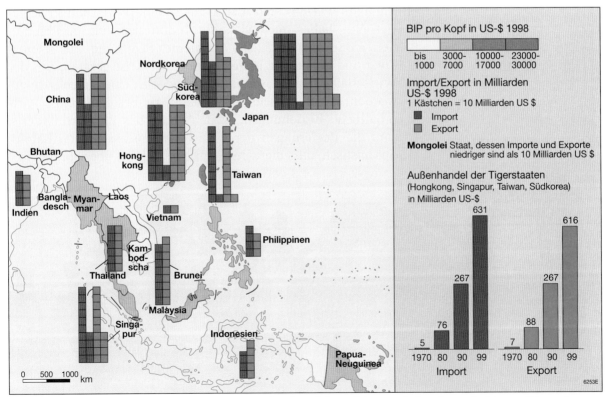

BIP pro Kopf in US-$ 1998

| bis 1000 | 3000-7000 | 10000-17000 | 23000-30000 |

Import/Export in Milliarden US-$ 1998
1 Kästchen = 10 Milliarden US $
■ Import
■ Export

Mongolei Staat, dessen Importe und Exporte niedriger sind als 10 Milliarden US $

Außenhandel der Tigerstaaten
(Hongkong, Singapur, Taiwan, Südkorea) in Milliarden US-$

Import: 5 (1970), 76 (80), 267 (90), 631 (99)
Export: 7 (1970), 88 (80), 267 (90), 616 (99)

6253E

6: Südost- und ostasiatische Staaten – Außenhandel und Bruttoinlandsprodukt pro Einwohner

Die Tigerstaaten

Aufgaben

1. Sombat Sonthang ist ein „Opfer" der Wirtschaftskrise in Thailand. Erkläre.

2. Nenne Merkmale einer Wirtschaftskrise.

✪ 3. Erläutere das Kurvendiagramm in Abb. 2.

Nach dem Wachstum kam die Krise

Reis pflanzen, heiraten, Kinder groß ziehen … Das war nicht die Sache von Sombat Sonthang. Mit 16 verließ er sein Heimatdorf Tha Chang im armen Nordosten Thailands. Er ging in die Hauptstadt Bangkok um sein Glück zu machen. Zielstrebig arbeitete sich der Bauernjunge nach oben. Zunächst war er Küchenhelfer, dann Kellner, zuletzt Facharbeiter in einer Kleiderfabrik. Dann wurde Herr Sonthang überraschend entlassen. Er fand keine andere Arbeitsstelle mehr. Schließlich kehrte er nach Tha Chang zurück. Dort hat er einen kleinen Imbissstand eröffnet. Mehr als umgerechnet 3 Euro pro Tag nimmt Herr Sonthang nicht ein. Er wohnt in einer Garage. Sein Traum von einem besseren Leben ist wie eine Seifenblase zerplatzt.

1: Nach einem Artikel der Wochenzeitschrift „DIE ZEIT"

Sombat Sonthang ist einer von 1,6 Millionen Menschen, die im Jahr 1998 in Thailand entlassen wurden. Das Land ist in eine schwere Wirtschaftskrise geraten. Viele Baustellen sind heute verwaist. Zahlreiche Firmen, die vom Export „lebten", haben keine Aufträge mehr. Sie können ihre Arbeiterinnen und Arbeiter nicht mehr bezahlen. Die Preise sind um ein Vielfaches gestiegen. Tausende von Menschen sind verarmt und müssen betteln gehen.

Thailand war das erste Land, das in eine Wirtschaftskrise geriet. Nun haben auch Malaysia, Indonesien und die Philippinen große wirtschaftliche Probleme. Selbst die vier kleinen Tiger und Japan sind in den Strudel der Krise geraten. Aus der Wirtschaftskrise eines einzigen Landes ist eine **Asienkrise** geworden, denn zwischen den Ländern bestehen enge wirtschaftliche Beziehungen. Jetzt, Anfang des 21. Jahrhunderts, sind die Regierungen der südost- und ostasiatischen Länder optimistisch, dass die wirtschaftliche Talfahrt überwunden ist.

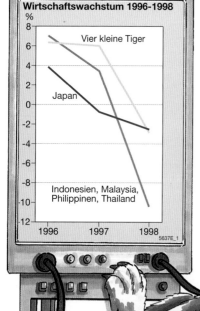

Wirtschaftswachstum 1996-1998

%

Vier kleine Tiger

Japan

Indonesien, Malaysia, Philippinen, Thailand

1996   1997   1998

5637E_1

2: Karikatur

3: Auch in den Börsennachrichten zeigte sich die Asienkrise.

Aufgaben

4. Nenne Gründe für die Wirtschaftskrise in Asien.

5. Warum investiert eine Firma im Ausland (Abb. 4)?

6. Sammelt Artikel aus Zeitungen und Zeitschriften zur gegenwärtigen Wirtschaft Asiens. Ordnet die Artikel zum Beispiel nach Ländern, Aufwärts- und Abwärtstrends. Fertigt eine Wandzeitung an.

Wie kam es zur Wirtschaftskrise in Asien?

Thailand war viele Jahre lang ein „Geheimtipp" für Leute, die Geld anlegen wollten. Wer in Thailand ein Grundstück kaufte, konnte es nach wenigen Monaten wieder mit großem Gewinn verkaufen. Vor allem in Bangkok war die Nachfrage nach Grundstücken sehr groß. Dort wurde ständig gebaut, sodass es schließlich zu viele Wohnungen und Büros gab. Ein Teil davon konnte nicht mehr verkauft oder vermietet werden. Die Preise gingen zurück. Geldanleger zweifelten, ob die Entscheidung, in Thailand zu investieren, richtig war. Sie holten sich ihr Geld von den Banken zurück.

Jahrelang waren Summen in Milliardenhöhe nach Thailand geflossen. Diese mussten die Banken nun in kürzester Zeit zurückzahlen. Bankhäuser gingen bankrott. Thailands Wirtschaft war in einer Krise und benachbarten Staaten ging es ähnlich.

4: Möglichkeiten von Investitionen im Ausland

1: Karikatur

2: „Normaler" Verkehr auf einer deutschen Autobahn?

Radeln auf der Autobahn

Im November 1973 fuhren an drei Sonntagen Hunderttausende Fahrradfahrer auf den deutschen Autobahnen spazieren. Die Regierung hatte ein Fahrverbot für Kraftfahrzeuge verhängt. Was war geschehen? Neun arabische Ölförderländer hatten in Absprache die Ausfuhr ihres Erdöls auf 75 Prozent der bisherigen Menge verringert. Auf einmal wurde uns allen bewusst, wie abhängig wir von der Einfuhr von Rohstoffen sind.

Aufgaben

1. Der Hamburger Hafen (Foto Seite 144/145) ist der wichtigste Handelshafen Deutschlands. Begründe (Atlas, Karte: Häfen).

2. Deutschland ist auf Importe und Exporte angewiesen. Erkläre (Abb. 3, 5, 7, Atlas).

3. Auch dein Leben würde sich schlagartig verändern, wenn Deutschland keine Rohstoffe mehr importieren würde. Erläutere.

⚙ **4.** Erläutere die Karikatur (auch in Bezug auf Deutschland).

⚙ **5.** Erstelle eine Liste mit den wichtigsten Handelspartnern Deutschlands (Abb. 6).

Zwischen Flensburg und Garmisch-Partenkirchen, Aachen und Dresden herrschen chaotische Zustände. In den Supermärkten, in denen das Pfund Kaffee mittlerweile 23,60 Euro kostet, kommt es zu Hamsterkäufen. Die Vorräte an Zucker und Schokolade gehen zur Neige. Bananen und Orangen gibt es schon seit Wochen nicht mehr. Bei den Automobilfirmen VW, DaimlerChrysler und BMW stehen die Fließbänder still, nachdem keine Autoteile mehr geliefert werden. Tausende von Arbeiterinnen und Arbeitern wurden bereits entlassen ...

3: Kein Handel mehr mit dem Ausland – ein Albtraum!

Handelspartner Deutschland

Deutschland ist nach den USA das zweitgrößte Welthandelsland der Erde. Der **Export** (Ausfuhr) und **Import** (Einfuhr) ergeben zusammen den **Außenhandel.** Außenhandelsbeziehungen bestehen zu Industrieländern wie den USA, Japan oder Frankreich und zu Entwicklungsländern. Die Entwicklungsländer liefern Rohstoffe wie zum Beispiel Erze, Holz, Kautschuk oder Erdöl, die in Deutschland weiterverarbeitet werden.

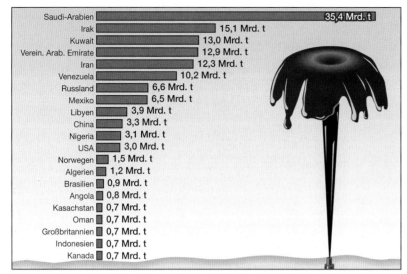

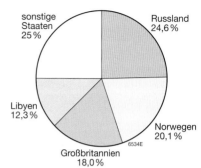

Rohölimporte insgesamt 109,034 Mio. t

- sonstige Staaten 25%
- Russland 24,6%
- Norwegen 20,1%
- Großbritannien 18,0%
- Libyen 12,3%

7: Rohöllieferanten Deutschlands 1998

4: Länder mit den größten Erdölreserven auf der Erde

Industriezweige (Auswahl)	Exportquote*	Importquote**
Textil- und Bekleidungsindustrie	67	78
chemische Industrie	65	53
Automobilindustrie	57	42
Holz-, Papier-, Glas- und Keramikindustrie	28	28

* Exporte in Prozent des Umsatzes 1998
** Importe in Prozent des Inlandmarktes 1998 (Umsatz plus Importe minus Exporte)

5: Verflechtung der deutschen Industrie mit dem Ausland

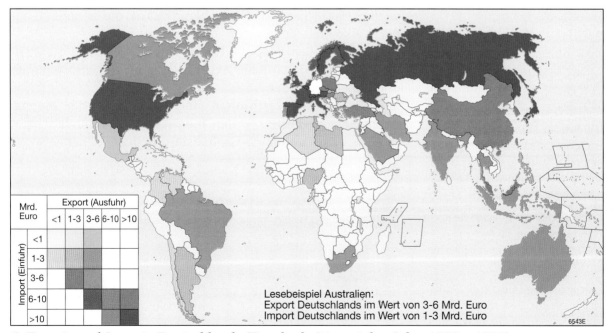

Lesebeispiel Australien:
Export Deutschlands im Wert von 3-6 Mrd. Euro
Import Deutschlands im Wert von 1-3 Mrd. Euro

6: Exporte und Importe Deutschlands (Durchschnittswert der Jahre 1992 – 1998)

1: In Hambach bei Saargemünd (Lothringen/Frankreich) produziert DaimlerChrysler den Kleinwagen Smart (Länge: 2,5 m; Breite: 1,5 m).

Deutsche Unternehmen zieht es ins Ausland

Automobilfirmen wie VW/Audi, DaimlerChrysler oder BMW haben **Zweigwerke** im Ausland errichtet. Dort erschließen die Unternehmen nicht nur neue Absatzmärkte, sondern bauen auch preiswerter als in Deutschland Autos, die sie überall auf der Welt verkaufen können.

Insgesamt wollen deutsche Unternehmen von 1999 bis 2010 mindestens 300 000 neue Arbeitsplätze im Ausland schaffen und dabei Milliarden investieren.

Diese **Auslandsinvestitionen** sind ein Zeichen für die zunehmende Verflechtung der internationalen Handelsbeziehungen, das heißt für die **Globalisierung** des Welthandels.

Aufgaben

1. a) Berichte über die Produktion deutscher Automobilkonzerne im Ausland (Abb. 3, Abb. 5).
b) Begründe, warum sie im Ausland produzieren (Abb. 2, Abb. 7).

2. Welche Bedeutung haben die Importe und Exporte von Straßenfahrzeugen? Stelle Vergleiche mit anderen Waren an (Abb. 4).

3. Deutsche Autos werden per Schiff nach Japan exportiert. Nenne Ozeane und Randmeere, die ein solches Schiff durchfährt (Atlas).

Steuern: Niedriger als in Deutschland. Firmen, die sich in Lothringen ansiedeln, brauchen in den ersten Jahren in der Regel keine Steuern zu zahlen.

Grundstücke: Bauland ist billiger als in Deutschland.

Arbeitskräfte: Gut ausgebildete Frauen und Männer. Großes Angebot an Arbeitskräften; über 100 000 Arbeitslose. In Frankreich darf an sieben Tagen in der Woche gearbeitet werden.

2: Gründe, warum DaimlerChrysler nach Lothringen ging

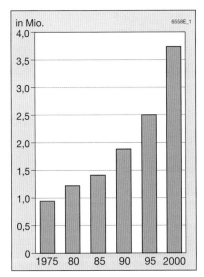

in Mio.   6558E_1

4,0
3,5
3,0
2,5
2,0
1,5
1,0
0,5
0
   1975 80 85 90 95 2000

3: Produktion deutscher Pkws
im Ausland

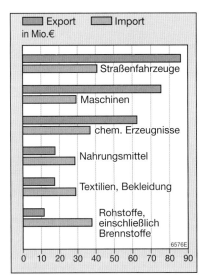

☐ Export ☐ Import
in Mio.€

Straßenfahrzeuge
Maschinen
chem. Erzeugnisse
Nahrungsmittel
Textilien, Bekleidung
Rohstoffe,
einschließlich
Brennstoffe
                                    6576E

0 10 20 30 40 50 60 70 80 90

4: Deutschlands wichtigste
Import- und Exportwaren
2000

Stundenlohn 2001
(mit Lohnnebenkosten)

Westdeutschland	26,16 €
USA	22,92 €
Ostdeutschland	16,86 €
Großbritannien	19,23 €
Frankreich	18,93 €
Taiwan	5,23 €
Polen	3,76 €
Tschechische Republik	3,30 €
Malaysia	1,51 €

7: Lohnkosten in der
Industrie

Der VW-Konzern produziert in folgenden Ländern:

Deutschland, Belgien, Bosnien-Herzegowina, Großbritannien,
Schweden, Italien, Polen, Portugal, Spanien, Slowakische Republik,
Tschechische Republik, Ungarn, Argentinien, Brasilien, Mexiko,
Südafrika, USA, China, Indonesien, Malaysia, Philippinen, Taiwan.

5: Beispiel eines deutschen Unternehmens für seine
Auslandsproduktion

Aufgaben

❂ **4.** Vergleiche den Außenhandel
Deutschlands mit drei anderen euro-
päischen Industrieländern (Atlas,
Karte: Erde – Welthandel).

❂ **5.** Erkläre den Begriff Globalisierung mit wenigen Sätzen.

Ein Chip geht um die Welt

Es ist wichtig zu begreifen, dass
Globalisierung nicht einfach nur
mehr Handel zwischen den
einzelnen Staaten bedeutet.
Wer sich ein neues Auto gekauft
hat, wird wahrscheinlich
feststellen, dass die Airbags durch einen
Mikrochip gesteuert werden. Diese Chips
werden im Silicon Valley (USA) produziert,
anschließend zum Testen auf die Philippinen
geschickt und von dort weiter nach Taiwan, wo
sie verpackt werden. Von Taiwan werden die
Chips per Flugzeug nach Deutschland
transportiert, wo sie in die Autos der Firma
BMW eingebaut werden. Die Autos werden

nach Brasilien exportiert, wo jemand einen
BMW seiner Tochter oder seinem Sohn zum
Studienabschluss schenkt. Ein Facharbeiter in
Boston arbeitet also mit einem
unausgebildeten Arbeiter auf den Philippinen
zusammen und der wiederum mit einem
halbausgebildeten Arbeiter auf
Taiwan. Und sie alle arbeiten mit einer hoch
bezahlten Arbeitskraft in den BMW-Werken
zusammen. Alle arbeiten für einen Chip, der
50 US-Dollar kostet. Und sie alle sind abhängig
von einem Absatzmarkt in Brasilien. Das ist
globale Wirtschaft und eben nicht „nur"
internationaler Handel.
(Nach: Süddeutsche Zeitung vom 13./14.2.1999)

6: Globalisierung

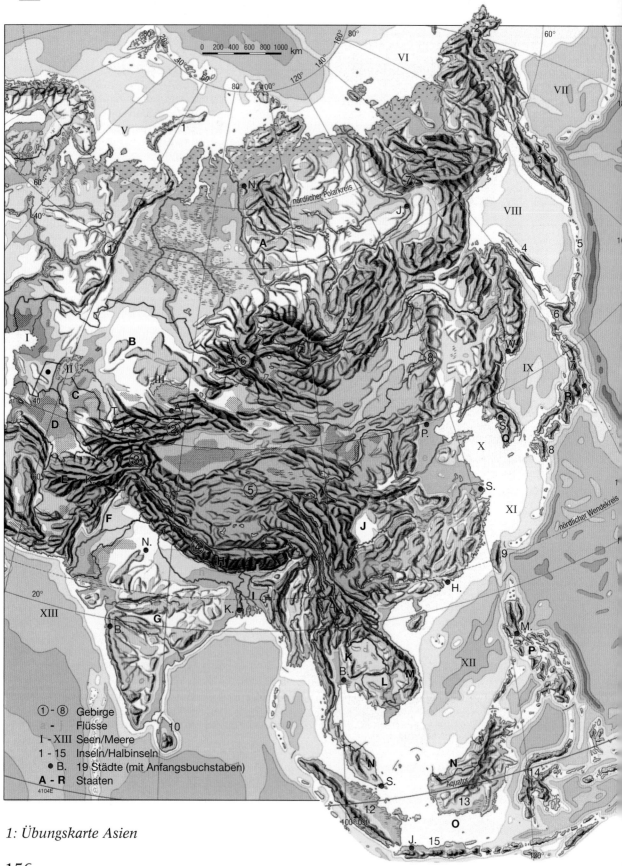

1: Übungskarte Asien

**Das Wichtigste
kurz gefasst:**

High-tech aus Indien

Indien ist heute einer der führenden Hersteller von Software. Das große Know-how und die geringen Kosten im Niedriglohnland Indien haben viele ausländische Computerfirmen angelockt.

Die Tigerstaaten

Das zu China gehörende Hongkong, die Staaten Singapur, Taiwan und Südkorea haben eigene Industrien aufgebaut und sich zu so genannten Newly Industrializing Countries (NIC) entwickelt. Ihr Außenhandel ist sprunghaft gestiegen; sie bieten auf dem Weltmarkt moderne Industrieprodukte preiswert an. Die „vier kleinen Tiger" sind Ende der 1990er Jahre wie andere südost- und ostasiatische Staaten in eine Wirtschaftskrise geraten. Langsam erholt sich nun die Wirtschaft wieder.

Deutschland und die Welt – Handel verbindet

Grundbegriffe

**Software-Industrie
Newly Industrializing
Countries (NIC)
Asienkrise
Export
Import
Außenhandel
Zweigwerk
Auslandsinvestition
Globalisierung**

Deutschland ist das zweitgrößte Welthandelsland. Handelsbeziehungen bestehen zu allen Staaten der Erde. Importiert werden zum Beispiel Rohstoffe, die in Deutschland weiterverarbeitet werden. Der Außenhandel trägt stark zur Wirtschaftskraft unseres Landes bei.

Deutsche Automobilfirmen errichten im Ausland Zweigwerke, weil sie dort Autos preiswerter produzieren und neue Absatzmärkte erschließen können. Sie schaffen dort neue Arbeitsplätze und investieren Geld in Milliardenhöhe. Die Auslandsinvestitionen sind ein Zeichen für die zunehmende Globalisierung des Welthandels.

Vor uns die Sintflut?

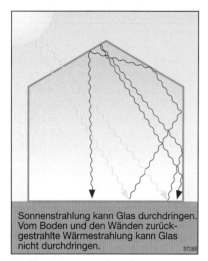

Sonnenstrahlung kann Glas durchdringen. Vom Boden und den Wänden zurückgestrahlte Wärmestrahlung kann Glas nicht durchdringen.

1: Erwärmung in einem Treibhaus

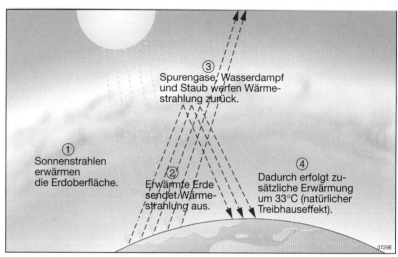

③ Spurengase, Wasserdampf und Staub werfen Wärmestrahlung zurück.

① Sonnenstrahlen erwärmen die Erdoberfläche.

② Erwärmte Erde sendet Wärmestrahlung aus.

④ Dadurch erfolgt zusätzliche Erwärmung um 33°C (natürlicher Treibhauseffekt).

2: Der natürliche Treibhauseffekt auf der Erde

Treibhaus Erde

Es ist Hochsommer in Deutschland. Die Menschen tragen Wollmützen, Schals, dicke Mäntel und gefütterte Handschuhe. Draußen ist es bitterkalt, wie immer zu dieser Jahreszeit.

Wenn es in der Atmosphäre keine Gase gäbe und damit auch nicht den natürlichen **Treibhauseffekt**, dann wäre es auf der Erde minus 15 Grad Celsius kalt. Die Gase, wie zum Beispiel Kohlenstoffdioxid (CO_2) oder Methan, wirken nämlich wie die Glasscheibe eines Treibhauses. Sie werden auch **Treibhausgase** genannt. Diese lassen die Sonnenstrahlen nahezu ungehindert bis zur Erdoberfläche durch. Sie verhindern aber, dass die von der Erde ausgehende Wärmestrahlung vollkommen ins All entweicht. Es kommt zu einer natürlichen Erwärmung der Erde, dem so genannten natürlichen Treibhauseffekt.

Das brauchst du dazu:

zwei Einmachgläser, drei Thermometer, drei feste Unterlagen (z.B. Karton), ein Holzklötzchen, drei Stück weißes Papier

So führst du den Versuch durch:

1. Stelle ein Einmachglas mit der Öffnung nach oben und das andere mit der Öffnung nach unten auf eine Unterlage in die Sonne (siehe Abbildung).
2. Stelle je ein Thermometer in die Gläser hinein. Lehne das dritte Thermometer an das Holzklötzchen an.
3. Decke die Thermometerfühler mit je einem Stück weißen Papier ab.
4. Lies die Temperatur auf den drei Thermometern nach zehn Minuten ab. Vergleiche die Temperaturen.
5. Übertrage deine Beobachtungsergebnisse auf das „Treibhaus Erde".

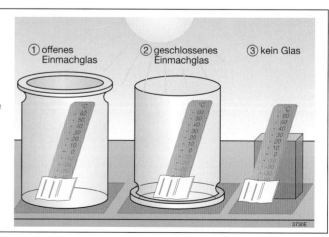

① offenes Einmachglas ② geschlossenes Einmachglas ③ kein Glas

3: Versuch zum Treibhauseffekt

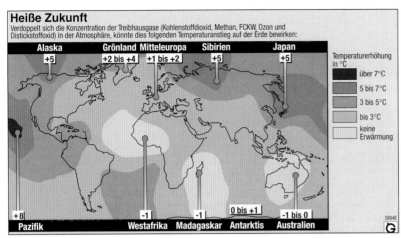

Heiße Zukunft
Verdoppelt sich die Konzentration der Treibhausgase (Kohlenstoffdioxid, Methan, FCKW, Ozon und
Distickstoffoxid) in der Atmosphäre, könnte dies folgenden Temperaturanstieg auf der Erde bewirken:

Alaska +5 | Grönland +2 bis +4 | Mitteleuropa +1 bis +2 | Sibirien +5 | Japan +5

Temperaturerhöhung in °C
- über 7°C
- 5 bis 7°C
- 3 bis 5°C
- bis 3°C
- keine Erwärmung

Pazifik +8 | Westafrika -1 | Madagaskar -1 | Antarktis 0 bis +1 | Australien -1 bis 0

4: Modellrechnung: Durchschnittstemperaturen im Jahr 2050 bei steigender Konzentration der Treibhausgase

Langsam kann ich diese Horrormeldungen nicht mehr sehen...!

5: Karikatur

Untersuchungen haben ergeben, dass die Durchschnittstemperatur auf der Erde ansteigt. Sie liegt heute um 0,7 Grad Celsius höher als vor 150 Jahren. Klimaforscher sind der Meinung, dass die zunehmende Luftverschmutzung durch den Menschen daran schuld ist. Seit Beginn der Industrialisierung im 19. Jahrhundert werden immer mehr Kohle, Erdöl und Erdgas verbrannt, zum Beispiel zur Energiegewinnung. Bei der Verbrennung entstehen Gase wie beispielsweise Kohlenstoffdioxid. Diese gelangen als Treibhausgase in die Luft und verstärken den natürlichen Treibhauseffekt.
Die Erde heizt sich weiter auf und die Gletscher schmelzen ab. Allein das Schmelzwasser der Antarktis-Gletscher ließe den Wasserstand des Weltmeeres um 70 Meter ansteigen. Das gesamte Norddeutsche Tiefland würde unter Wasser stehen und zum Revier für Seesterne und Muscheln werden.

Aufgaben

1. Wie kommt es zu dem natürlichen Treibhauseffekt (Abb. 1 und 2)?

2. a) Beschreibe die Folgen einer weiteren Erwärmung der Erde (Abb. 4).
b) Nenne mögliche Verursacher dieser Entwicklung (Abb. 6).

3. Was will die Karikatur ausdrücken (Abb. 5)?

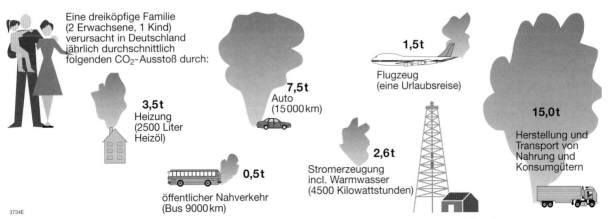

Eine dreiköpfige Familie (2 Erwachsene, 1 Kind) verursacht in Deutschland jährlich durchschnittlich folgenden CO_2-Ausstoß durch:

3,5t Heizung (2500 Liter Heizöl)

7,5t Auto (15 000 km)

1,5t Flugzeug (eine Urlaubsreise)

0,5t öffentlicher Nahverkehr (Bus 9000 km)

2,6t Stromerzeugung incl. Warmwasser (4500 Kilowattstunden)

15,0t Herstellung und Transport von Nahrung und Konsumgütern

6: Durchschnittlicher CO_2-Ausstoß einer dreiköpfigen Familie in Deutschland

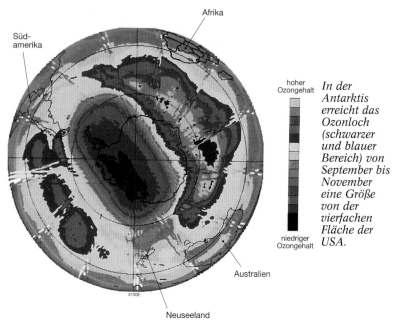

1: Satellitenbild von der Südhalbkugel der Erde

In der Antarktis erreicht das Ozonloch (schwarzer und blauer Bereich) von September bis November eine Größe von der vierfachen Fläche der USA.

„Ozonloch – Gefahr für die Menschheit"

Diese Schlagzeile konnte man im Oktober 1985 in jeder Tageszeitung lesen. Forscher einer britischen Antarktis-Station hatten Unglaubliches entdeckt: Über der Antarktis war die **Ozonschicht** dünner als je zuvor, an manchen Stellen sogar nur noch wenige Kilometer dick. Die Schlagzeile sorgte weltweit für Aufsehen. Warum?

Die Ozonschicht umspannt in 20 bis 50 km Höhe die gesamte Erde. Sie ist eine Schutzhülle; denn sie „schluckt" den größten Teil der ultravioletten Sonnenstrahlung (UV-Strahlung), die für die Menschen, Tiere und Pflanzen schädlich sein kann. Dünnt die Ozonschicht aus, verliert sie an Wirkung. Je dünner sie ist, umso mehr UV-Strahlen gelangen bis zur Erdoberfläche.

Das **Ozonloch** wird durch so genannte „Fluorchlorkohlenwasserstoffe" (FCKW) hervorgerufen. Es sind Gase, die in Kühlschränken und Spray-Dosen verwendet werden. Gelangen sie in die Atmosphäre, steigen sie bis zur Ozonschicht auf und zerstören dort das Ozon.

Die Ozonschicht ist nicht nur über der Antarktis und den angrenzenden Kontinenten gefährlich dünn geworden. Auch über der Nordhalbkugel wurde ein Ozonloch entdeckt. Wissenschaftler stellten fest, dass der Ozongehalt über Deutschland zum Beispiel um 15 Prozent niedriger war als noch vor Jahren.

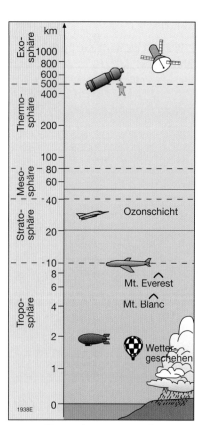

2: Aufbau der Atmosphäre

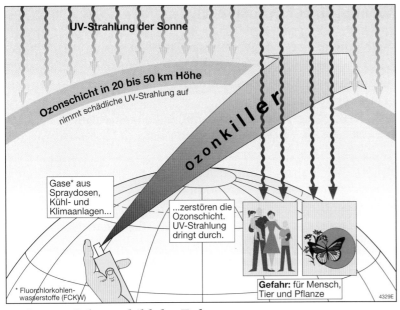

Jahr	FCKW	
1968	1,3 Mio. t	
1978	5,2 Mio. t	* geschätzte
1988	13,3 Mio. t	Menge bei
1998	19,1 Mio. t	völliger Ein-
2008	16,9 Mio. t*	stellung der
2038	12,8 Mio. t*	FCKW-Pro-
2298	1,1 Mio. t*	duktion im
		Jahr 1990

6: FCKW-Menge in der Atmosphäre

3: Ozon – Schutzschild der Erde

Wirkung erhöhter UV-Strahlung auf:	Gefahren, Schäden
	- schnelleres Altern der Haut - Sonnenbrand - Hautkrebs - Schwächung der Abwehrstoffe gegen Krankheiten - Augenschäden (grauer Star) mit nachfolgender Erblindung
	- Erblindung - Hautkrankheiten
	- verlangsamtes Pflanzenwachstum, Schädigung von Nutzpflanzen - Rückgang der Plankton-Produktion im Meer

4: Gefahren der UV-Strahlung für Menschen, Tiere, Pflanzen

5: Plakat in Melbourne: „Ich lasse mich nicht braten"

Aufgaben

1. Die Ozonschicht ist ein Schutzschild. Erkläre (Abb. 2 und 3).

2. Beschreibe die möglichen Folgen einer erhöhten UV-Strahlung (Abb. 4 und 5).

3. „Ozonloch über der Antarktis" (Abb. 1). Erkläre die Ursache.

4. Ab dem Jahr 2010 wollen alle Länder der Erde keine Produkte mehr herstellen, in denen FCKW enthalten ist. Dennoch ist damit die Gefahr durch FCKW nicht gebannt. Erläutere (Abb. 6).

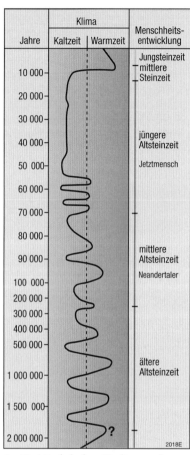

Jahre	Klima		Menschheits-entwicklung
	Kaltzeit	Warmzeit	
10 000			Jungsteinzeit mittlere Steinzeit
20 000			
30 000			
40 000			jüngere Altsteinzeit
50 000			Jetztmensch
60 000			
70 000			
80 000			mittlere Altsteinzeit
90 000			Neandertaler
100 000			
200 000			
300 000			
400 000			
500 000			ältere Altsteinzeit
1 000 000			
1 500 000			
2 000 000		?	

2018E

*1: Zeittafel der Kalt- und
Warmzeiten in der
Erdgeschichte*

Meinungen von Klimaforschern

Viele Klimaforscher meinen, dass die Durchschnittstemperaturen auf der Erde weiter ansteigen. Bis zum Jahr 2050 sagen sie eine zusätzliche Erwärmung um drei Grad Celsius voraus. Sie stellen folgendes fest:

● Seit 1850 hat sich die Atmosphäre stetig erwärmt.
● 1999 war das wärmste Jahr seit Beginn der Temperaturmessungen Mitte des 19. Jahrhunderts.
● Orkane, Dürren und Überschwemmungen treten heute viermal häufiger auf als vor 50 Jahren.
● Seit 1930 ist der Meeresspiegel um zehn Zentimeter angestiegen. Er steigt schneller an als vor 30 Jahren. Der Anstieg beträgt heute zwei Millimeter pro Jahr.
● Die Gletscher in den Alpen schmelzen weiter ab.

Es gibt aber auch Klimaforscher, die eine andere Entwicklung voraussehen. Sie nennen zum Beispiel folgende Argumente:
● Erwärmt sich die Atmosphäre weiter, so verdunstet auch mehr Wasser. Es kommt zu einer verstärkten Wolkenbildung. Dadurch gelangen weniger Sonnenstrahlen zur Erde. Die Durchschnittstemperaturen gehen weltweit zurück.
● Die Durchschnittstemperaturen auf der Erde stiegen auch früher schon an. Warm- und Kaltzeiten wechseln sich immer wieder ab.

Aufgaben

1. Ordne die Texte ① bis ④ den Fotos A bis D zu (Abb. 3).

2. Erläutere mögliche Folgen des Treibhauseffektes (Abb. 2 und 3).

3. „Verändert sich das Weltklima?" Nimm zu den Argumenten der Klimaforscher Stellung (Abb. 1, Text).

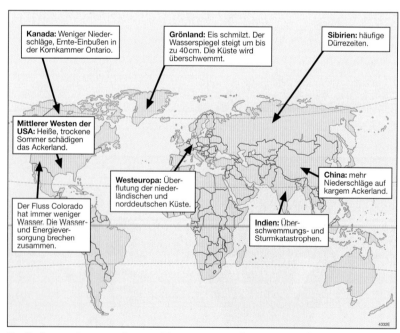

*2: Folgen einer weiteren Erwärmung bis zum Jahr 2050
(Auswahl)*

A

B

① Das Inlandeis auf Grönland und in der Antarktis schmilzt ab. Der Meeresspiegel steigt an. Es kommt zu Überschwemmungen. Ein Viertel des Landes Bangladesch wird überflutet.

② Die Luft erwärmt sich über dem Land schneller als über dem Meer. Die Temperaturunterschiede zwischen Land und Meer werden größer. Es kommt deshalb häufiger zu orkanartigen Stürmen und Wirbelstürmen.

③ Lang anhaltende sintflutartige Regenfälle wechseln sich mit monatelangen Dürreperioden ab. Wüsten wie die Sahara dehnen sich aus. Es kommt häufiger zu Missernten und Hungerkatastrophen.

④ Die weitere Erwärmung der Erde wirkt sich auf die Meeresströmungen aus. Der warme Golfstrom zum Beispiel erreicht nicht mehr die Küste von Norwegen und Russland. Dort gibt es dann längere und kältere Winter. Das hat Folgen für die Landwirtschaft und Forstwirtschaft.

C

D

3: *Mögliche Auswirkungen des Treibhauseffektes*

1: Juli 1990

2: Juli 1999

SOS – Wald in Not

Am Taufstein (773 m) im Vogelsberg trifft sich eine Schulklasse mit Förster Sommer. Sie wandern durch den Wald. Herr Sommer erklärt die einzelnen Baumarten. An einer Lichtung bleibt er stehen und zeigt mit dem Finger nach oben: „Schaut, die Nadeln der Tannen sind braun. Bei einigen Bäumen sind die Nadeln bereits abgefallen. Diese Nadelbäume sind krank. Das **Waldsterben** ist auch an anderen Stellen in meinem Revier zu beobachten."

Die wichtigste Ursache für das Waldsterben ist die **Luftverschmutzung**. In der Luft sind verschiedene schädliche Gase enthalten. Besonders gefährlich ist Schwefeldioxid. Es dringt in die Nadeln und Blätter ein. Diese vergilben zunächst und fallen später ab. Schwefeldioxid setzt den Wäldern aber auch in anderer Form zu. Wenn es regnet, verbindet sich dieses Gas in der Luft mit dem Wasser. Es entsteht **saurer Regen**, der in den Boden einsickert. Die Wurzeln der Bäume werden geschädigt. Die Bäume wachsen langsamer und sind anfälliger gegen Schädlinge als gesunde Bäume. Häufig werden die Jungpflanzen nur ein Jahr alt.

Ein Baum ...

... filtert Abgase und Staub
... gibt Sauerstoff ab
... speichert Wasser
... spendet Schatten
... erhält die Bodenfeuchtigkeit
... hält den Boden fest
... schützt gegen Wind und Lärm
... ist ein Lebensraum für Tiere
... liefert Holz

3: Was leistet ein Baum?

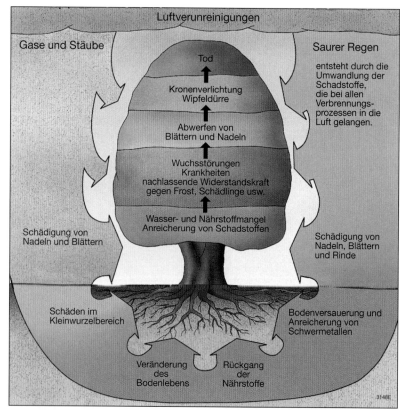

4: So wirken Luftverunreinigungen auf Bäume

166

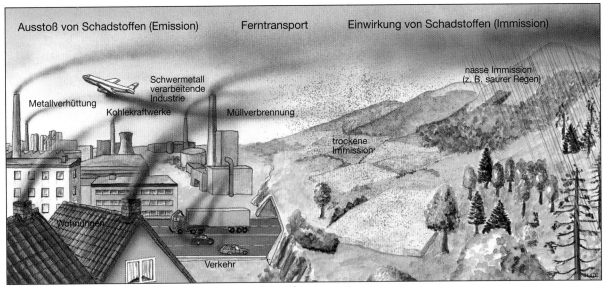

5: Luftverschmutzung – Verursacher und Wirkungsweise

Ausstoß von Schadstoffen (Emission) Ferntransport Einwirkung von Schadstoffen (Immission)

Metallverhüttung

Schwermetall verarbeitende Industrie

Kohlekraftwerke Müllverbrennung

nasse Immission (z. B. saurer Regen)

trockene Immission

Wohnungen

Verkehr

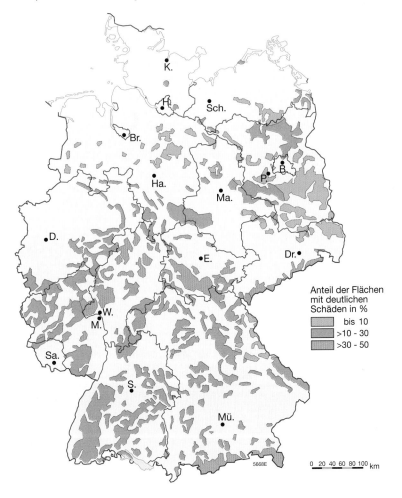

Anteil der Flächen mit deutlichen Schäden in %

	bis 10
	>10 - 30
	>30 - 50

0 20 40 60 80 100 km

6: Waldschäden in Deutschland 1997

Aufgaben

1. Woran erkennst du, dass Bäume krank sind und absterben (Abb. 1 und 2)?

2. Nenne Verursacher der Luftverschmutzung und beschreibe die Wirkungsweise der Schadstoffe (Abb. 4 und Abb. 5).

3. In welchen Gebieten von Deutschland ist der Anteil der deutlich geschädigten Bäume groß, wo ist er gering (Abb. 6 und Atlas, Karte: Deutschland – physisch)?

Weitere Informationen zum Thema „Waldsterben" bekommt ihr beim

Bundesministerium für Umwelt, Naturschutz und Reaktorsicherheit
Alexanderplatz 6
10178 Berlin

167

Der tote Wald

Durch eure Macht, durch euer Mühn
bin ich ergraut. Einst war ich grün.
Seht meine jetzige Gestalt.
Ich war ein Wald! Ich war ein Wald!
…
Fluch euch, die das mir angetan!
Nie wieder steig' ich himmelan!
Wie war ich grün. Wie bin ich alt.
Ich war ein Wald! Ich war ein Wald!

1: Gedicht von Karl Kraus

Vorbeugen ist besser als heilen

In Deutschland konnte der Ausstoß von Schadstoffen durch mehrere Gesetze und Vorschriften verringert werden. In die Schornsteine von Kraftwerken wurden wirkungsvolle Staub- und Gasfilter eingebaut. Alte Industriebetriebe wurden stillgelegt oder modernisiert. Auch durch den Einbau von Abgas-Katalysatoren bei Autos und umweltfreundliche Heizungen in den Haushalten konnte die Luftverschmutzung eingedämmt werden. Dennoch muss die Belastung der Luft weiter gesenkt werden.

In den deutschen Wäldern sind über die Hälfte aller Bäume krank. Die gesunden Bäume müssen gerettet werden. Sie sind von unschätzbarem Wert. Ein einziger Baum liefert beispielsweise so viel Sauerstoff wie zehn Menschen zum Atmen brauchen. Um die Wälder wirkungsvoll zu schützen muss mehr für den **Umweltschutz** getan werden. Weitere **Landschaftsschutzgebiete** und **Naturschutzgebiete** sind notwendig.

1991:	3 996 000 Tonnen
1993:	2 945 000 Tonnen
1995:	1 939 000 Tonnen
1997:	1 039 000 Tonnen
1999:	738 000 Tonnen
2001:	650 000 Tonnen

2: Ausstoß von Schwefeldioxid in Deutschland

Seit Beginn der achtziger Jahre haben die Waldschäden ständig zugenommen. Sie haben 1991 das höchste Niveau erreicht und bleiben seit 1995 etwa gleich. Trotz der Umrüstung von zahlreichen Industrieanlagen und Kraftwerken ist noch keine durchgreifende Erholung des Waldes festzustellen. Die Hoffnungen auf eine starke Reduzierung von Schadstoffen haben sich nicht erfüllt, denn auf unseren Straßen fahren immer mehr Pkws. Das Auto ist heute eindeutig der Waldkiller Nr. 1.

4: Nach: Umweltbundesamt: Daten zur Umwelt 2000

3: Karikatur

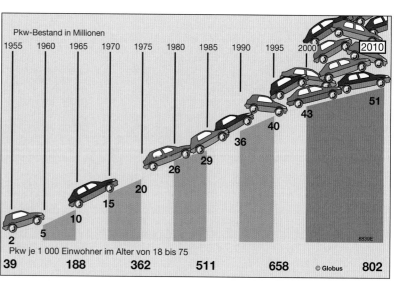

5: Entwicklung des Pkw-Bestandes in Deutschland

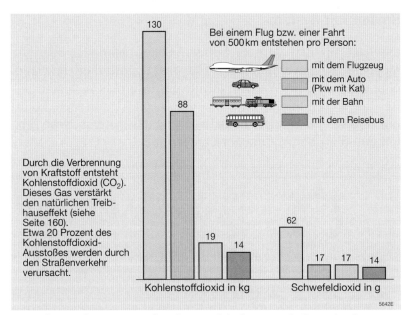

Durch die Verbrennung von Kraftstoff entsteht Kohlenstoffdioxid (CO_2). Dieses Gas verstärkt den natürlichen Treibhauseffekt (siehe Seite 160). Etwa 20 Prozent des Kohlenstoffdioxid-Ausstoßes werden durch den Straßenverkehr verursacht.

Bei einem Flug bzw. einer Fahrt von 500 km entstehen pro Person:

- mit dem Flugzeug
- mit dem Auto (Pkw mit Kat)
- mit der Bahn
- mit dem Reisebus

Kohlenstoffdioxid in kg: 130, 88, 19, 14
Schwefeldioxid in g: 62, 17, 17, 14

5642E

6: Luftverschmutzung durch verschiedene Verkehrsmittel

WENN BÄUME WEINEN KÖNNTEN!

7: Protest gegen das Waldsterben

Aufgaben

1. Diskutiert in eurer Klasse über das Gedicht von Karl Kraus (Abb. 1).

2. Erkläre, warum die Wälder trotz mehrerer Gesetze und Vorschriften zur Luftverschmutzung nach wie vor stark geschädigt sind (Abb. 4–6).

3. Wie können wir zum Schutz des Waldes beitragen? Entwirf ein Plakat, auf dem du sagst, was die Menschen alles tun können.

4. Welche Schutzgebiete hat der Gesetzgeber festgelegt und wie unterscheiden sie sich (Abb. 8)?

5. a) Wie heißt das nächstliegende Naturschutzgebiet zu deinem Schulort?
b) Welche Umweltschutz-Einrichtungen gibt es in deinem Heimatraum? Erkundige dich bei der Gemeinde oder Stadt.

Umweltschutz

Begriff für alle Maßnahmen und Verhaltensweisen, die dazu dienen, den Lebensraum des Menschen vor schädigenden Einflüssen der Landnutzung und Technik zu bewahren, ihn zu erhalten und zu verbessern.

Landschaftsschutz

Begriff für alle Maßnahmen zur Erhaltung und Pflege einer Landschaft. Ein Landschaftsschutzgebiet ist ein eindeutig abgegrenzter Raum. Er soll vor schädigenden Einflüssen des wirtschaftenden Menschen geschützt werden; jedoch ist der Landschaftsschutz weniger streng als der Naturschutz.

Naturschutz

Begriff für alle Maßnahmen zur Erhaltung und Pflege besonders schützenswerter Landschaften. Ein Naturschutzgebiet ist ein eindeutig abgegrenzter Raum. Es handelt sich oft um den Lebensraum seltener und bedrohter Tier- und Pflanzenarten. Die Schutzbestimmungen sind streng. Landwirtschaft ist oft nur mit Auflagen möglich.

8: Drei Begriffe – zwei davon sind vom Gesetzgeber festgelegt

Suchmaschinen

Programme, mit denen man im Internet Informationen suchen kann, heißen Suchmaschinen. Die Benutzung ist kostenlos und wird über Werbung finanziert. Die Eingabe der Suchbegriffe kann man sich über eine Hilfefunktion erklären lassen, besonders wenn man die Suche durch zusätzliche Angaben sinnvoll eingrenzen will. Auch nach Bildern kann man suchen.

Nach dem Start erscheinen Ergebnisliste und Kurzbeschreibungen der gefundenen Seiten. An erster Stelle stehen die Seiten, die im Zusammenhang mit dem Suchbegriff besonders wichtig sind. Eine zeitliche Sortierung ist ebenfalls wählbar. Durch Anklicken kann man die einzelnen Seiten ansehen, speichern oder ausdrucken.

Surfen mit System

Du hast auf den vorhergehenden Seiten sehr viel über die mögliche Klimaveränderung und das Waldsterben erfahren. Nun sollst du dein Wissen mithilfe des Internets vertiefen.
Bei der Informationssuche mit diesem elektronischen Medium sind vor allem zwei Dinge wichtig: das systematische Surfen und die Überprüfung der Quellen.

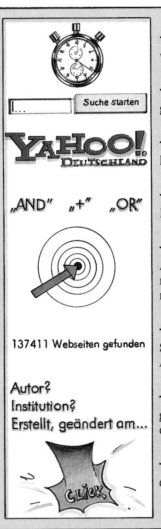

Tipp 1: Zeit ist Geld! Stoppe mit, wie lange du online bist.

Tipp 2: Überlege vor dem Start genau, wonach du suchen willst.

Tipp 3: Mache dich mit den Möglichkeiten einer Suchmaschine vertraut.

Tipp 4: Beachte die Hinweise zur Eingabe des Suchbegriffs.

Tipp 5: Verliere nie das Ziel aus den Augen, auch wenn die Versuchung, rasch etwas anderes anzuklicken, noch so groß ist.

Tipp 6: Brich sofort ab, wenn das Suchergebnis zu umfangreich ist. Ändere den Suchbegriff.

Tipp 7: Nur wer sich zu erkennen gibt, ist auch glaubwürdig! Informiere dich über die Herkunft der Quelle.

Tipp 8: Zähle, wie viele Stationen du gebraucht hast.

Aufgabe

1. Erweitere dein Wissen, indem du zwei der Grundbegriffe dieses Kapitels im Internet als Suchbegriffe eingibst. Stelle deine Ergebnisse in einem kurzen Text dar.

1: Einige Suchmaschinen

**Das Wichtigste
kurz gefasst:**

✪ Verändert sich das Weltklima?

Die Durchschnittstemperaturen auf der Erde liegen heute 0,7 Grad Celsius höher als noch vor 150 Jahren. Schuld daran ist auch die zunehmende Luftverschmutzung durch den Menschen. Kohle, Erdöl und Erdgas werden beispielsweise in der Industrie und in den Haushalten, Erdöl in Form von Treibstoffen im Verkehr verbrannt. Dabei entstehen Gase wie Kohlenstoffdioxid (CO_2). Diese verstärken den natürlichen Treibhauseffekt.

Klimaforscher sagen eine zusätzliche Erwärmung der Erde voraus. Einige von ihnen befürchten, dass die Zahl der Naturkatastrophen (z.B. Überschwemmungen, Orkane) zunimmt. Allerdings gibt es unter den Klimaforschern unterschiedliche Auffassungen.

Die Ozonschicht in der Atmosphäre wird durch Gase wie Fluorchlorkohlenwasserstoffe (Abkürzung: FCKW) zerstört. An manchen Stellen ist sie nur noch wenige Kilometer dick. Ein solches Ozonloch liegt über der Antarktis. Es gelangen mehr UV-Strahlen als je zuvor bis zur Erdoberfläche. Diese gefährden Menschen, Tiere und Pflanzen.

Grundbegriffe

- ✪ **Treibhauseffekt**
- ✪ **Treibhausgas**
- ✪ **Ozonschicht**
- ✪ **Ozonloch**
- ✪ **Waldsterben**
- ✪ **Luftverschmutzung**
- ✪ **saurer Regen**
- ✪ **Umweltschutz**
- ✪ **Landschaftsschutzgebiet**
- ✪ **Naturschutzgebiet**

✪ Stirbt der Wald?

Haushalte, Industrie und Verkehrsmittel verschmutzen die Luft, indem sie Schadstoffe ausstoßen (Emission). Darunter befinden sich schädliche Gase wie Schwefeldioxid und Kohlenstoffdioxid. Die Luftverschmutzung ist die Hauptursache für das Waldsterben. Neben Gasen und Staub wirkt auch der saure Regen auf die Bäume ein (Immission). Dadurch werden die Nadeln, Blätter und Wurzeln der Bäume geschädigt. Die kranken Bäume sterben ab.

Auch wenn die Luftverschmutzung durch verschiedene Maßnahmen eingedämmt werden konnte, stellt die ständige Zunahme des Straßenverkehrs ein großes Problem dar.

Frankfurter Motive (Bild von Klaus Holitzka)

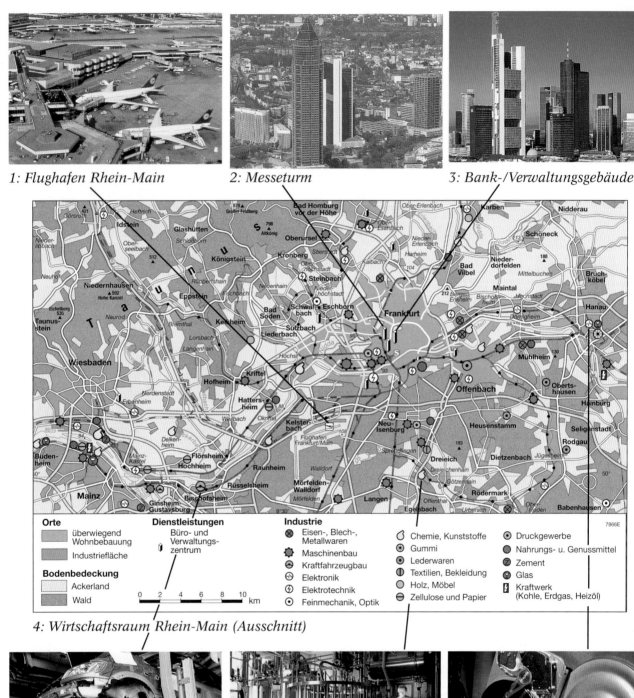

1: Flughafen Rhein-Main

2: Messeturm

3: Bank-/Verwaltungsgebäude

Orte

| | überwiegend Wohnbebauung |
| | Industriefläche |

Bodenbedeckung

| | Ackerland |
| | Wald |

0 2 4 6 8 10 km

Dienstleistungen

Büro- und Verwaltungszentrum

Industrie

- ⊗ Eisen-, Blech-, Metallwaren
- ⚙ Maschinenbau
- ⊖ Kraftfahrzeugbau
- ⊕ Elektronik
- ⚡ Elektrotechnik
- ⊙ Feinmechanik, Optik

- ◗ Chemie, Kunststoffe
- ✳ Gummi
- ● Lederwaren
- ◐ Textilien, Bekleidung
- ○ Holz, Möbel
- ⊖ Zellulose und Papier

- ⊙ Druckgewerbe
- ● Nahrungs- u. Genussmittel
- ◐ Zement
- ◓ Glas
- ▨ Kraftwerk (Kohle, Erdgas, Heizöl)

7866E

4: Wirtschaftsraum Rhein-Main (Ausschnitt)

5: Opel – Zusammenführung von Karosserie und Chassis

6: Biotest-Pharma – Produzent von Arznei zur Blutgerinnung

7: Heraeus – Hersteller von Computer-Festplatten

Das Rhein-Main-Gebiet

Morgens um 7.30 Uhr im Rhein-Main-Gebiet:

A 66: *7 km Stau zwischen Hattersheim und Eschborn …* **U-Bahnstation Frankfurt – Alte Oper:** *Tausende laufen zu ihrem Schreibtisch in der Europäischen Zentralbank …* **Flughafen Rhein-Main, Terminal 1:** *Ankunft der LH 456-1 aus London …* **Frankfurter Messe:** *10 000 Besucher strömen zum ersten Ausstellungstag der IAA …* **Opel Rüsselsheim:** *Ein Transporter mit zehn Neuwagen verlässt Rüsselsheim Richtung Flughafen Rhein-Main, Ziel: USA*

Alltagssituationen im Ballungsraum Rhein-Main. In dieser Region werden etwa zehn Prozent der Güter und **Dienstleistungen** in Deutschland erwirtschaftet, obwohl das Rhein-Main-Gebiet nur rund drei Prozent der Fläche Deutschlands ausmacht. Geographisch begrenzt vom Taunus, Vogelsberg, Spessart und Odenwald reicht das Rhein-Main-Gebiet von Friedberg bis Darmstadt und von Mainz/Wiesbaden bis Aschaffenburg. Das Zentrum ist Frankfurt. Die Rhein-Main-Region ist eines der wachstumsstärksten Wirtschaftsgebiete Europas. Grund dafür ist die verkehrsgünstige Lage.

Politisch gibt es das Rhein-Main-Gebiet nicht. Es zählt Hunderte von verschiedenen Gemeinden.

Es gibt also auch keine festen geographischen Grenzen, aber dennoch müssen sich die Menschen mit der Region identifizieren. So haben sich verschiedene Wirtschaftsverbände (die Industrie- und Handelskammern) der Region Frankfurt zusammengetan um die Zusammenarbeit in dieser bedeutenden Wirtschaftsregion innerhalb des Rhein-Main-Gebiets über die Kreis- und Ländergrenzen hinweg zu fördern. Sie nennen diese Region „Frankfurt Rhein-Main".

(Nach: IHK Frankfurt am Main: Partner, Potentiale, Projekte. Frankfurt/M. 1999, S. 54)

8: Zur Abgrenzung des Rhein-Main-Gebiets

Kreis	Fläche km²	Einwohner
Darmstadt, Stadt	122	138 000
Frankfurt/Main, Stadt	248	641 000
Offenbach, Stadt	45	118 000
Wiesbaden, Landeshauptstadt	204	271 000
Darmstadt-Dieburg	658	288 000
Groß-Gerau	453	250 000
Hochtaunuskreis	482	227 000
Main-Taunus-Kreis	222	222 000
Offenbach, Landkreis	356	337 000
Mainz, Stadt	98	185 000
Aschaffenburg	699	175 000
Insgesamt:	3587	2 852 000

9: Ballungsraum Rhein-Main 2002

Dienstleistungen sind zum Beispiel Bankleistungen, Versicherungsleistungen, Verkehrsleistungen, Leistungen der Gaststätten und Frisöre. Dienstleistungen sind Produkte, die vergleichbar mit materiellen (greifbaren) Gütern sind. Der Unterschied zwischen einem materiellen Produkt (Auto) und einer Dienstleistung (Haare schneiden) liegt darin, dass bei der Dienstleistung die Produktion und der Verbrauch zeitlich zusammenfallen.

10: Dienstleistungen

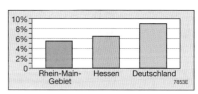

11: Arbeitslosigkeit 2002

Aufgaben

1. In welchen Bundesländern liegt das Rhein-Main-Gebiet (Atlas)?

2. Das Rhein-Main-Gebiet verdankt seine Bedeutung seiner verkehrsgünstigen Lage. Erläutere (Atlas).

3. Miss die Nord-Süd- und die West-Ost-Ausdehnung des Rhein-Main-Gebiets (Atlas).

4. Nenne Städte im Rhein-Main-Gebiet:
a) bedeutende Dienstleistungsstandorte
b) Standorte für chemische Industrie (Abb. 4).

5. Ordne die Fotos nach
a) Unternehmen für Dienstleistungen und
b) Industrien (Abb. 1 – 3, 5 – 7).

6. Ordne die Kreise im Rhein-Main-Gebiet (Abb. 9)
a) nach der Einwohnerzahl;
b) nach der Fläche.
Vergleiche.

Bekannte
Frankfurter
Gebäude
(Auswahl)

Frankfurt

Einwohner:	640 000
Haushalte:	360 000

davon ca. 50% Single-Haushalte

Arbeitsplätze:	569 400

BIP Frankfurt: 42,0 Mrd. Euro
davon:
Industrie: 17%
Dienstleistungen: 83%

Kaufkraft pro Einwohner: 18 722 Euro

Unternehmen: 42 000
davon Kreditinstitute: 329
inkl. ausländische Banken: 191

Beschäftigte:
im Bankenbereich: 78 900
in der Industrie: 64 000

Umsatz der Banken mit Sitz
in Frankfurt: 2072,5 Mrd. Euro

Umsatz der Frankfurter
Wertpapierbörse: 5,1 Billionen Euro

1: Steckbrief Frankfurt 2002
(Zahlen gerundet)

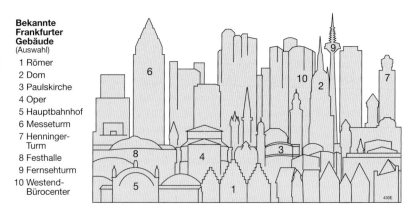

1 Römer
2 Dom
3 Paulskirche
4 Oper
5 Hauptbahnhof
6 Messeturm
7 Henninger-Turm
8 Festhalle
9 Fernsehturm
10 Westend-Bürocenter

2: Frankfurter Highlights aus Abbildung S. 172/173

„Spätestens mit der Entscheidung, die Europäische Zentralbank (EZB) nach Frankfurt zu geben, ist unsere Stadt im politischen Sinne ‚City of Europe'. Denn mit der EZB zählt Frankfurt (...) zu dem Kreis der Städte, deren Namen mit der europäischen Integration eng verbunden ist."

(Börsenzeitung, Jubiläums-Sonderbeilage am 1.2.2002)

3: Zitat von Petra Roth, Oberbürgermeisterin von Frankfurt

Frankfurt – das Mainhattan Europas

Seit Beginn der Geschichte der Bundesrepublik Deutschland im Jahr 1949 genoss die Deutsche Bundeszentralbank in Frankfurt am Main weltweit großes Ansehen. Frankfurt wurde zur **Finanzmetropole** in Deutschland. Zahlreiche deutsche und ausländische Finanzinstitute unterhalten hier eine Niederlassung, die deutschen sogar in der Regel ihren Hauptsitz (z.B. Deutsche Bank, Dresdner Bank und Commerzbank). Geschäftsgespräche können nicht nur per Telefon oder Internet geführt werden, sondern auch am gemeinsamen Konferenztisch.

Die Europäische Zentralbank (EZB) ist die Institution in Europa, die für alle Mitgliedsländer der Europäischen Union den Rahmen für die Wirtschaft stellt. Hier werden Entscheidungen für den Wirtschaftsraum Europa getroffen, die die konjunkturelle Stabilität zum Ziel haben.

Die Deutsche Börse AG – eine der modernsten elektronischen Börsen der Erde – hat ebenfalls ihren Sitz in Frankfurt. International zahlt die Frankfurter Börse, der Handelsplatz für Wertpapiere aller Art, zu den wichtigsten Börsenplätzen der Welt. Hier findet zum Beispiel der Handel mit der New Yorker und der Londoner Börse statt. Die Frankfurter Börse bietet finanziellen Handel mit allen Kontinenten und gilt somit allgemein als „Tor zur Finanzwelt". 15 Millionen Dollar jagen durchschnittlich pro Sekunde um den Globus, 1300 Milliarden Dollar pro Tag.

Aufgaben

1. Betrachte die Abb. Seite 172/173. Welche Frankfurter „Highlights" kennst du? Berichte. Betrachte auch Abb.2. Wähle dir ein Beispiel für eine genauere Beschreibung.

2. Warum ist Frankfurt ein so beliebter Standort für deutsche und ausländische Banken?

3. Wie wertet die Frankfurter Oberbürgermeisterin den Standort Frankfurt für die Ansiedelung der EZB (Abb. 3)?

4: Internationale Automobilausstellung (IAA)

5: Messe am Römer 1696

Mit der Messe fing es an

Frankfurt am Main ist heute Handelszentrum und eine der ältesten Messestädte der Welt. Schon im Mittelalter strömten zahlreiche Kaufleute aus allen Himmelsrichtungen nach Frankfurt. Wichtige Waren für die damalige Zeit waren Tuche, Schuhe und Töpferwaren. Sie suchten auf dem Römerberg ihre Käufer. Seit Kaiser Friedrich die Messen der Freien Reichsstadt Frankenfurth im Jahr 1240 per Privileg aus der Taufe hob, hat sich Frankfurt über die Jahrhunderte weltweit zu einem der bedeutendsten Messezentren entwickelt. Auf dem Messegelände zwischen Hauptbahnhof, Universität und Westkreuz finden jährlich 51 Messen statt. Zu den bekanntesten zählen die Internationale Automobilausstellung (IAA), auf der sich die Messebesucher alle zwei Jahre die Weltneuheiten auf dem Automobilmarkt anschauen sowie die Buchmesse und die Musikmesse.

Die Messe Frankfurt bietet 37 000 Ausstellern pro Jahr rund 370 000 m² Ausstellungsfläche an. Jährlich 2,2 Millionen Menschen aus aller Welt besuchen sie. Somit stellt die Messe Frankfurt einen nicht unerheblichen Anteil an der wirtschaftlichen Entwicklung der Stadt Frankfurt und der Region Rhein-Main und bietet viele Arbeitsplätze.

> Wenn in Frankfurt eine internationale Messe stattfindet, zählt Wolfgang Berger, Inhaber der fast 1700 Taxen, am Ende einer Zehn-Stunden-Schicht regelmäßig einige Hundert-Euro-Scheine mehr in seinem Portemonnaie. Auch die Restaurants in Frankfurt und Umgebung können fest mit den Messegästen rechnen. Zu Messezeiten bleibt kaum ein Tisch frei. Außerdem warten über 1800 Hotels mit mehr als 20 000 Betten auf Gäste.

6: Einkommensquelle Messe

Aufgaben

4. Weshalb bezeichnet man die Frankfurter Börse als „Tor zur finanziellen Welt"?

5. Warum ist für Messen heute eine Stadt wie Frankfurt von großem Vorteil?

6. Viele verdienen am Messegeschäft. Erläutere (Abb. 6).

✪ **7.** Welche Auswirkungen hätte die Abwanderung der IAA für Frankfurt und die Region. Erstelle ein Schaubild.

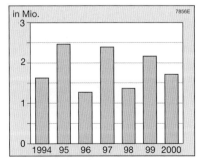

7: Messebesucher in Frankfurt 1994 – 2000
(Ungerade Jahre: IAA)

1: Frankfurt und Umgebung um 1850

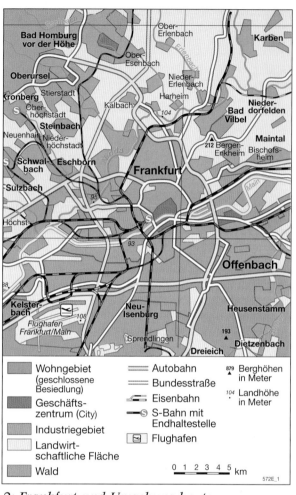

2: Frankfurt und Umgebung heute

3: Karikatur

Aufgabe

1. Bei einem Vergleich der beiden Karten (Abb. 1 und 2) erkennst du Veränderungen im Frankfurter Raum. Welche sind es?

Die Stadt wächst in ihr Umland

Noch vor 150 Jahren war die Stadt Frankfurt von den Dörfern im Umland durch Felder, Wälder und Wiesen klar getrennt. Da viele Menschen in der Landwirtschaft arbeiteten, wohnten sie vor allem in den Dörfern. Die Stadt wurde nur aus besonderem Anlass aufgesucht.

Mit der Industrialisierung begann ein wirtschaftlicher Aufschwung, der eine Zuwanderung aus den ländlichen Gebieten mit sich brachte. Als Folge der wirtschaftlichen Entwicklung und der Bevölkerungszunahme setzte eine innerstädtische Bebauung ein. So entstanden Werkssiedlungen in unmittelbarer Nachbarschaft der neuen Industriestandorte und Mehrfamilienhäuser zwischen der Stadt und den ehemaligen Dörfern zum Beispiel Bockenheim und Eckenheim.

Mit der Entwicklung der Stadt Frankfurt nach dem Zweiten Weltkrieg zu einem der bedeutendsten Dienstleistungszentren in Europa stieg auch die Nachfrage nach Wohnraum in der Stadt. Neue Stadtviertel mit Einkaufzentren entstanden, zum Beispiel die Nordwest-Stadt.

Das Wachstum der Stadt in ihr Umland verstärkte sich um 1960. Da viele Menschen zum ersten Mal ein Auto besaßen und auch die öffentlichen Verkehrsmittel regelmäßiger fuhren, wurde es möglich, an einem Ort zu arbeiten und an einem anderen Ort zu wohnen. Zahlreiche Menschen, die in Frankfurt arbeiteten, wählten jetzt ihren Wohnsitz in den Gemeinden des Umlandes.

Die Abnahme der Bevölkerung in der Großstadt und die Zunahme der Bevölkerung im Umland bewirkten, dass in den Gemeinden um Frankfurt herum neue Wohn- und Gewerbegebiete mit Verkehrswegen erschlossen wurden. Eine neue Infrastruktur entstand (Geschäfte, Arztpraxen, Schulen, Sportstätten usw.). Diese Verstädterung des Umlandes wird als **Suburbanisierung** bezeichnet. Da sich die Siedlungsflächen aller Umlandgemeinden vergrößerten, kam es zu einer **Zersiedelung**. Heute ist die Stadt Frankfurt mit ihrem Umland eng verflochten.

„Vor einigen Jahren haben wir in Heusenstamm günstig ein Haus gekauft. Zwar muss ich jetzt jeden Tag mit dem Auto zur Arbeit nach Frankfurt fahren, aber die zwanzig Minuten Fahrt nehme ich in Kauf, weil meine Familie und ich gern im Grünen wohnen."
(Rudolf Becker, Bankkaufmann, 50 Jahre)

„Ohne Auto läuft hier fast nichts. Jetzt endlich habe ich den Führerschein. Ob morgens zur Universität oder abends zu Freunden – ohne Auto ist hier nichts möglich."
(Sabine Becker, Studentin, 19 Jahre)

4: Wohnen in Heusenstamm

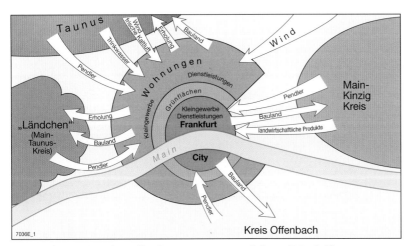

5: Stadt-Umland-Verflechtung von Frankfurt (Modell)

Das Ideal

Ja, das möchtste:
Eine Villa im Grünen mit großer Terrasse;
vorn die Ostsee, hinten die Friedrichstraße;
mit schöner Aussicht, ländlich-mondän;
vom Badezimmer ist die Zugspitze zu sehn,
aber abends zum Kino hast du´s nicht weit.
Das Ganze schlicht, voller Bescheidenheit.

6: Zitat von Kurt Tucholsky

Aufgaben

2. Welche Vorteile siehst du im Wohnen in einer Großstadt oder in einer Umlandgemeinde? Stelle beides gegenüber (Abb. 4).

3. Für welche Personengruppen bietet das Wohnen im Umland Vorzüge?

4. Auf welches Problem weist die Karikatur (Abb. 3) hin?

☺ **5.** Schreibe ein Kurzreferat zum Thema: Die Verflechtung von Stadt und Umland (Text und Abb. 5).

☺ **6.** Nimm Stellung zu dem Zitat von Kurt Tucholsky (Abb. 6).

Einwohner: 20 000
Fläche: 1850 ha
   davon:
   390 ha Wohngebiet
   1460 ha Wald, Acker- und
   Weideland
3 Grundschulen
1 Haupt- und Realschule,
1 Gymnasium
9 Kindergärten
Jugendzentrum
Volkshochschule
Kombiniertes Hallen- und Freibad,
Sportzentrum
ca. 100 Vereine

7: Steckbrief von Heusenstamm

Aufgaben

1. Nenne Regionen, aus denen die meisten Einpendler nach Frankfurt kommen (Abb. 1).

2. a) Nenne die drei Regionen, in denen der öffentliche Personennahverkehr den höchsten prozentualen Anteil hat (Abb. 1).

✪ **b)** Erkläre den unterschiedlich hohen prozentualen Anteil zwischen den Bereichen Bad Soden-Salmünster und Seligenstadt (Abb. 1 und Atlas oder RMV-Schnellbahnplan).

3. Frankfurt – reiche Stadt und arme Stadt. Erkläre.

4. Die Verkehrsbetriebe der Stadt Frankfurt und des Umlandes haben sich zum RMV zusammengeschlossen. Nenne Vorteile für die Fahrgäste (Abb. 3 und 4).

✪ **5.** „Von Hofheim, Mühlheim oder deinem Wohnort nach Frankfurt in die City." Stelle Fahrtroute und Fahrplan zusammen.

6. „Montagmorgen beim Umsteigen." Schreibe einen Text (Abb. 2).

Frankfurt ist Spitze

Die Großstadt Frankfurt hat über 640 000 Einwohner und bietet fast 570 000 Arbeitsplätze. Täglich kommen 285 000 Pendler zum Arbeiten in die Stadt. Mit dieser hohen Zahl von Einpendlern liegt Frankfurt an der Spitze aller deutschen Großstädte.

Die enge Verflechtung mit dem Umland bedingt auch die Zahl von 51 000 Auspendlern; das sind Frankfurter, die im Umland ihren Arbeitsplatz haben.

Da die Unternehmen ihre Gewerbesteuer am Ort ihrer Betriebsstätte zahlen, konnte die Stadt Frankfurt im Jahr 2000 1,26 Mrd. Euro Gewerbesteuer einnehmen. Das ist ein Spitzenwert in der Bundesrepublik Deutschland.

Trotzdem ist Frankfurt, pro Einwohner gerechnet, die am höchsten verschuldete Großstadt in Deutschland. Dafür gibt es mehrere Gründe: Die hohen Pendlerzahlen stellen große Anforderungen an die Verkehrsinfrastruktur. Die Einrichtung und Wartung der öffentlichen Verkehrsmittel ist teuer. Die Pendler zahlen jedoch ihre Einkommensteuer an ihrem Wohnort und nicht in Frankfurt.

Auch die Ausgaben für Kultur- und Sporteinrichtungen sind pro Einwohner in Frankfurt um ein Vielfaches höher als in den Gemeinden des Umlandes. Es sind unter anderem

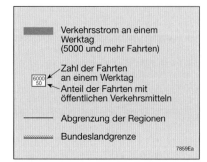

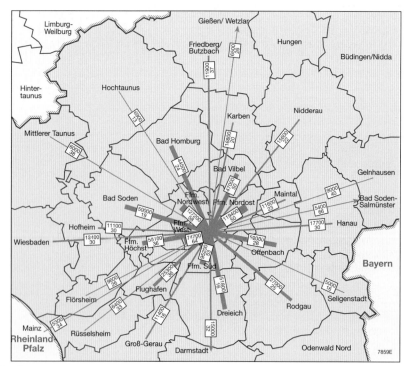

1: Pendlereinzugsbereich Frankfurts

Theater, Museen, Stadion, Großsporthallen und Eisporthalle zu betreiben. Diese sind Anziehungspunkte für die Bewohner der gesamten Rhein-Main-Region.

Rhein-Main-Verkehrsverbund (RMV) – Züge im Takt

Damit die Pendler rasch mit öffentlichen Verkehrsmitteln zu ihren Arbeitsplätzen kommen können, schlossen sich vor mehr als zehn Jahren die Verkehrsbetriebe der Stadt Frankfurt und des Umlandes zu einem großen Verkehrsunternehmen zusammen, dem Rhein-Main-Verkehrsverbund (RMV). Der RMV plant den Verkehr einheitlich für den Ballungsraum Frankfurt Rhein-Main.

4: Es passt!

2: In der Frankfurter U-Bahn

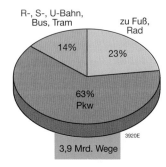

5: Verkehrsaufkommen im RMV (2000)

Katrin und Anja verlassen das Kino in der Frankfurter Innenstadt. „Hoffentlich müssen wir nicht so lange auf die Bahn warten", sagt Katrin. Anja beruhigt sie, denn sie weiß, dass jede halbe Stunde eine S-Bahn nach Friedberg fährt.

Von der Frankfurter Hauptwache fahren bis 21 Uhr die Züge zur Minute 00 und 30. In den Hauptverkehrszeiten fahren sie in Richtung Friedberg sogar im 15-Minuten-Takt. Aber nicht nur die S-Bahnen verkehren in regelmäßigen Zeitabständen. Auch Regional-Express (RE), Regionalbahn (RB) und Stadt-Express (SE) fahren im Takt.

Um die Wartezeiten für die Fahrgäste gering zu halten sind die Taktfahrpläne der einzelnen Verkehrsmittel im Verbundgebiet aufeinander abgestimmt. Wenn zum Beispiel Katrin und Anja zur Minute 10 in Friedberg ankommen, warten für andere Fahrgäste bereits die Anschlusszüge in Richtung Friedrichsdorf, Gießen und Hanau.

3: Von Frankfurt nach Friedberg

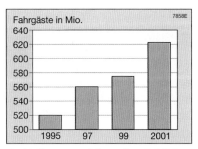

6: Fahrgastzahlen des RMV

Das Frankfurter Kreuz

- ist der wichtigste Knotenpunkt des deutschen Autobahnnetzes.

- verbindet die Autobahnen von Hamburg nach Basel und vom Ruhrgebiet nach München.

- wird täglich von rund 300 000 Kraftfahrzeugen passiert.

Der Flughafen-Bahnhof

- ist ein Fernbahnhof (ICE- und IC-Verbindungen), auf dem täglich 94 Züge ein- und abfahren.

- ist ein Regionalbahnhof (für den Nahverkehr) für S-Bahn, RegionalExpress und StadtExpress.

- wickelt täglich 220 Zugverbindungen ab.

Der Frankfurter Flughafen

- ist der siebtgrößte Flughafen der Welt sowohl im Passagier- als auch im Frachtverkehr.

- nimmt Platz 1 in der Fracht und Platz 2 (hinter London-Heathrow) bei den Passagieren in Europa ein.

- ist Ausgangspunkt für 1200 Starts und Landungen pro Tag.

- ist ein Transfer-Flughafen: 49% der Passagiere sind Umsteiger.

- ist Standort für 110 Fluggesellschaften im Passagierverkehr und etwa 50 Fluggesellschaften im Charterverkehr (Sonderflüge für überwiegend Urlauber).

- ist Ausgangspunkt und Zwischenstation für 290 Ziele in 109 Ländern.

1: Verkehrsdrehscheibe Frankfurt Flughafen

Flughafenausbau Frankfurt – ja oder nein?

Der Luftraum über Deutschland gehört wegen seiner zentralen Lage zu den am dichtesten befahrenen Lufträumen der Welt. Pro Tag bewegen sich bis zu 8000 Flugzeuge am Himmel. Fluglotsen in Kontrolltürmen und Radarzentralen weisen den Piloten Strecken und Flughöhen zu. Damit soll erreicht werden, dass die Flugzeuge auf den Luftstraßen die Sicherheitsabstände einhalten.

Auch der Flughafen Frankfurt hat seine Kapazitätsgrenze erreicht. Obwohl er in der Vergangenheit mehrfach erweitert wurde, reicht das bestehende Start- und Landebahnsystem (siehe Seite 184 Abb. 1 und 2) nicht mehr aus um den Flugverkehr störungsfrei abzuwickleln. Der Bau einer weiteren Landebahn könnte wesentlich mehr Starts und Landungen ermöglichen, für mehr Pünktlichkeit sorgen und gleichzeitig bis zu 50 000 Arbeitsplätze schaffen. Doch der Bau einer neuen Landebahn in einer der dicht besiedeltsten Regionen Deutschlands ist aus Sicherheitsgründen und wegen der hohen Lärmbelästigung umstritten. Der geplante Ausbau (siehe Seite 184 Abb. 1) stößt wegen der zunehmenden Umweltbelastung auf einen erheblichen Widerstand der Bevölkerung in den Gemeinden des Umlandes.

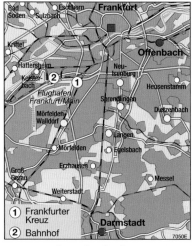

① Frankfurter Kreuz
② Bahnhof

3: Lage des Flughafens

a) *„Der Frankfurter Flughafen muss ausgebaut werden um international wettbewerbsfähig zu bleiben. Nur so kann die wirtschaftliche Stellung der Region Rhein-Main erhalten, können vorhandene Arbeitsplätze gesichert und bis zu 100 000 neue geschaffen werden."* (Fraport)

(b) *„Der Airport Frankfurt ist unser Heimatflughafen. Wir haben hier viel Geld investiert und beschäftigen 28 000 Mitarbeiterinnen und Mitarbeiter. Damit der Flughafen weiter funktioniert, muss er ausgebaut werden, denn nur so kann unsere Fluggesellschaft am Wachstum des Weltluftverkehrs teilnehmen."* (Deutsche Lufthansa)

(c) *„Für uns als zweitgrößte Messe der Welt ist der Flughafen einer der wichtigsten Standortfaktoren im Rhein-Main-Gebiet. Viele unserer Messegäste reisen mit dem Flugzeug nach Frankfurt."* (Messe GmbH)

(d) *„Unsere Unternehmensstrategie ist, dass Firmenniederlassungen nur dort eröffnet werden, wo die Fahrtzeit zu einem internationalen Flughafen höchstens 20 Minuten beträgt."* (Cisco Systems, High-Tech-Firma in Eschborn)

(e) *„Wir begrüßen den Flughafenausbau. Er ist lebenswichtig für den Finanzplatz Frankfurt mit seinen 250 Auslandsbanken und 150 deutschen Kreditinstituten. Die zehn größten Banken der Welt sind vertreten. Über 20% des deutschen Bankgeschäftes werden in Frankfurt abgewickelt. Über 50 000 Beschäftigte sind im Bankenhandel in Frankfurt tätig."*
(Pressesprecher der Deutschen Bank)

2: Befürworter des Flughafenausbaus

Aufgaben

1. Verkehrsdrehscheibe Flughafen Frankfurt. Erkläre (Abb. 1, 2 und 4).

2. Man spricht von der „Job-Maschine Flughafen". Erkläre (Abb. 1, 2 und Seite 185 Abb. 5).

✱ **3.** Warum ist der Flughafen Frankfurt ein wichtiger Standortvorteil für die gesamte Region? Schreibe einen Bericht (Abb. 1 – 4).

	Passagiere in Mio.
1. Atlanta	73
2. Chicago O`Hare	72
3. Los Angeles	61
4. London-Heathrow	61
5. Dallas/Fort Worth	60
6. Tokio-Haneda	51
7. Frankurt Fraport	49
8. Paris Charles-de-Gaulle	40
9. San Franisco	39
10. Denver	37

4: Die zehn größten Passagierflughäfen der Welt

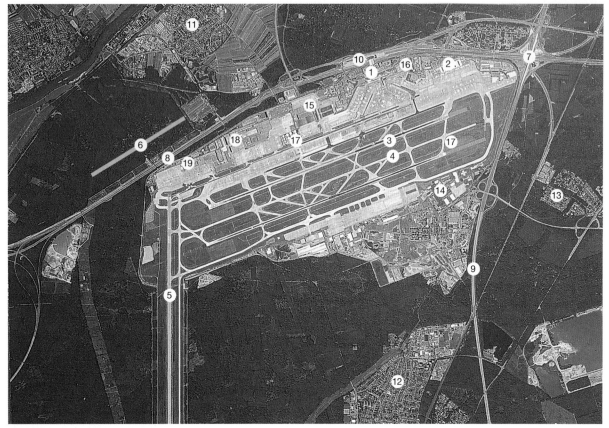

1: Luftbild vom Frankfurter Flughafen

1 Terminal 1 (Abfertigungsgebäude für Fluggäste)
2 Terminal 2 (Abfertigungsgebäude für Fluggäste)
3 Start- und Landebahn Nord
4 Start- und Landebahn Süd
5 Startbahn West
6 Landebahn Nord (voraussichtliche Inbetriebnahme 2006)
7 Frankfurter Kreuz
8 Autobahn A3
9 Autobahn A5
10 Flughafen-Bahnhof
11 Kelsterbach
12 Mörfelden-Walldorf
13 Zeppelinheim
14 US-Air-Base (Luftstützpunkt der USA, soll 2004 aufgegeben werden)
15 Werksgelände der Deutschen Lufthansa
16 Luftpost-Station
17 Tanklager
18 Station für den Umschlag leicht verderblicher Ware
19 Cargo-City-Süd

1936 Inbetriebnahme des „Flug- und Luftschiffhafens Rhein-Main"

1943 Bau der ersten Start- und Landebahn Süd; Länge 1830 Meter

1945 Bau der US-Air-Base

1949 Bau der zweiten Start- und Landebahn Nord; Länge 2150 Meter

1954 Umbenennung des „Flug- und Luftschiffhafens" in „Flughafen Frankfurt Main AG"

1957 Verlängerung der beiden Start- und Landebahnen auf 3000 Meter

1958 Beginn des Düsenluftverkehrs

1961 Eröffnung des Nachtflugpostnetzes

1970 Inbetriebnahme der größten Flugzeugwartehalle der Welt auf dem Werksgelände der Deutschen Lufthansa

1972 Eröffnung des Terminals 1 und des Regionalbahnhofes

1979 Verlängerung der beiden Start- und Landebahnen auf 4000 Meter Länge

1981 Baubeginn der Startbahn West gegen den erbitterten Widerstand von Ausbaugegnern; Länge 4000 Meter

1994 Eröffnung des Terminals 2 und der Hochbahn „Sky Line" (Verbindung zwischen Terminal 1 und Terminal 2)

1995 Baubeginn der Cargo-City-Süd

1999 Inbetriebnahme des ICE-Bahnhofes

2001 Umbenennung des Firmennamens in „Fraport – Frankfurt Airport Services Wordwide"; Beginn des Planungsverfahrens zum Bau der 2800 Meter langen Landebahn Nord

2: Legende zum Luftbild   *3: Entwicklungsgeschichte des Frankfurter Flughafens*

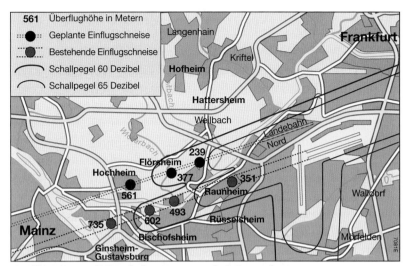

561	Überflughöhe in Metern	
●●●	Geplante Einflugschneise	
●	Bestehende Einflugschneise	
	Schallpegel 60 Dezibel	
	Schallpegel 65 Dezibel	

Langenhain
Kriftel
Hofheim
Hattersheim
Wellbach
Flörsheim 239
Hochheim 377
561 351
Raunheim
Walldorf
493
735 602 Rüsselsheim
Mainz
Bischofsheim
Mörfelden
Ginsheim-Gustavsburg
Frankfurt

4: Vermutete Lärmbelastung nach Lärmschutzzonen

Zahl der Betriebe	460
Beschäftigte insgesamt	62 000
davon:	
„Fraport"	14 000
Luftverkehrsgesellschaften	28 000
Behörden	5 350
Speditionen	2 000
Autovermietung	300
Reisebüros	150
Handel	1 200
Banken	200
Hotel/Gaststätten	1 500
Catering-Betriebe	4 600
Reinigungsbetriebe	1 700
Mineralölhandel	200
sonstige Betriebe	2 800

5: Beschäftigte im Frankfurter Flughafen, der größten Arbeitsstelle Deutschlands (2000)

Lärm

Der Schallpegel wird in Dezibel (dB) gemessen. Lärm hat Einfluss auf Hörfähigkeit, Herz, Blutdruck, Verdauung, Schlaf, Lern- und Konzentrationsfähigkeit. Ab 85 dB kann Lärm gehörschädigend sein. Der Lärm in einer Diskothek beträgt 120 dB, Verkehrslärm ca. 70 dB.

Jahr	Starts und Landungen	Luftfracht (t)	Luftpost (t)
1950	13 000	4 000	2 000
1960	85 000	47 000	12 000
1970	196 000	327 000	59 000
1980	222 000	643 000	92 000
1990	324 000	1 176 000	152 000
2000	450 000	1 450 000	135 000

6: Verkehrsentwicklung auf dem Flughafen Frankfurt

Flugzeuge erzeugen Lärm

Das Gesetz zum Schutz gegen Fluglärm schreibt vor, dass auf allen Verkehrsflughäfen, auf denen Düsenflugzeuge starten und landen, **Lärmschutzzonen** eingerichtet werden. Darunter sind Gebiete zu verstehen, in denen Lärmhöchstwerte nicht überschritten werden dürfen. Die Lärmschutzzonen sind in der Regel identisch mit den An- und Abflugrouten der Flugzeuge. Die Routen sind so gestaltet, dass der Idealkurs der Maschinen möglichst über unbewohntem Gebiet liegt. Aufgrund der dichten Bebauung des Rhein-Main-Gebietes ist dies im Frankfurter Ballungsraum nicht möglich. Der Lärmschutzbereich wird in zwei Zonen unterteilt: Die Schutzzone 1 umfasst das Gebiet, in dem der Schallpegel 65 Dezibel übersteigt, die Schutzzone 2 das Gebiet mit mehr als 60 Dezibel. In der Lärmschutzone 1 liegende Gebäude sind auf Kosten des Flughafenbetreibers mit Schallschutzeinrichtungen zu versehen. In der Zone 2 ist der Bau besonders schutzbedürftiger Einrichtungen wie Kindergärten und Krankenhäusern nicht erlaubt. Insgesamt sind von dem Bau der Landebahn Nord etwa 20 000 Menschen in der Lärmschutzzone 1 betroffen.

Aufgaben

1. Nenne Einrichtungen und Gebäude, die zur räumlichen Ausdehnung des Flughafens Frankfurt führten (Abb. 1 – 3).

2. Beschreibe die Entwicklung des Luftverkehrs auf dem Flughafen Frankfurt (Abb. 6).

3. Welche Folgen für die Gesundheit des Menschen kann der Fluglärm haben (i-Text)?

❂ **4.** Welche Gemeinden um den Frankfurter Flughafen sind vom Fluglärm nach dem Bau der Landebahn Nord besonders betroffen? Nenne Auswirkungen (Abb. 4).

185

Berlin – geteilt und wieder vereint

Nach dem Zweiten Weltkrieg (1939 – 1945) wurde Berlin in West- und Ostberlin aufgeteilt. Ostberlin war die Hauptstadt der „Deutschen Demokratischen Republik (DDR)" und Westberlin gehörte zur Bundesrepublik Deutschland. Von 1961 bis 1989 war Westberlin von einer Mauer umgeben und die Verbindungen mit Ostberlin und der DDR waren unterbrochen. Mit der Wiedervereinigung der beiden deutschen Staaten im Jahr 1990 wurde die Mauer abgerissen und Gesamtberlin wieder die Hauptstadt Deutschlands.

Berlin – auf dem Weg zur Weltstadt

Seit der Wiedervereinigung entwickelte sich Berlin zu einer Stadt von weltweiter Bedeutung, zu einer **Weltstadt**. Zum einen fällen Politikerinnen und Politiker in Berlin Entscheidungen, die Auswirkungen in der ganzen Welt haben. Dies trifft zum Beispiel zu, wenn mit deutscher Hilfe in Ländern Afrikas oder Südamerikas die Armut bekämpft oder deutsche Soldaten in eine Krisenregion entsandt werden. Von diesen Entscheidungen berichten große internationale Zeitungen sowie Rundfunk- und Fernsehanstalten in aller Welt. Außerdem vergeht kein Monat, in dem nicht ein ausländisches Staatsoberhaupt oder andere internationale politische Gäste Berlin besuchen.

Der Hauptgrund aber für die weltweite Bedeutung der Stadt besteht in ihrem riesigen, vielfältigen Kulturangebot. Einmal im Jahr findet die Eröffnung der „Berlinale", der Berliner Filmfestspiele, statt. Fast zwei Wochen lang sehen über

1 Waldbühne
2 Olympiastadion
3 Messegelände
4 Deutschlandhalle
5 Funkturm
6 ICC (Internationales Congress Zentrum)
7 Charlottenburger Schloss
8 Kaiser-Wilhelm-Gedächtniskirche
9 Europacenter
10 Siegessäule
11 Reichstag
12 Brandenburger Tor
13 Fernsehturm am „Alex"
14 Trabrennbahn
15 Staatsoper
16 Schauspielhaus
17 Sportforum Berlin

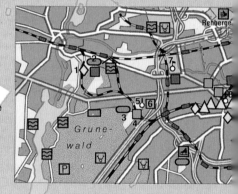

1: Love Parade.
Das größte Techno-Spektakel der Welt zieht jedes Jahr mehr als eine Million überwiegend jugendliche Techno-Begeisterte nach Berlin. Die Parade endet am Großen Stern, dem Platz mit der Siegessäule.

400 000 Besucher Filme aus aller Welt, die im Wettstreit um die „Goldenen Bären" angetreten sind. In der größten Orchester- und Theaterstadt Deutschlands gibt es acht große Orchester, darunter die weltbekannten Berliner Philharmoniker. Berlin verfügt über 150 Bühnen; davon sind allein zwölf Kinder- und Jugendtheater. 174 Berliner Museen werden jährlich von 16 Millionen Menschen besucht. Zwischen dem traditionellen Neujahrslauf und der Silvesterfeier, beide am Brandenburger Tor, ist das Jahr in Berlin mit so vielen Veranstaltungen angefüllt wie in keiner anderen Stadt Deutschlands.

Menschen aus aller Welt zieht es in die Weltstadt Berlin. Hier leben die mit Abstand meisten Ausländer in einer deutschen Stadt. Sie bilden ein buntes Völkergemisch.

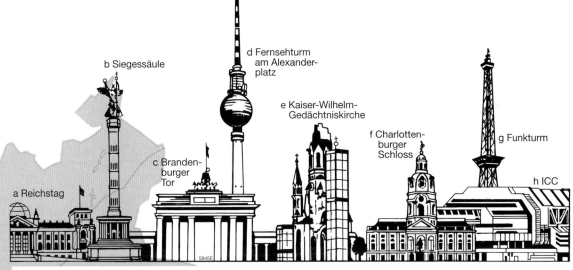

b Siegessäule

d Fernsehturm
am Alexander-
platz

e Kaiser-Wilhelm-
Gedächtniskirche

f Charlotten-
burger
Schloss

g Funkturm

c Branden-
burger
Tor

a Reichstag

h ICC

5845E

2: Sehenswürdigkeiten in Berlin

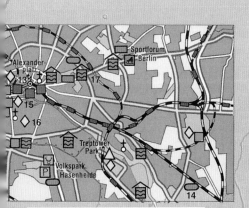

■ bedeutendes geschicht-
liches, kulturelles Gebäude

■ Wissenschaft, Kunst,
Kongress, Sport

■ Museum

◇ Theater, Konzert,
Freilichttheater

△ Kino

▭ Freizeitanlage

⬭ Stadion, große Sportanlage

▣ Eisbahn

▣ Trimm-dich-Pfad   ♂ Schloss

▨ Strand-, Freibad   ✝ sehenswerte
                        ♀ Kirche

▨ Hallenbad   ♂ Sender

Ⓟ Wanderparkplatz   ♂ Turm

⊎ Wildgehege   ⋔ Denkmal

4427Ea

3: Was gibt es wo in Berlin?

Aufgaben

1. Weshalb kann man Berlin als Weltstadt bezeichnen?

2. Wenn du Berlin durchfährst, triffst
du auf die abgebildeten Gebäude in
Abb. 2. Erstelle eine Liste dieser Gebäude von Westen nach Osten mithilfe
der Karte Abb. 3.

4: Auf der Berlinale

3. Suche zu folgenden Veranstaltungen
die Orte und Schauplätze in der Karte
(Abb. 3) und nenne ihre Kennziffern:
a) Rockkonzert auf der Waldbühne,
b) Fußballspiel im Olympiastadion,
c) Parteitag im ICC,
d) Eisrevue in der Deutschlandhalle.

187

Unter-nehmen	Sitz	Industrie	Umsatz (Mrd. Euro) 2002
Daimler-Chrysler	S.	Fahrzeuge/Elektro	150
Volkswagen	Wo.	Automobil	87
Siemens	M.	Elektro	84
E.ON	D.	Energie/Chemie	55
RWE	E.	Energie/Bau	43
BMW	M.	Automobil	42
Thyssen-Krupp	Du.	Stahl/Maschinen	37
Bosch	S.	Elektro	35
BASF	Lu.	Chemie	32
EADS	M.	Luft- und Raumfahrt	30
Bayer	Le.	Chemie	30
Audi	In.	Automobil	23
TUI	H.	Energie/Touristik	20
Aventis	F.	Chemie	18
MAN	M.	Maschinen/Anlagen	16
Ford-Werke	K.	Automobil	15
Adam Opel	Rü.	Automobil	15
RAG	E.	Chemie/Bergbau	13
Henkel	D.	Chemie/Reinigungsmittel	10
Valeo	S.	Automobil-Zulieferer	10

(Nach: Die Welt „TOP 500", Dez. 2003)

1: Die 20 größten Industrie-Unternehmen in Deutschland

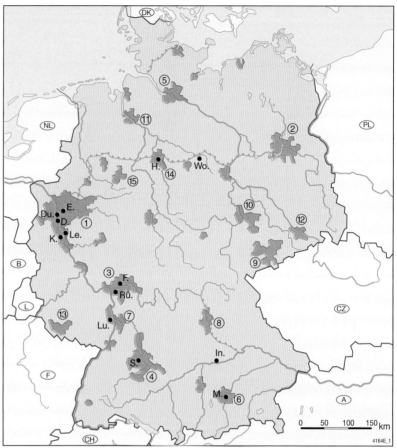

2: Verdichtungsräume und Firmensitze aus Abb. 1

Deutschland: „Geballte" Industrien

Deutschland ist ein bedeutendes Industrieland. Nach dem Handels- und Dienstleistungsbereich ist die Industrie der wichtigste Wirtschaftsbereich unseres Landes. Fast neun Millionen Menschen sind in rund 68 000 Industrie-Unternehmen beschäftigt. Die „TOP 20" der deutschen Großunternehmen erwirtschaften allein mehr als die Hälfte des Umsatzes der gesamten Industrie. Die Firmensitze der Großunternehmen sind auf wenige Großstädte konzentriert. Diese liegen meist in den Verdichtungsräumen unseres Landes.

Aufgaben

1. a) Finde mithilfe der Übungskarte (Abb. 2) die Firmensitze der 20 Großunternehmen (Abb. 1) heraus (Atlas, Karte: Deutschland – physisch). b) In welchen Bundesländern liegen diese Städte?

2. Übertrage die Tabelle in Abb. 3 in dein Heft. Ergänze sie nach dem vorgegebenen Muster. Bestimme zunächst die 15 Verdichtungsräume aus Abb. 2. Ordne ihnen Industrien zu (Atlas, Karte: Deutschland – Industrie).

Kennziffer	Verdichtungsraum	Industrien/Branchen
(1)	Rhein-Ruhr	Chemie, Aluminiumverhüttung Maschinenbau, Stahlerzeugung, Kraftfahrzeugbau, Energie
(2)	Berlin	…
(3)	Rhein-Main	…

3: Verdichtungsräume und ihre Industrien

Ballungsraum Rhein-Main

Das Rhein-Main-Gebiet ist eines der wachstumsstärksten Wirtschaftsgebiete in Europa. Die verkehrsgünstige Lage macht die Region als Standort für Dienstleistungen und Industrie attraktiv. Im Raum „Frankfurt Rhein-Main" arbeiten Wirtschaftsverbände über Kreis- und Ländergrenzen hinweg zusammen.

Frankfurt – die Stadt und ihr Umland

Frankfurt ist das Zentrum des Rhein-Main-Gebiets. Die Stadt ist die Finanzmetropole Europas mit Sitz der Europäischen Zentralbank und einer der wichtigsten Börsen der Welt. Das Angebot an qualifizierten Arbeitsplätzen, vor allem im Dienstleistungsbereich, schafft Nachfrage nach Wohnungen in der Stadt und in ihrem Umland. Gemeinden des Umlandes haben sich durch neue Wohn- und Gewerbegebiete sowie eine neue Infrastruktur zu Städten entwickelt.

Streitobjekt Großflughafen

Aufgrund der Zunahme des weltweiten Flugverkehrs und seiner besonderen Bedeutung als Verkehrsdrehscheibe ist der Flughafen Frankfurt an seine Kapazitätsgrenzen gestoßen. Der weitere Ausbau des Flughafens mit einer neuen Landebahn ist für die wirtschaftliche Entwicklung der Region notwendig und gleichzeitig umstritten. Man sucht nach Lösungen, die dem wachsenden Verkehrsaufkommen gerecht werden und die den Wirtschaftsstandort und die Zahl der Arbeitsplätze sichern, die dabei aber gleichzeitig die Umweltbelastungen für die Anwohner und die Natur gering halten.

☼ Hauptstadt Berlin

Nach dem Zweiten Weltkrieg wurde Berlin in West- und Ostberlin geteilt. Ostberlin war die Hauptstadt der „Deutschen Demokratischen Republik (DDR)", Westberlin gehörte zur Bundesrepublik Deutschland und war von einer Mauer umgeben. Nach der Wiedervereinigung wurde Berlin wieder Hauptstadt der Bundesrepublik Deutschland. Es entwickelt sich zu einer Weltstadt mit einem vielfältigen kulturellen Angebot.

Grundbegriffe

Dienstleistungen
Finanzmetropole
Suburbanisierung
Zersiedelung
Lärmschutzzone
☼ Weltstadt

In Bombay (offizieller Name: Mumbay)

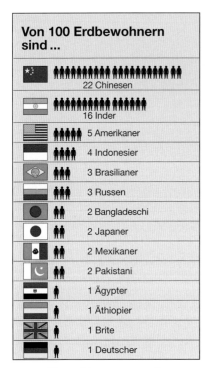

Von 100 Erdbewohnern sind ...	
🇨🇳	22 Chinesen
🇮🇳	16 Inder
🇺🇸	5 Amerikaner
🇮🇩	4 Indonesier
🇧🇷	3 Brasilianer
🇷🇺	3 Russen
🇧🇩	2 Bangladeschi
🇯🇵	2 Japaner
🇲🇽	2 Mexikaner
🇵🇰	2 Pakistani
🇪🇬	1 Ägypter
🇪🇹	1 Äthiopier
🇬🇧	1 Brite
🇩🇪	1 Deutscher

1: Erdbevölkerung nach Ländern (Auswahl)

2: Dhaka an einem Werktag um 7.00 Uhr

Die Bevölkerung der Erde „explodiert"

Gegenwärtig leben auf der Erde etwa sechs Milliarden Menschen. Jeden Tag kommen etwa 200 000 Menschen dazu. Das ist etwa die Einwohnerzahl der Stadt Hamm. Im Jahr 2050 rechnen Fachleute mit einer Weltbevölkerung von über zehn Milliarden Menschen. Etwa 4000 Jahre dauerte es, bis auf der Erde drei Milliarden Menschen lebten. Die Verdoppelung auf sechs Milliarden dauerte nur 40 Jahre. Diese Entwicklung bezeichnet man als **Bevölkerungsexplosion**. Sie findet nicht in den Industrieländern statt, sondern in den Entwicklungsländern, in der so genannten Dritten Welt (siehe Seite 78). Familien mit fünf bis acht Kindern sind keine Seltenheit. Da die medizinische und technische Versorgung verbessert wurden, sterben weniger Menschen als früher. Durch den Bau von Wasserleitungen zum Beispiel verfügen jetzt viele Familien über sauberes Trinkwasser.

Chr. Geburt	500 n.Chr.	1000	1500	1700	1900 2000

Eden

... lebt in Äthiopien und ist eines von neun Kindern.

Ihr Alter: 13 Jahre
Sie kann nicht lesen. Eine Schule hat sie nie besucht.

Ihr Alter: 16 Jahre
Eden heiratet und bekommt ihr erstes Kind. Familienplanung kennt sie nicht.

Ihr Alter: 18 Jahre
Ihr zweites Kind stirbt als Säugling.

Ihr Alter: 26 Jahre
Während ihrer sechsten Schwangerschaft treten schwere medizinische Komplikationen auf.

Ihr Alter: 31 Jahre
Nach der Geburt ihres achten Kindes hat sie die Möglichkeit Familienplanungsdienstleistungen in Anspruch zu nehmen. Sie bekommt keine weiteren Kinder mehr.

Ihr Alter: 36 Jahre
Eden wird Großmutter.

Ihr Alter: 54 Jahre
Eden stirbt.

Julia

... lebt in Deutschland und ist das jüngste von zwei Kindern.

Ihr Alter: 13 Jahre
Sie kann lesen und schreiben. Sexualaufklärung ist Thema im Unterricht.

Ihr Alter: 16 Jahre
Julia geht noch zur Schule.

Ihr Alter: 18 Jahre
Sie beginnt eine Ausbildung und startet ins Berufsleben. Sie benutzt Verhütungsmittel.

Ihr Alter: 26 Jahre
Sie heiratet und wünscht sich zwei Kinder.

Ihr Alter: 31 Jahre
Sie hat zwei Kinder. Ihre Familie ist jetzt komplett.

Ihr Alter: 36 Jahre
Julia beginnt wieder in ihrem Beruf zu arbeiten.

Ihr Alter: 54 Jahre
Julia wird Großmutter.

Ihr Alter: 79 Jahre
Julia stirbt.

---

i

Familienplanung

Mit **Familienplanung** bezeichnet man alle Maßnahmen um die Zahl der Kinder in einer Familie zu beschränken. In denjenigen Entwicklungsländern, in denen die Bevölkerung über die Vorteile der Familienplanung und die Verwendung von Verhütungsmitteln aufgeklärt wurde, gingen die Zahl der Kinder und die Kindersterblichkeit und zurück.

	Welt	Industrieländer	Entwicklungsländer
Zahl	5 771 680 000	1 170 777 000	4 600 903 000
Geburten			
pro Jahr	139 870 488	13 579 179	126 291 309
pro Tag	383 207	37 203	346 004
pro Stunde	15 967	1 550	14 417
pro Minute	266	26	240
pro Sekunde	4,4	0,4	4,0
Todesfälle			
pro Jahr	52 182 424	11 959 158	40 223 266
pro Tag	142 966	32 765	110 201
pro Stunde	5 957	1 365	4 592
pro Minute	99	22	77
pro Sekunde	1,7	0,4	1,3

3: Daten zur Bevölkerungsentwicklung

Aufgaben

1. Die Bevölkerung der Erde explodiert. Erläutere.

2. In jeder Minute werden auf der Erde 266 Kinder geboren (Abb. 3).
a) Wie viele sind es davon in Industrieländern und wie viele in Entwicklungsländern?
b) Wie viele Todesfälle gibt es pro Minute?
c) Berechne das Bevölkerungswachstum auf der Erde pro Minute.

3. Lies die Lebensläufe von Eden und Julia. Wodurch unterscheiden sie sich?

☻ **4.** Informiere dich über die Verteilung der Weltbevölkerung (Atlas, Karte: Bevölkerungsdichte). Notiere die Ergebnisse in Stichworten.

☻ **5.** Durch welche Maßnahmen kann das Bevölkerungswachstum verringert werden?

Bin ich denn der Hüter
meines Bruders? (Gen 4,9.)

Gestern starben weltweit

36 000
Kinder

an den Folgen des Hungers.

Die Beerdigungen haben in aller Stille stattgefunden. Von Beileidsbekundungen bitten wir Abstand zu nehmen. Wir wussten nicht, wie wir ihren Tod hätten vermeiden können.

Die reichen Verwandten im Norden der Erde

(© Dritte Welt Haus Bielefeld)

1: Die „andere" Todesanzeige

Aufgaben

1. Nenne zwei Gründe für den Hunger in vielen Gebieten der Erde.

❀ **2.** Die Hälfte der Erdbevölkerung lebt in nur fünf Ländern der Erde (Seite 192 Abb. 1). Suche diese Länder im Atlas.

In welchem dieser Länder ist die Bevölkerung nicht ausreichend ernährt (Abb. 2)?

Hunger gehört zum Alltag

„Was soll ich denn machen? Ich muss doch leben können! Ich sammle hier auf der Müllkippe Flaschen und Gläser und bringe sie zur Sammelstelle. Von dem Geld, das ich dafür bekomme, kaufe ich mir etwas Reis zum Essen."

Rani lebt in Indien auf der Mülldeponie von Kalkutta. Sie leidet an **Unterernährung** und gehört zu den 500 Millionen Menschen auf der Welt, die hungern müssen.

Dabei würde allein das auf der Erde angebaute Getreide ausreichen um alle Menschen zu ernähren. Etwa 40 Prozent des Getreides werden jedoch als Viehfutter verwendet um Fleisch, Milch und Eier zu erhalten. Dies können sich fast nur die Menschen in den reichen Industrieländern leisten. In den USA werden im Jahr pro Person etwa 112 kg Fleisch verzehrt, in Deutschland 89 kg, in Indien 2 kg.

Hunger hat noch weitere Ursachen. So können Missernten auftreten durch Dürren, Überschwemmungen, Schädlinge oder schlechte Böden. Die Ernte kann durch Kriege vernichtet werden.

Hunger schadet vor allem der Gesundheit von Kindern. Sie wachsen nur langsam und werden oft krank. 1997 starben in den Ländern des Hungergürtels fast neun Millionen Kinder im ersten Lebensjahr.

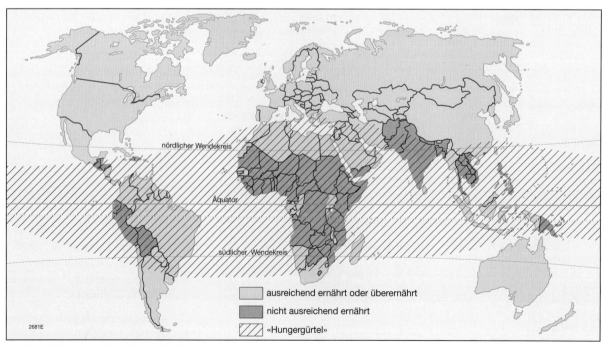

2: Der Hungergürtel der Erde

194

3: Hungerflüchtlinge in Ruanda   *4: Ein „reich gedeckter Tisch" in Deutschland*

Kann die Erde alle ernähren?

Die Nahrungsmittelproduktion bis zum Jahre 2050 muss sich verdreifachen, wenn sich das Bevölkerungswachstum in den Entwicklungsländern nicht ändert und sich alle Menschen wie die in Nordamerika und Europa ernähren wollten.
Wissenschaftler bezweifeln, dass dies möglich ist. Wollte man die landwirtschaftlichen Flächen ausweiten, so müsste man in dafür weniger geeignete Gebiete, wie Halbwüsten und Steppen, ausweichen. Dort würde eine intensive Landwirtschaft, die sich den natürlichen Gegebenheiten nicht anpasst, zur Ausweitung der Wüsten führen.
Es ist nötig, mit dem Naturraum schonend umzugehen. Eine dauerhafte Steigerung der Ernährung wird nur möglich sein, wenn es weltweit gelingt, durch gezielte Düngung, durch angemessenen Pflanzenschutz, neue Pflanzensorten, sparsame Bewässerung, moderne Anbau- und Bearbeitungsmethoden die Flächenerträge weiter zu erhöhen.
Einige Ernährungswissenschaftler richten ihre Hoffnung auf die **Gentechnik**. Gentechniker versuchen Pflanzen zu entwickeln, die ertragreich und widerstandsfähig sind, Kälte oder Trockenheit gut überstehen. Aber wir wissen nicht, welche gesundheitlichen Gefahren Pflanzen bergen, die in ihrem Erbgut verändert worden sind.

Aufgaben

3. Nenne jeweils zwei Staaten in Südamerika, Afrika und Asien, die im Hungergürtel der Erde liegen und deren Bevölkerung nicht ausreichend ernährt wird (Abb. 2; Atlas, Karte: Erde – Staaten).

4. Durch Ausdehnung des intensiven Anbaus auf bisher weniger oder nicht genutzte Flächen ist es möglich, die Nahrungsmittelproduktion zu steigern. Erläutere die Grenzen und Risken dieser Maßnahmen.

5. Informiere dich über Möglichkeiten und Gefahren der Gentechnik und berichte.

6. „Wir alle sollten uns mitverantwortlich fühlen für den Hunger auf der Erde." Wie ist deine Meinung zu dieser Forderung? Betrachte dazu auch Abb. 3 und 4.

Wie lange reichen die Rohstoffe?

Aufgaben

1. Erläutere die Textüberschrift: „An den Grenzen des Wachstums?"

2. Berichte über die Entwicklung der Weltbevölkerung und den Energieverbrauch (Abb. 5).

✿ **3.** Erläutere die Karikatur (Abb. 2).

4. Zeichne ein Säulendiagramm zur Lebensdauer der Rohstoffe (Abb. 3).

✿ **5.** Schon vor über 20 Jahren haben sich Wissenschaftler mit den Grenzen des Wachstums beschäftigt. Sie haben ein Modell entworfen, das die Entwicklung der Rohstoffvorräte, der Industrieproduktion und der Bevölkerung in der Zeit von etwa 1900 bis 2100 zeigt (Abb. 4).
a) Wie sahen diese Wissenschaftler die Zukunft der Menschheit?
b) Welche Folgerungen ziehst du daraus?

An den Grenzen des Wachstums?

Die gegenwärtigen Vorräte an Platin, Gold, Zinn und Blei reichen nicht mehr aus um die Nachfrage zu befriedigen. Silber, Zink und Uran können selbst bei sehr hohen Preisen noch in diesem Jahrhundert knapp werden. Es ist zu erwarten, dass um das Jahr 2050 weitere Rohstoffvorkommen erschöpft sind.
(Nach: Man's Impact on the Global Environment. Cambridge 1970, S. 118)

Jahrhundertelang schienen die Rohstoffe auf der Erde unerschöpflich zu sein. Der Mensch konnte sich bedienen, wann immer er wollte. Doch nun müssen wir umdenken, sonst droht eine Katastrophe. Durch das schnelle Bevölkerungswachstum und die zunehmende Industrialisierung ist der Verbrauch an Rohstoffen weltweit gestiegen. Länder wie Mexiko, Brasilien, Indonesien, Indien oder China bauen mittlerweile eigene Industrien auf. Sie produzieren nicht nur für die eigene, schnell wachsende Bevölkerung, sondern auch für den Weltmarkt. Immer mehr Entwicklungsländer wachsen in die Rolle eines Industrielandes hinein. Rohstoffe, die diese Länder noch vor wenigen Jahren exportiert haben, brauchen sie nun selbst. Noch gibt es genügend Rohstoffe und immer wieder werden neue Vorkommen entdeckt. Doch die Rohstoffreserven werden heute schneller als jemals zuvor aufgebraucht. Es gibt keine Garantie dafür, dass unser Bedarf an Rohstoffen auch in Zukunft gesichert ist.

1: Die Eisenerzmine „Ferro Carajás" in Brasilien

196

2: Karikatur: „So leben wir, so leben wir, so leben wir alle Tage!"

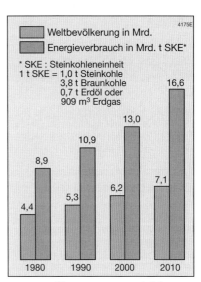

Weltbevölkerung in Mrd.
Energieverbrauch in Mrd. t SKE*

* SKE : Steinkohleneinheit
1 t SKE = 1,0 t Steinkohle
3,8 t Braunkohle
0,7 t Erdöl oder
909 m³ Erdgas

	1980	1990	2000	2010
Weltbevölkerung	4,4	5,3	6,2	7,1
Energieverbrauch	8,9	10,9	13,0	16,6

5: Bevölkerungsentwicklung und Energieverbrauch

Rohstoff	„Lebensdauer" in Jahren*	Rohstoff	„Lebensdauer" in Jahren*
Aluminiumerz (Bauxit)	201	Kupfererz	33
		Nickel	54
Blei	23	Quecksilber	55
Braunkohle	215	Silber	21
Eisenerz	121	Steinkohle	180
Erdöl	45	Zink	21
Gold	19	Zinn	43

* bei gleichbleibendem Verbrauch

3: Lebensdauer ausgewählter Rohstoffe

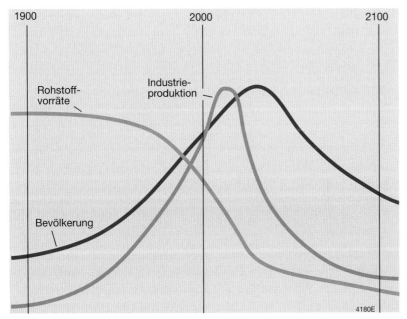

4: Grenzen des Wachstums?

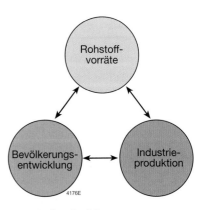

6: Wechselwirkungen

Aufgaben

1. Schreibe auf, wobei du im Verlauf eines Tages Strom verbrauchst.

2. a) Beschreibe die Entwicklung des Weltenergieverbrauchs (Abb. 2).
b) Welchen Anteil haben die nicht erneuerbaren Energiequellen am Energieverbrauch im Jahr 2000?

3. Erkläre den weltweit unterschiedlichen Energieverbrauch (Abb. 1).

☼ **4.** In welchen Staaten der Erde gibt es nicht erneuerbare Energiequellen? Erstelle eine Liste
a) zum europäischen Wirtschaftsraum,
b) den übrigen Wirtschaftsräumen der Erde.
(Atlas, Karte: Erde – Weltwirtschaft)

Energie „sprudelt" aus verschiedenen Quellen

Kohle, Erdöl, Erdgas und Uran sind die wichtigsten Energierohstoffe. Es sind nicht erneuerbare **Energiequellen**. Wie lange ihre Vorräte ausreichen, ist ungewiss. Falls keine neuen Lagerstätten entdeckt werden, ist es nur eine Frage der Zeit, wann diese Energiequellen erschöpft sind. Denn der Verbrauch an Energie steigt an, weil die Erdbevölkerung rasch wächst (siehe Seiten 196/197). Hinzu kommt, dass die Erzeugung von Strom aus Uran (Atomstrom) gefährlich sein kann. Die deutsche Regierung hat deshalb beschlossen, ein **Kernkraftwerk** nach dem anderen stillzulegen. Stattdessen sollen die sich ständig erneuernden Energiequellen stärker genutzt werden. 1998 gab es in Deutschland 19 Kernkraftwerke; 2020 soll hier kein Atomstrom mehr erzeugt werden.

Seit 1988 steigt der Energieverbrauch in einigen Industrieländern wie Deutschland oder Japan nicht mehr so stark an. Durch bessere Technik bei Heizungen, sparsamere Automotoren oder zusätzliche Wärmedämmung an Häusern gelang es, Energie zu sparen. Gleichzeitig konnte der Ausstoß des Gases Kohlenstoffdioxid gesenkt werden, das den natürlichen Treibhauseffekt verstärkt (siehe Seiten 160/161).

Großraum	Ein-wohner in Mio.	Anteil am Energie-verbrauch in %
Asien und Australien	3 070	32
Nordamerika	305	28
Europa	730	21
GUS	285	10
Südamerika	460	6
Afrika	780	3

1: Bevölkerung und Energieverbrauch 1998 nach Großräumen

2: Weltenergieverbrauch. Der Verbrauch an Energie steigt stark an, wenn das Wirtschaftswachstum hoch ist wie zwischen den Jahren 1960 und 1970. Industrieländer wie die USA, Japan und Deutschland verbrauchen die meiste Energie.

Auf der Suche nach sich erneuernden Energiequellen

Um die Energieversorgung in Zukunft sicherzustellen müssen die sich erneuernden Energiequellen stärker genutzt werden. Der Wind ist eine solche Energiequelle. **Windkraftanlagen** werden vor allem an der Küste und in den Mittelgebirgen gebaut. Hier lohnt es sich, Windräder zu errichten. Der Wind treibt die Rotorblätter an und erzeugt dadurch Strom.

Auch bei der Nutzung der Sonnenenergie stehen wir noch am Anfang. Jahrhundertelang konnten wir die Sonnenstrahlung kaum nutzen. Nun sind wir in der Lage sie in Elektrizität und Wärme umzuwandeln. Uhren, Taschenrechner, Warmwasserheizungen, Notrufsäulen an Autobahnen und vieles mehr werden bereits mit **Solarzellen** betrieben.

Die Nutzung der Sonnenenergie ist noch sehr teuer. Strom, der mithilfe von Solarzellen erzeugt wird, kostet fünfzehnmal mehr als Strom, der aus Kohle gewonnen wird. Sonnenkraftwerke lohnen sich zur Zeit nur in Gebieten mit hoher Sonnenscheindauer. Das größte Sonnenkraftwerk steht in der Mojave-Wüste in Kalifornien. Es versorgt 350 000 Menschen.

Wasserkraftwerke gibt es vor allem in Ländern mit Hochgebirgen wie in Österreich, der Schweiz oder Norwegen. Dort spielt die Stromgewinnung aus Wasserkraft eine viel größere Rolle als bei uns.

Heute wird in Deutschland erst jede zwanzigste Kilowattstunde elektrischen Stroms aus sich erneuernden Energiequellen gewonnen. Forscher arbeiten an der Weiterentwicklung der umweltfreundlichen Energieträger. Fachleute schätzen jedoch, dass ihr Anteil am Weltenergiebedarf nie größer als 25 Prozent sein wird.

Aufgaben

5. In Deutschland stehen die größten Windkraftanlagen an der Küste und in den Mittelgebirgen. Begründe.

6. a) Die Nutzung der sich ständig erneuernden Energiequellen gilt als umweltfreundlich. Nenne Gründe.
b) Welche natürlichen Bedingungen erschweren die Nutzung der sich erneuernden Energien bei uns?

⊕ **7.** Erläutere, warum die Wasserkraft in Österreich zum Beispiel eine größere Rolle spielt als in Deutschland (Atlas, Karte: Europa – Bergbau/Industrie/Energie).

3: Windkraftanlage in Kalifornien

Aufgaben

1. Erstelle eine Tabelle zu den Hauptströmen der Flüchtlinge (Abb. 1; Atlas, Karte: Erde – Staaten):

Zielland der Flüchtlinge	Herkunftsland der Flüchtlinge
Iran	Afghanistan, …
…	…

2. Nenne die Länder,
a) aus denen über 400 000 Menschen geflohen sind,
b) die über 400 000 Flüchtlinge aufgenommen haben (Abb. 1; Atlas, Karte: Erde – Staaten).

3. Im Fernsehen wird immer wieder über Bevölkerungswanderungen berichtet. Vereinbart in der Klasse, eine bestimmte Sendung anzuschauen. Macht euch Aufzeichnungen. Diskutiert später darüber.

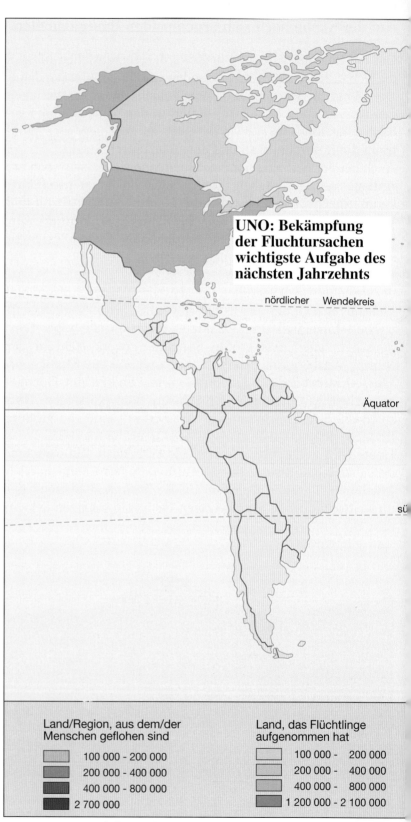

UNO: Bekämpfung der Fluchtursachen wichtigste Aufgabe des nächsten Jahrzehnts

nördlicher Wendekreis

Äquator

sü

Land/Region, aus dem/der Menschen geflohen sind

- 100 000 - 200 000
- 200 000 - 400 000
- 400 000 - 800 000
- 2 700 000

Land, das Flüchtlinge aufgenommen hat

- 100 000 - 200 000
- 200 000 - 400 000
- 400 000 - 800 000
- 1 200 000 - 2 100 000

1: Migration auf der Erde im Jahr 1996

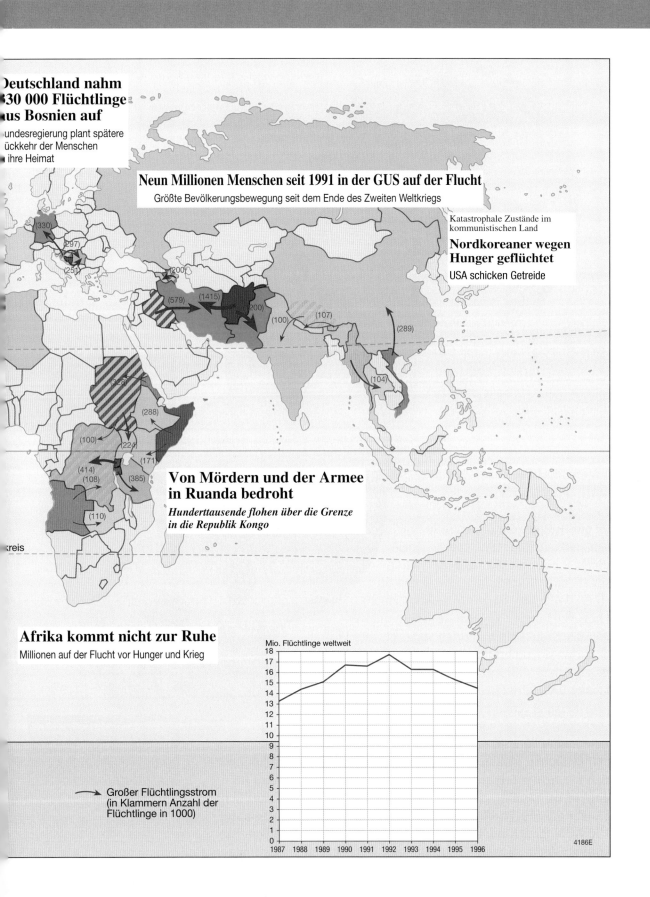

Deutschland nahm 330 000 Flüchtlinge aus Bosnien auf

Bundesregierung plant spätere Rückkehr der Menschen in ihre Heimat

Neun Millionen Menschen seit 1991 in der GUS auf der Flucht

Größte Bevölkerungsbewegung seit dem Ende des Zweiten Weltkriegs

Katastrophale Zustände im kommunistischen Land

Nordkoreaner wegen Hunger geflüchtet

USA schicken Getreide

Von Mördern und der Armee in Ruanda bedroht

Hunderttausende flohen über die Grenze in die Republik Kongo

Afrika kommt nicht zur Ruhe

Millionen auf der Flucht vor Hunger und Krieg

Mio. Flüchtlinge weltweit

Großer Flüchtlingsstrom
(in Klammern Anzahl der
Flüchtlinge in 1000)

4186E

Noch nie gab es auf unserer Erde so viele Kinder wie heute: rund zwei Milliarden! Allein in den letzten 30 Jahren hat sich die Zahl der Kinder auf der Erde verdoppelt.

... leben Kinder in Familien wie hier bei Lilongwe. Mutter und Sohn zerstampfen Maniokknollen. Das Mehl wird zu Fladen verarbeitet.

1

... gehen Kinder zur Schule. Die Mädchen in Bangalore freuen sich, dass sie lesen und schreiben lernen, was vielen ihrer Eltern nicht möglich war.

2

... spielen Kinder gern. Der Junge aus São Paulo ist stolz auf sein selbstgebautes Spielzeug.

3

Wünsche und Träume

Es gibt Kinder, die ohne große Sorgen aufwachsen. Sie haben Kleidung, genug zu essen und zu trinken sowie eine Unterkunft: Sie leben in einer Wohnung, einer Hütte oder einem Haus. Sie können zur Schule gehen und werden bei Krankheiten ärztlich versorgt. Ihre Grundbedürfnisse sind erfüllt.

Es gibt aber Millionen von Kindern in aller Welt, die keinen unbeschwerten Alltag haben. In ihrem Land ist zum Beispiel Krieg und sie wünschen sich nichts mehr als Frieden. 16 Millionen Kinder und Jugendliche sind zur Zeit auf der Flucht.

600 Millionen Kinder wachsen in großer Armut auf und können sich nie richtig satt essen. Andere Kinder leben von ihren Eltern und ihrer Familie getrennt. Jetzt wohnen sie allein auf sich gestellt auf der Straße und träumen von einem neuen Zuhause.

130 Millionen Kinder können weder lesen noch schreiben. Sie konnten keine Schule besuchen und werden daher keine gute Arbeitsstelle bekommen.

**Das Wichtigste
kurz gefasst:**

Die Bevölkerung wächst

Auf der Erde müssen etwa 500 Millionen Menschen hungern. Ein Grund ist das schnelle Bevölkerungswachstum in den Ländern der Dritten Welt. Um die Zahl der Geburten zu senken ist die Bildung, vor allem auch der Frauen, wichtig.

Wie lange reichen die Rohstoffe?

Der Verbrauch an Rohstoffen ist weltweit gestiegen. Da die Rohstoffreserven nicht unerschöpflich sind, müssen die Menschen umdenken.

Energieversorgung – in Zukunft gesichert?

Kohle, Erdöl, Erdgas und Uran sind die wichtigsten Energierohstoffe. Es sind nicht erneuerbare Energiequellen. Deshalb ist ihre Lebensdauer „begrenzt".

Die Erzeugung von Kernenergie ist zudem umstritten. Befürworter schätzen die unbegrenzten Möglichkeiten und die Sauberkeit bei der Herstellung; Gegner warnen vor den Gefahren radioaktiver Strahlung. In Deutschland sollen alle Kernkraftwerke bis zum Jahr 2020 stillgelegt werden. Um die Energieversorgung in der Zukunft zu sichern müssen die sich erneuernden Energiequellen wie Sonne, Wind und Wasser verstärkt genutzt werden. Sie sind umweltfreundliche Energieträger. Ihr Anteil am Weltenergiebedarf wird aber wahrscheinlich nie größer als 25 Prozent sein.

Grundbegriffe

**Bevölkerungsexplosion
Familienplanung
Unterernährung
Gentechnik
Energiequelle
Kernkraftwerk
Windkraftanlage
Solarzelle
Wasserkraftwerk**

Menschen verlassen ihre Heimat

Auf der Erde gibt es rund 15 Millionen Flüchtlinge. Sie haben ihr Heimatland entweder freiwillig verlassen oder sie wurden dazu gezwungen. Die Fluchtgründe sind unterschiedlich (z.B. Krieg, Verfolgung).

Minilexikon

Aktivraum (Seite 114)
Ein Aktivraum ist ein Gebiet mit hoher wirtschaftlicher Leistung. Es ist ein Zuwanderungsgebiet. Menschen ziehen hierher, weil in modernen Industrien gut bezahlte Arbeitsplätze angeboten werden. Anspruchsvolle Dienstleistungsberufe wie z. B. Rechtsanwälte oder Architekten sind häufig vertreten. Der Lebensstandard der Bevölkerung ist höher als in anderen Gebieten.

Altlast (Seite 105)
Abfälle oder Rückstände aus vorwiegend industrieller Produktion, die für Mensch und Umwelt gefährlich sind. Sie wurden vor Jahrzehnten sorglos ohne Schutzmaßnahmen abgelagert. Giftige Stoffe können z.B. ins Erdreich eingesickert sein und gefährden das Grundwasser oder steigen als Gase in die Luft.

Anemometer (Seite 41)
Mit dem Anemometer wird die Windstärke gemessen.

Äquator (Seite 13)
Er ist der längste Breitenkreis (40 076,59 km) und teilt die Erde in eine Nord- und eine Südhalbkugel. (Äquator = Gleicher)

Arbeitsbeschaffungsmaßnahme (Seite 103)
Durch Arbeitsbeschaffungsmaßnahmen werden Arbeitsplätze für einen bestimmten Zeitraum (in der Regel für ein Jahr) geschaffen. Eingestellt werden vor allem Menschen, die längere Zeit arbeitslos gewesen sind. Die Arbeiterinnen und Arbeiter werden vom Staat bezahlt. Ziel der Arbeitsbeschaffungsmaßnahmen ist es, die befristeten Arbeitsplätze in Dauerarbeitsplätze umzuwandeln.

Asienkrise (Seite 150)
Schwere Wirtschaftskrise, von der zahlreiche Länder in Südost- und Ostasien betroffen sind.

Atmosphäre (Seite 56)
Die Atmosphäre ist die Lufthülle der Erde. Sie ist ungefähr 1000 km dick und besteht aus verschiedenen Gasen. Die unterste Schicht der Atmosphäre heißt Troposphäre. Sie reicht bis in 10 km Höhe. In ihr findet das Wettergeschehen statt.

Auslandsinvestition (Seite 154)
Unternehmen investieren im Ausland, indem sie z.B. ein → Zweigwerk errichten. Dadurch produzieren sie kostengünstiger, unter anderem wegen geringerer Lohnkosten, und gewinnen neue Absatzmärkte.

Außenhandel (Seite 152)
Handelsbeziehungen (Importe und Exporte) eines Landes mit anderen Staaten.

Barometer (Seite 40)
Mit dem Barometer wird der Luftdruck in Hektopascal (hPa) gemessen.

Bevölkerungsexplosion (Seite 192)
Ausdruck für das starke Wachstum der Bevölkerung.

Breitenkreis (Seite 13)
Breitenkreise werden vom → Äquator aus nach Norden und Süden von 0° bis 90° gezählt. Sie verlaufen immer parallel zum Äquator und verbinden die Punkte auf der Erde, die die gleiche geographische Breite haben.

Bruttoinlandsprodukt (BIP) (Seite 78)
Es ist die Summe aller volkswirtschaftlichen Leistungen (Produktion und Dienstleistungen), die innerhalb eines Landes in einem Jahr erbracht werden.

Canyon (Seite 124)
Canyons sind tief eingeschnittene Täler. Sie befinden sich häufig in Gebieten, in denen harte und weiche Gesteinsschichten im Wechsel übereinander liegen. Wegen dieser Anordnung der Gesteinsschichten sind die Hänge oft wie „Treppen" ausgebildet. Der berühmteste Canyon ist der „Grand Canyon" in den USA, den der Fluss Colorado geschaffen hat.

Dauerfrostboden (Seite 62)
Ein ganzjährig bis in große Tiefen gefrorener Boden, der in den Sommermonaten oberflächlich auftaut.

Dienstleistungen (Seite 175)
Darunter versteht man Dienste, die Betriebe und Einrichtungen wie z. B. Gaststätten, Banken, Versicherungen, Krankenhäuser oder Universitäten anbieten.

Dornstrauchsavanne (Seite 64)
→ Savanne

Eisen-und Stahlkrise (Seite 97)
Krise der Eisen- und Stahlindustrie in den siebziger Jahren. Gründe für die Krise waren ein weltweites Überangebot von Eisen und Stahl sowie ein Rückgang der Nachfrage nach Eisen- und Stahlprodukten in Deutschland. Es mussten Hüttenwerke stillgelegt werden. Tausende von Arbeitnehmern wurden entlassen.

Energiequelle (Seite 198)
Rohstoffe, aus denen man Energie gewinnen kann, nennt man Energiequellen. Hauptenergiequellen sind Erdöl, Erdgas und Kohle. Deren Vorräte erneuern sich nicht. Sie werden immer geringer. Daher gewinnen die erneuerbaren Energiequellen immer mehr an Bedeutung. Dazu zählen Wasserkraft, Erdwärme, Windkraft und die Sonnenstrahlen.

Entwicklungsland (Seite 78)
Land, das im Vergleich zu einem → Industrieland weniger entwickelt ist. Entwicklungsländer werden auch „Dritte Welt" genannt. Sie weisen typische Merkmale auf, z.B. wenig Industrie, Hunger, geringe Lebenserwartung, ein hohes Bevölkerungswachstum, viele Analphabeten.

Entwicklungsstrategie (Seite 88)
Kombination von Maßnahmen zur Entwicklungshilfe, von der man sich besonders große Erfolge für die Entwicklung eines Landes erhofft.

Entwicklungszusammenarbeit (Seite 87)
Maßnahmen zur Unterstützung des wirtschaftlichen Wachstums und der sozialen Entwicklung in den Ländern der Dritten Welt.

Epizentrum (Seite 24)
Das senkrecht über einem Erdbebenherd an der Erdoberfläche gelegene und am stärksten erschütterte Gebiet.

Erdbeben (Seite 24)
Erschütterung der Erdoberfläche, die durch Kräfte im Erdinneren verursacht wird. Erdbeben entstehen meist durch die ruckartige Verschiebung der Platten der → Lithosphäre der Erde.

Erdkern (Seite 18)
Das Erdinnere ist aus mehreren Schalen aufgebaut, wobei der Erdkern im Zentrum des Erdinnern liegt. Man unterscheidet einen äußeren und inneren Kern.

Erdkruste (Seite 18)
Das Erdinnere ist aus mehreren Schalen aufgebaut. Die Erdkruste ist die äußerste Schale. Man unterscheidet die kontinentale und die ozeanische Kruste.

Erdmantel (Seite 18)
Schale des Erdinneren. Der Erdmantel liegt zwischen der → Erdkruste und dem → Erdkern.

Erosion (Seite 31)
Die Abtragung von Boden und Gestein durch fließendes Wasser, Eis oder Wind.

Export (Seite 152)
Die Ausfuhr von Waren in ein anderes Land.

Faltengebirge (Seite 19)
Durch Auffaltung der Erdkruste im Zusammenhang mit den → Kontinentaldrift entstandenes Gebirge.

Familienplanung (Seite 193)
Maßnahmen zur Begrenzung der Geburten in Ländern mit hohem Bevölkerungswachstum. Zur Familienplanung gehören die Beratung über die Verhütung von Schwangerschaften und die Ausgabe von Mitteln zur Empfängnisverhütung.

Feedlot (Seite 126)
Großbetrieb für die Mast von Rindern unter freiem Himmel für bis zu 100 000 Tiere. Der Betrieb ist in zahlreiche eingezäunte, rechteckige Blöcke aufgeteilt, in denen jeweils etwa 250 Tiere untergebracht sind.

Feuchtsavanne (Seite 65)
→ Savanne

Finanzmetropole (Seite 176)
Als Finanzmetropole bezeichnet man eine Stadt, in der die inländischen Banken ihren Hauptsitz und ausländische Banken Niederlassungen haben. Sie ist auch in der Regel ein bedeutender Börsenplatz.

Förderprogramm (Seite 116)
In der Europäischen Union gibt es Förderprogramme. Aus der Gemeinschaftskasse werden zum Beispiel Projekte in strukturschwachen Regionen finanziert.

Gemeinsamer Binnenmarkt (Seite 113)
Binnenmarkt der EU mit freiem Waren-, Dienstleistungs- und Kapitalverkehr zwischen den Mitgliedstaaten, freie Wahl des Arbeitsplatzes für Arbeitnehmer und freie Standortwahl für Unternehmen.

Gentechnik (Seite 195)
Wissenschaftliche Erforschung von Genen. Es werden Neukombinationen von Genen durch direkte Eingriffe in die Erbsubstanz erforscht. Ernährungswissenschaftler erhoffen sich ertragreichere und widerstandsfähigere Pflanzensorten.

Getto (Seite 132)
Unter einem Getto versteht man ein Stadtviertel, in dem freiwillig oder erzwungen Angehörige einer bestimmten Bevölkerungsgruppe wohnen.

Globalisierung (Seite 154)
Strategie der Großfirmen, im Ausland neue Betriebe zu gründen, indem sie Steuer-erleichterungen, preiswertes Gelände, billigere Arbeitskräfte nutzen um billiger zu produzieren.

Golfstrom (Seite 58)
Der Golfstrom ist eine warme Meeresströmung. Er kommt aus dem Golf von Mexiko, durchzieht den Atlantik in nordöstlicher Richtung und trifft auf die Küsten in West- und Nordeuropa. Hier sorgt er vor allem im Winter für milde Tempera-

turen. Er gilt als die „Warmwasserheizung" Nordeuropas und hält die norwegische Küste das ganze Jahr über eisfrei.

Gradnetz (Seite 12)
Darstellungen der Erde (Globus, Karte) sind mit einem Netz von Linien überzogen. Sie verlaufen von Norden nach Süden (→ Längenhalbkreise) und von Westen nach Osten (→ Breitenkreise). Dieses Gradnetz dient der Ortsbestimmung auf der Erde.

Hochdruck (Seite 42)
Luftmasse mit absinkender Luftbewegung, Wolkenauflösung und vergleichsweise hohem Luftdruck am Boden (Gegenteil: → Tiefdruck).

Hüttensiedlung (Seite 83)
In den armen Ländern der Erde ziehen viele Menschen vom Land in die Stadt. Sie bauen sich am Rand der Großstädte einfache Hütten aus Holz, Pappe und Wellblech. Solche Siedlungen heißen Hüttensiedlungen.

Hygrometer (Seite 39)
Mit dem Hygrometer wird die Luftfeuchtigkeit in Prozent gemessen.

Industrieland (Seiten 78, 152)
(Industriestaat, Industrienation) Im Vergleich zu einem → Entwicklungsland weit entwickeltes Land mit einem hohen Pro-Kopf-Einkommen. Ein hoher Anteil an Beschäftigten in der Industrie und im Dienstleistungssektor sowie eine gut ausgebaute Infrastruktur sind weitere Merkmale eines Industrielandes.

informeller Sektor (Seite 79)
Der informelle Sektor ist ein für Entwicklungsländer typischer, offiziell nicht erfaßter Bereich des Klein- und Dienstleistungsgewerbes (z.B. Straßenhandel, Schuhputzer). Obwohl keine Steuern an den Staat gezahlt werden, wird der informelle Sektor geduldet, da in ihm große Teile der Bevölkerung ein Auskommen finden.

Infrastruktur (Seiten 114, 146)
Dazu zählen alle Einrichtungen, die zur Entwicklung eines Raumes notwendig sind, wie Verkehrswege, Wasser- und Stromleitungen, Entsorgungsanlagen, Bildungs- und Erholungseinrichtungen, Krankenhäuser.

Jetstream (Seite 43)
Sehr starker Luftstrom in großer Höhe im Bereich der Westwindzone mit Windgeschwindigkeiten von mehr als 200 km/h.

Kernkraftwerk (Seite 198)
Kraftwerk, in dem mithilfe von Uran zunächst Wärme erzeugt wird. Die Wärme wird genutzt um Wasser zu erhitzen. Dabei entsteht Dampf, der Turbinen antreibt. An die Turbinen ist ein Generator angeschlossen, der Strom erzeugt.

Klima (Seite 48)
Zum Klima gehören die Erscheinungen, die auch zum → Wetter gehören, z.B. Temperatur, Niederschlag. Das Klima eines Raumes wird über einen längeren Zeitraum (ca. 30 Jahre) aus dem Wetter berechnet.

Klimadiagramm (Seite 48)
Zeichnerische Darstellung von → Temperatur und → Niederschlag eines Ortes. Es werden die Durchschnittstemperatur und der durchschnittliche Niederschlag je Monat und Jahr in °C und mm gezeichnet.

Klimazone (Seite 59)
Als Klimazonen werden großräumige Gebiete zusammengefasst, in denen die wesentlichen Züge des Klimas gleichwertig sind. Sie erstrecken sich in Gürteln um die Erde und sind im Wesentlichen durch den unterschiedlichen Einfallswinkel der Sonnenstrahlen bedingt. Die Klimazonen heißen Polarzone, Subpolarzone, Gemäßigte Zone, Subtropen, Tropen.

Kohlenkrise (Seite 97)
Rückgang des Absatzes von Steinkohle Ende der fünfziger Jahre, weil Erdöl preiswerter angeboten wurde. Daraufhin wurden Zechen stillgelegt und Bergleute entlassen. Die Steinkohlenförderung wurde gedrosselt.

Kommunismus (Seite 136)
(von lateinisch: „communis" – „allen gemeinsam") Der Kommunismus strebt als politisches System die Form einer Gesellschaft an, in der der einzelne zugunsten der Gemeinschaft auf privates Eigentum verzichtet; alle sollen alles besitzen. Die Verfechter eines kommunistischen Systems sehen vor allem im privaten Besitz eine Ursache für den Gegensatz von Armut und Reichtum. Kennzeichen des Kommunismus sind die Verstaatlichung der Produktionsmittel, eine starke Kontrolle aller Gesellschaftsmitglieder, die Diktatur der Kommunistischen Partei und damit die Zerstörung vieler Rechte demokratischer Gesellschaften (Versammlungs-, Vereinigungs- und Meinungsfreiheit).

Kondensation (Seite 39)
Wenn Wasserdampf abkühlt, bilden sich kleine Wassertröpfchen. Der vorher unsichtbare Wasserdampf wird sichtbar. Es bilden sich Dunst, Nebel oder Wolken. Diesen Vorgang nennt man Kondensation.

Kontinentaldrift (Seite 28)
(auch Kontinentalverschiebung) Das von Wegener angenommene langsame Verdriften der Kontinente. Später erkannte man, dass sich nicht die Kontinente, sondern Platten bewegen (→ Plattentektonik).

kontinentales Klima (Seite 63)
Klima mit großen Temperaturschwankungen während des Jahres und vergleichsweise geringen Niederschlägen im Inneren der Kontinente. (Gegenteil: → ozeanisches Klima).

Konzern (Seite 98)
Zusammenschluss mehrerer Unternehmen. Die Unternehmen bleiben selbstständig, bilden wirtschaftlich gesehen jedoch eine Einheit. Sie werden von einer Zentrale (Konzernspitze) aus geleitet und gemeinsam verwaltet.

Landflucht (Seite 84)
Abwanderung der ländlichen Bevölkerung in die Städte wegen der Arbeits- und Besitzverhältnisse auf dem Land und der Verdienstmöglichkeiten in der Stadt.

Landschaftsschutzgebiet (Seite 168)
Landschaftsteil, der wegen besonderer natürlicher und kultureller Eigenheiten unter gesetzlichen Schutz steht.

Landwind (Seite 42)
Wasser speichert die Wärme länger als das Land. Über dem Meer erfolgt in der Nacht eine aufsteigende Luftbewegung und über dem Land eine absteigende. Der Wind weht vom Land auf das Meer (→ Seewind).

Längenhalbkreis (Meridian) (Seite 13)
Teil des → Gradnetzes der Erde. Durch Greenwich (London) verläuft der Nullmeridian. Er teilt die Erdkugel in eine westliche und eine östliche Hälfte. Längengrade werden jeweils von 0° bis 180° nach Osten und Westen gezählt.

Lärmschutzzone (Seite 185)
Lärmschutzzonen sind diejenigen Gebiete, in denen bestimmte Lärmhöchstwerte, z.B. durch Fluglärm, nicht überschritten werden dürfen.

Lava (Seite 19)
Bezeichnung für den aus einem → Vulkan ausströmenden, glutflüssigen, meist über 1000 °C heißen Gesteinsbrei. Solange sich der Gesteinsbrei im Erdinnern befindet, nennt man ihn → Magma.

Lithosphäre (Seite 18)
Gesteinshülle der Erde. Zur Lithosphäre gehören die → Erdkruste und die obere, feste Schicht des → Erdmantels. Die Lithosphäre besteht aus zehn Platten, die sich auf einer zähflüssigen Schicht (→ Fließzone) bewegen.

Luftdruck (Seite 40)
Die Luft hat ein Gewicht. Der Luftdruck ist die Kraft, mit der die Luft auf die Erdoberfläche drückt.

Luftverschmutzung (Seite 166)
Verunreinigungen der Luft durch Gase, Staub, Asche oder Ruß. Verursacher sind z.B. die Haushalte, Industriebetriebe und Verkehrsmittel.

Magma (Seite 18)
Gashaltiger, glutflüssiger Gesteinsbrei im Erdinneren.

Manufacturing Belt (Seite 128)
Industriegürtel im Nordosten der USA zwischen dem Atlantik und dem oberen Mississippi. Hier begann im 19. Jahrhundert auf der Grundlage der Bodenschätze Kohle und Eisenerz die Industrialisierung der USA.

Marktwirtschaft (Seite 138)
Freie Marktwirtschaft ist eine Wirtschaftsform mit freiem Wettbewerb um Märkte und Verbraucher. In der Marktwirtschaft kann ein Unternehmer produzieren, was und wie viel er will. Die Preisbindung erfolgt in freier Konkurrenz. Sie richtet sich nach Angebot und Nachfrage. Eine Weiterentwicklung der freien Marktwirtschaft ist die soziale Marktwirtschaft. Hierbei sorgen z.B. Gewerkschaften in freien Verhandlungen (ohne staatlichen Druck) für ständige soziale Verbesserungen der Arbeitnehmer.

Meridian
→ Längenhalbkreis

Minderheit (Seite 132)
Eine Bevölkerungsgruppe in einem Staat, die sich von der Mehrheit der Bevölkerung durch bestimmte Merkmale, etwa Sprache, Religion, Hautfarbe, soziales Verhalten u.a., unterscheidet. Minderheiten haben häufig mit Vorurteilen und Feindseligkeiten zu kämpfen.

Montanindustrie (Seite 96)
Zusammenfassende Bezeichnung für die Eisen- und Stahlindustrie sowie für den Steinkohlenbergbau (mit angeschlossenen Kokereien und Brikettfabriken).

Nahrungsbedarf (Seite 195)
Der Nahrungsbedarf eines Menschen ist abhängig von seinem Energieverbrauch. Für die Gesundheit

Minilexikon

ist die Zusammensetzung der Nahrung wichtig. Mindestens 15 Prozent des Nahrungsbedarfs sollten aus Eiweißen und Vitaminen gedeckt werden.

Naturkatastrophe (Seite 16)
Vulkanausbrüche, → Erdbeben und Überschwemmungen sind Naturereignisse. Sie werden zu Naturkatastrophen, wenn Menschen zu Schaden kommen.

Naturschutzgebiet (Seite 166)
So nennt man ein Gebiet, das durch besondere Bestimmungen und Gesetze geschützt wird, um bedrohten Tier- und Pflanzenarten den Lebensraum zu erhalten.

NIC (Seite 148)
Abkürzung für Newly Industrializing Country. Bezeichnung für ein Land, das durch ein rasches Wachstum der Industrie gekennzeichnet ist. Ein solches Land ist kein Entwicklungsland mehr und bereits so weit entwickelt, dass es fast ein Industrieland ist. Beispiele für NICs sind die sogenannten vier kleinen Tiger.

Niederschlag (Seite 39)
So nennt man das Wasser, das aus der → Atmosphäre auf die Erde fällt. Der Niederschlag kann als Regen, Nebel, Tau, Raureif, Schnee und Hagel fallen.

Nomade (Seite 64)
Angehöriger eines Volkes oder Stammes, der mit seinen Viehherden von Weideplatz zu Weideplatz zieht. Die Nomaden nehmen ihren Besitz (Zelte, Kochgeräte, persönliche Dinge usw.) mit auf Wanderschaft.

ozeanisches Klima (Seite 63)
auch Seeklima genannt. Es wird durch die Nähe der Ozean ebestimmt mit kühlen Sommern und milden Wintern; ganzjährig feucht. (Gegenteil: → kontinentales Klima)

Ozonloch (Seite 162)
Man spricht von einem Ozonloch, wenn die → Ozonschicht teilweise zerstört und so dünn geworden ist, dass ein größerer Teil der UV-Strahlung bis zur Erdoberfläche gelangt.

Ozonschicht (Seite 162)
Schicht der → Atmosphäre in einer Höhe von 20 bis 30 Kilometern. Hier kommt das Gas Ozon (O_3) in höchster Konzentration vor. Die Ozonschicht schützt die Erde vor der gefährlichen ultravioletten Strahlung der Sonne. Der Mensch zerstört die Ozonschicht z. B. durch Flugzeugabgase und die Verwendung von Kühlmitteln sowie Treibmitteln in Spraydosen.

Passivraum (Seite 114)
Ein Passivraum ist ein Gebiet mit geringer wirtschaftlicher Leistung. Vor allem junge Menschen wandern aus Passivräumen ab, weil sie kaum Arbeitsplätze bieten.

physische Karte (Seite 9)
Die physische Karte ist ein wichtiges Hilfsmittel um sich zu orientieren. Sie enthält u.a. Landhöhen (Farbgebung in Grün, Gelb und Braun), Höhenangaben, Gewässer, Orte, Verkehrslinien, Grenzen sowie Einzelzeichen (Berg, Stausee, Kirche usw.). (→ thematische Karte)

Planwirtschaft (Seite 138)
Eine Wirtschaftsordnung, in der alle wirtschaftlichen Vorgänge zentral gelenkt werden: Produktion, Verkehr, Handel und Verbrauch werden von staatlichen Stellen geplant (meistens Fünfjahrespläne). Preise und Löhne werden festgesetzt. Die zentral gelenkte Planwirtschaft war in unterschiedlicher Form in allen sozialistischen Ländern anzutreffen. Sie gilt heute in den meisten dieser Länder als überholt.

Plattentektonik (Seite 19)
Eine Theorie über den Krustenbau der Erde sowie die Entwicklung der Kontinente und Ozeane. Nach dieser Theorie besteht die Erdkruste aus verschiedenen Platten, die in langsamer Bewegung sind.

Regenzeit (Seite 65)
Zeitraum mit besonders ergiebigen Niederschlägen im Gegensatz zur → Trockenzeit. In den Savannen z.B. wird das Jahr in Regenzeit und Trockenzeit eingeteilt.

Richterskala (Seite 27)
Messskala, die bei einem → Erdbeben die Stärke der Erschütterungen misst. Sie ist nach ihrem Erfinder benannt, dem Amerikaner Charles Francis Richter. Die Richterskala ist „nach oben hin offen", da man keine Höchstgrenze für die Stärke eines Erdbebens voraussagen kann.

saurer Regen (Seite 166)
Sammelbegriff für säurehaltige Niederschläge. Saurer Regen entsteht, wenn sich z.B. Schwefeldioxid in der Luft mit Wasser (Regen, Schnee) verbindet.

Savanne (Seiten 64, 65)
Tropische Graslänter zwischen der Wüste und dem tropischen Regenwald. Je nach Dauer der Regenzeit und der Niederschlagsmenge ändert sich die Vegetation. Die Savannen werden unterteilt in Dornstrauch-, Trocken- und Feuchtsavanne.

Schichtvulkan (Seite 21)
Meist kegelförmiger → Vulkan mit steilen Flanken. Er besteht aus abwechselnden Lava- und Ascheschichten (z.B. Ätna).

Schildvulkan (Seite 21)
So heißt ein → Vulkan mit flachgewölbten, weitauslaufenden Flanken. Er entsteht durch Ausströmen dünnflüssiger → Lava (z.B. Mauna Loa, Hawaii).

Schwellenland (Seite 79)
Land, das sich im Übergang (auf der „Schwelle") vom → Entwicklungsland zum → Industrieland befindet.

Sedimentgestein (Seite 30)
Gestein, das sich aus der mechanischen oder chemischen Zersetzung verschiedener Ausgangsmaterialien entsteht. Zumeist weist es eine Schichtung auf. Sedimentgesteine können als Lockergestein (z.B. Sand) oder Festgestein (z.B. Sandstein) auftreten. Auch Kohle und Erdöl gehören zu dieser Gesteinsgruppe.

Sedimentation (Seite 31)
Ablagerung von verwittertem Gesteinsmaterial verschiedener Größe durch Gewässer, Eis und Wind.

Seewind (Seite 42)
Land erwärmt sich schneller als Wasser. Über dem Land erfolgt am Tag eine aufsteigende Luftbewegung und über dem Meer eine absteigende. Der Wind weht vom Meer zum Land. (→ Landwind)

Silicon Valley (Seite 130)
Ein Teilabschnitt des Kalifornischen Längstals (engl. Tal = valley) südlich von San Francisco. Hier haben sich auf einer Fläche von etwa 450 km^2 über 3000 Firmen der Computerbranche sowie 3000 Zuliefer- und Dienstleistungsbetriebe angesiedelt. Ein Schwerpunkt ist die Herstellung von Mikrochips. Wegen der Verwendung von Silicium (engl. Silicon) heißt dieses Gebiet Silicon Valley. Der Name wird auch auf andere Gebiete übertragen, in denen viele Firmen der Elektronik- und Computerbranche konzentriert sind (Silicon Glen in Schottland, Isar Valley in Bayern).

Slum (Seite 132)
Städtische Wohngebiete mit schlechten baulichen Verhältnissen werden Slums genannt (engl. = schmutzige Gasse, Elendsviertel). Sie werden oft von → Minderheiten und benachteiligten Gruppen (z.B. Farbige, Neueinwanderer) bewohnt.

Software-Industrie (Seite 146)
Dienstleistungsbetriebe, in denen Computerprogramme hergestellt werden.

Solarzelle (Seite 199)
Eine Solarzelle ist ein kleines Bauteil. Es nutzt die Sonne als → Energiequelle. Über einen chemischen Vorgang werden die Sonnenstrahlen in Strom umgewandelt.

Städtewachstum (Seite 84)
„Explosionsartiges" Wachstum der Städte in den → Entwicklungsländern. Es wird meist durch die → Landflucht ausgelöst.

Standortfaktor (Seite 100)
Wenn ein Betrieb sich an einem bestimmten „Standort" ansiedelt, so sind dafür bestimmte Gründe ausschlaggebend, zum Beispiel vorhandene Arbeitskräfte, gute Verkehrsanbindung usw. Die Gründe, die für oder gegen den Standort sprechen, werden Standortfaktoren genannt.

Strukturwandel (Seite 99)
Die Industrie eines Landes durchläuft einen Strukturwandel, wenn einzelne, bisher wichtige Industrien (z.B. → Montanindustrie) an Bedeutung verlieren und gleichzeitig andere oder neue Wirtschaftszweige (z.B. Dienstleistungen) an Bedeutung gewinnen.

Suburbanisierung (Seite 79)
Unter diesem Begriff versteht man die Ausdehnung einer Stadt in ihr Umland. Es werden drei Arten von Suburbanisierung unterschieden: Bevölkerungs-, Industrie- und Suburbanisierung von Dienstleistungsunternehmen.

Temperatur (Seite 38)
Die Temperatur gibt den Wärmezustand der Luft oder eines anderen Stoffes an. Sie wird in Grad Celsius (°C) gemessen.

Terms of Trade (Seite 85)
Verhältnis zwischen Exportpreisen und Importpreisen. Das Verhältnis verschlechtert sich z.B. für ein Land, wenn die Exportpreise fallen und die Importpreise steigen oder die Exportpreise langsamer steigen als die Importpreise.

thematische Karte (Seite 10)
Dieser Kartentyp behandelt immer ein spezielles Thema. Nahezu alles, was räumlich verbreitet ist, lässt sich hier darstellen. So gibt es z.B. thematische Karten zur Bevölkerungsdichte, zur Wirtschaft oder zum Luftverkehr (→ physische Karte).

Thermometer (Seite 38)
Mit dem Thermometer wird die Temperatur in Grad Celsius (°C) gemessen.

Tiefdruck (Seite 42)
Luftmasse mit aufsteigender Luftbewegung, Wolkenbildung und vergleichsweise niedrigem Luftdruck am Boden
(Gegenteil: → Hochdruck).

Tiefseegraben (Seite 19)
Lang gestreckte, meist rinnenförmige Einsenkung mit Tiefen von mehr als 6000 m (bis über 11 500 m).

Tourismusregion (Seite 107)
Eine Tourismusregion ist ein landschaftlich schönes Gebiet. Hier verbringen zahlreiche Menschen ihren Urlaub. Am Wochenende kommen viele Tagesausflügler. Es gibt viele Einrichtungen für den Fremdenverkehr wie Hotels, Pensionen und Wanderwege.

Treibhauseffekt (Seite 160)
Der natürliche Treibhauseffekt verhindert, dass sich die Erde zu stark abkühlt. Die → Atmosphäre lässt die Strahlung der Sonne zur Erde durch. Die von der Erde zurückgestrahlte Wärme wird von der Atmosphäre jedoch zurückgehalten wie beim Glasdach eines Treibhauses und wiederum zur Erde zurückgeworfen. Der Treibhauseffekt wird vom Menschen dadurch verstärkt, dass zum Beispiel bei Verbrennungsvorgängen Kohlendioxid in die Atmosphäre entweicht. Die Folge kann eine weltweite Zunahme der Temperaturen auf der Erde sein.

Treibhausgas (Seite 160)
Ein Gas, das in der Atmosphäre wie die Glasscheibe eines Treibhauses wirkt, heißt Treibhausgas. Es lässt einerseits Sonnenstrahlen zur Erde durch, ist andererseits ein fast unüberwindliches Hindernis für die von der Erde ausgehende Wärmestrahlung.

Trockensavanne (Seite 65)
→ Savanne

Trockenzeit (Seite 65)
Zeitraum, in dem keine oder nur äußerst geringe Niederschläge fallen, im Gegensatz zur → Regenzeit. In den Savannen besteht das Jahr aus Regenzeit und Trockenzeit.

Umweltschutz (Seite 168)
Maßnahmen, die helfen sollen, die Umwelt der Menschen, Tiere und Pflanzen auf der Erde zu schützten, gehören zum Umweltschutz. Sie dienen insbesondere dazu, die Luft, das Wasser und den Boden vor Verunreinigungen, z.B. durch Industrie oder Verkehr, zu bewahren. Von den Regierungen werden Gesetze zum Umweltschutz erlassen.

UN, UNO
→ Vereinte Nationen

Unterernährung (Seite 194)
Unzureichende Versorgung mit Nahrungsmitteln; der tägliche Joule-/Kalorienbedarf kann nicht gedeckt werden. Unterernährung führt auf Dauer zu einer erheblichen Schwächung des Körpers, zu Krankheit oder gar zum Tod.

Vegetationszone (Seite 60)
Zone mit ähnlicher Vegetation (z. B. Zone des tropischen Regenwaldes) aufgrund ähnlicher klimatischer Bedingungen.

Vereinte Nationen (UN) oder UNO
(United Nations Organisation)
(Seite 91, 134)
Die UNO (engl. United Nations Organization = Organisation der Vereinten Nationen) wurde im Jahr 1945 gegründet. Sie hat ihren Hauptsitz in New York. 185 von 193 Staaten der Erde sind Mitglied der UNO. Die UNO setzt sich für den Erhalt des Weltfriedens, die Förderung der Entwicklungszusammenarbeit und die Wahrung der Menschenrechte ein. Sie versucht weltweite Probleme wie das Flüchtlingsproblem durch Verhandlungen mit den Regierungen friedlich zu lösen.

Verwitterung (Seite 30)
Zerstörung des Gesteins durch fließendes Wasser, Eis, extreme oder stark wechselnde Temperaturen (z.B. starke Sonneneinstrahlung, Frost), Gase (vor allem industrielle Abgase), Wind, Pflanzen und Tiere.

Vulkan (Seite 16)
Ein Vulkan ist eine kegel- oder schildförmige Erhebung, die durch den Austritt von → Magma, Asche, Gesteinsbrocken und Gasen aus dem Erdinnern entsteht.

Wachstumszeit (Seite 62)
Zeitspanne, in der die Pflanzen wachsen, auch Vegetationszeit genannt. Sie hängt in erster Linie von der Temperatur ab.

Waldsterben (Seite 178)
Schädigung von Bäumen in großem Umfang durch Gase, Staub und → sauren Regen. Die Schädigung führt schließlich zum Absterben der Bäume.

Wasserkraftwerk (Seite 199)
Kraftwerk, in dem mithilfe fließenden Wassers Strom erzeugt wird. Das Wasser wird dabei auf Turbinen geleitet, die Generatoren antreiben.

Weltstadt (Seite 186)
Eine Weltstadt ist in der ganzen Welt bekannt wegen ihrer Bedeutung in den Bereichen Wirtschaft, Politik, Kultur und Kunst. In ihr leben Menschen aus vielen verschiedenen Ländern. Als Weltstädte der heutigen Zeit gelten z.B. New York, London, Paris und Berlin.

Wendekreis (Seite 56)
Wendekreise nennt man die beiden Breitenkreise der Erde, über denen die Sonne einmal im Jahr senkrecht steht, danach scheinbar „wendet" und sich wieder dem Äquator nähert. Die beiden Wendekreise liegen auf den Erdhalbkugeln bei 23,5° nördlicher und südlicher Breite.

Wetter (Seite 38)
Wetter nennt man das Zusammenwirken von → Temperatur, → Luftdruck, → Wind, Bewölkung und → Niederschlag zu einem bestimmten Zeitpunkt an einem bestimmten Ort. Man beobachtet und misst das Wetter in den Wetterstationen.

Wetterkarte (Seite 46)
Darstellung der Wettermeldungen verschiedener Wetterstationen in einer Karte. Die Wettermeldungen werden mit verschiedenen Zeichen dargestellt. Die Wetterkarte ist Grundlage für die → Wettervorhersage.

Wettersatellit (Seite 47)
Mit Fernsehkameras und Messgeräten ausgestattete Satelliten, die um die Erde kreisen. Sie liefern Daten (z. B. zur Bewölkung, Wassertemperatur der Ozeane) für die → Wettervorhersage.

Wettervorhersage (Seite 46)
Beschreibung der Wetterlage und der voraussichtlichen Entwicklung des Wetters in den nächsten Tagen.

Wind (Seite 40)
Luftströmung zwischen einem Gebiet mit → Hochdruck und einem Gebiet mit → Tiefdruck. Je stärker der Druckunterschied, desto stärker der Wind.

Windkraftanlage (Seite 199)
Anlage, mit der Strom erzeugt wird, indem man die Windenergie nutzt. Das Windrad treibt einen Generator an.

Wirtschaftsstruktur (Seite 99)
Struktur bedeutet innere Ordnung, Gliederung. Auf die Wirtschaft einer Region bezogen, spricht man von Wirtschaftsstruktur. Für eine einseitige Wirtschaftsstruktur (Monostruktur) ist kennzeichnend, dass die Wirtschaft von einem oder nur wenigen Wirtschaftszweigen geprägt wird.

Wolke (Seite 39)
Eine Wolke ist eine sichtbare Ansammlung von Wassertröpfchen in der Luft.

Zersiedelung (Seite 179)
Von der Zersiedelung einer Landschaft spricht man, wenn ohne Planung und Kontrolle Siedlungen gebaut werden.

Zweigwerk (Seite 154)
Teil eines Unternehmens. Unternehmen errichten z.B. Zweigwerke im Ausland, da sie dort kostengünstiger produzieren können.

Bildquellen

Das Buch enthält Beiträge von Edgar Brants, Marc-Andre Buchmann, Bernhard Detsch, Hans Dimpfl, Dieter Engelmann, Klaus Hell, Jürgen Heller, Uwe Hofemeister, Claus Kappl, Gerlind Köster, Norma Kreuzberger, Wolfgang Latz, Anja Pauly, Frank Peterhoff, Notburga Protze, Ulrike Richter, Dieter Sajak, Ralf Tieke